東京家政大学博物館所蔵

裁縫雛形

Saiho hinagata: Clothes in Miniature Made as Se

縫雛形コレクション

Saiho hinagata: Clothes in Miniature Made as Sewing Experiences

First Edition August 2019
By Mitsumura Suiko Shoin Co., Ltd.
217-2 Hashiura-cho Horikawa Sanjo
Nakagyo-ku, Kyoto 604-8257 Japan

Author: Tokyo Kasei University Museum
Publisher: GODA Yusaku
Printer: New Color Photographic Printing Co., Ltd.

Designer: TSUJI Eriko (New Color Photographic Printing Co., Ltd.)
Program Director: YAMAMOTO Takahiro (New Color Photographic Printing Co., Ltd.)
Director: IGAMOTO Yuiko (Mitsumura Suiko Shoin Co., Ltd.)

凡例

○本書は、東京家政大学博物館発行の『重要有形民俗文化財　渡辺学園裁縫雛形コレクション』（２００１）および『重要有形民俗文化財指定10周年記念　渡辺学園裁縫雛形コレクション』（２０１０）を基に、新たに構成・執筆を行った。

○本書の図版は東京家政大学博物館の所蔵品を撮影し使用した。

○個別の名称は『重要有形民俗文化財　渡辺学園裁縫雛形コレクション』による。原則として旧字体のまま使用したが、本文中で一般名称として使う場合は新字体を用いた。また、他資料との区別が必要な場合は（　）で特徴を補足した。
例）手甲（指附）

○『重要有形民俗文化財　渡辺学園裁縫雛形コレクション』に該当する個別の名称がない場合は、墨書を個別の名称とした。ただし、明らかな誤字は修正した。

○民族服は、個別の名称は墨書にならい、正確な読み方が不明なため、ルビは省略した。

○個別の名称の後に製作年を記した。製作年は、原則として製作者の卒業年とした。

○図版の横に定規を用い、個別のサイズを記載した。また、雛形尺（約１／３）以外の縮尺には、定規の横に縮尺を記載したアイコン（1/2 1/5 約1/6）を配した。なお、定規は実寸とは異なる。

○「わたなべ」の表記について、渡邉辰五郎、渡邉滋の個人名としては「邉」を用いるが、著作等で「邊」を使用している場合はその表記に従った。

はじめに

裁縫雛形《さいほうひながた》は、明治から昭和時代にかけて製作された、衣服や生活用品のミニチュアです。学校法人渡辺学園東京家政大学の校祖である渡邉辰五郎《わたなべたつごろう》が明治7年頃に考案した「雛形尺《ひながたざし》」という物差しを使って製作され、画期的な裁縫教授法として教育界の注目を集めました。

東京家政大学博物館では、明治30年頃から昭和18年までに製作された約５０００点の裁縫雛形を収蔵しており、うち２２９０点が、教科書や製作用具61点とともに、平成12年12月27日に「渡辺学園裁縫雛形コレクション」として重要有形民俗文化財に指定されました。

本学の教育課程の中で製作された裁縫雛形の完成度の高さ・種類の多さからは、雛形製作が単なる技術の習得だけではなく、知性と美的感覚、そして人間性を育む学習方法であったことが見て取れます。渡邉辰五郎は、学生の「自主自律」の精神を養うことに力を注ぎましたが、それは手に職をつけるという意味以上に、自ら考え手を動かすことで人生を切り拓いていく人間の育成を意識していたといえます。

裁縫雛形をご覧いただくことで、裁縫を通して自分たちの生活をより良く、より美しいものにしようと奮闘した学生と教師の気概、誇り、希望を感じていただけることでしょう。

当館で収蔵する裁縫雛形の大半は卒業生やそのご家族の方からの寄贈品です。現在も毎年のようにご寄贈いただき、裁縫雛形コレクションは質・量ともにますますの充実をみせています。裁縫雛形を製作された諸先輩方に敬意を表すと同時に、今日まで裁縫雛形を大切に保管され、様々な思い出とともに当館へお持ちくださった寄贈者の方々に、この場を借りて改めて御礼申し上げます。また裁縫雛形の歴史的な価値を見出し、文化財指定に尽力された方々に心より感謝申し上げます。

東京家政大学博物館

目次

Contents

裁縫雛形とは

渡邉辰五郎
弘化元(1844)年－明治40(1907)年

渡邉辰五郎と女子教育

「一寸の針に志を立て、一丁の鋏《はさみ》に身を起し、以て斯道《しどう》の大業を成就し不朽の芳名を残せるは、故渡邊大人なり」

これは、渡邉辰五郎の逝去後に編纂された「追悼録」の一説である。弘化元(1844)年、現在の千葉県長南町に生まれた辰五郎は、5歳の時に母が亡くなり、7人の兄弟は父親の手一つで育てられた。家計困難により親戚に預けられるなどして、初めて寺子屋で読み書き・算術を習ったのは12歳の時であった。

15歳の時、田舎で無為に過ごしても意味がないとの思いから、江戸に出て屋敷奉公の口を探すが、その頃の江戸では、食費・小遣い・衣服などのいくつかは自弁しなくてはならず、何も持たない辰五郎はなかなか奉公先が決まらず、ようやく見つかったのが日本橋にある「仕立屋」だった。

これが辰五郎と裁縫との出会いであり、教育の道に進む第一歩となった。

慶応4(1868)年、奉公を済ませた辰五郎は故郷の長南町に戻り、仕立屋の看板を揚げ、裁縫塾を開いた。

明治5(1872)年、「国民皆学」をめざし学制が発布され、全国に小学校ができたが、就学率は低く、女子に教育は必要ないという社会的風潮、親の無理解、教育費の負担、子守り・家事手伝いなど働き手としての依存などの理由から、就学する子供は少なく、特に女子の就学率は著しく低かった。明治6年における小学校の就学率は男子39・9% 女子15・1%。男子は明治8年に50%を超えるが、女子が50%を超えるのは明治30年のことである。

就学率を伸ばすべく各県で様々な努力がなされた。長南町では、女子が辰五郎の裁縫塾に通っていることに着目し、就学率を伸ばすための方策として授業科目に裁縫が取り入れられた。裁縫を教えるために裁縫塾を開いていた辰五郎が長南小学校に授業生試補として迎えられ、ここに教員としての道が開ける。

確かな技術と画期的な教え方が評価され、辰五郎は裁縫教師として着々とキャリアを積んでいった。教え方の工夫の一つが「裁縫雛形」である。

文部省年報　第四年報　明治九年度を見ると、千葉県年報に女児上等小学課程において、裁縫は「第八級　裁縫器械雛形運針縫方　第七級　運針縫方第四級　袖口袖形裾縫方　第二級　裁方仕立方」との記載があり、裁縫がカリキュラムとして位置づけられていることがわかる。

長南小学校、鶴舞小学校、千葉女子師範学校を経て東京女子師範学校(現・お茶の水女子大学)へ奉職することになった辰五郎は、家族を伴い上京し、本郷区(現・文京区)湯島に居を構え、敷地内に裁縫私塾「和洋裁縫伝習所」(現・東京家政大学)を開設した。明治14年のことである。

辰五郎は明治30年発行の『裁縫教科書』の諸言で次のように述べている。

「余の最も力を尽くさざるべからざることと思ふは、従来の裁縫教授法を改良することとなり。即裁縫の教授法も他の学科と同じやうに学ぶ者をして容易く覚えしむる工夫をなし、時間と勤労とを少くして、好き結果を得しむる方法を施さざること是れなり況して女子は男子に比ぶれば、其の修業の時期、短少なるに於てをや。」

辰五郎の教えの根底には、「就学期間の短い女子のために、最小限の時間と労力で最大限の効果を得られるように」という教え子への配慮がある。

この思いは、渡邉式と言われた裁縫教授法を生みだすこととなった。

郵便はがき

料金受取人払郵便

中京局
承認

8163

差出有効期限
2021年4月2日
まで有効

604-8790

777

（受取人）
京都市中京区堀川通三条下ル
橋浦町217番地2
光村推古書院
愛読者係 行

ご住所	□□□-□□□□	都道府県
ふりがな		
お名前		男・女 年齢　　　才
お電話（　　　　　）　　　―		

◆ご職業
01:会社員　02:会社役員　03:公務員　04:自営業　05:自由業
06:教師　07:主婦　08:無職　09:その他（　　　　　）
10:学生（a·大学生　b·専門学校生　c·高校生　d·中学生　e·その他）

◆ご購読の新聞・雑誌：

◆ご興味分野：

愛読者カード

東京家政大学博物館所蔵

裁縫雛形

渡辺学園裁縫雛形コレクション

●本書をどこでお知りになりましたか（○をつけて下さい）。

01:新聞・雑誌　02:書店店頭　03:インターネット　04:友人・知人　05:その他

＜お買いあげ店名＞（　　　　　市区町村　　　　　）

●ご購入いただいた理由

01: 服飾史に興味がある　02: デザインの参考に　03: 表紙に惹かれて

04: その他（　　　　　）

●次の項目について点数を付けて下さい。

☆テーマ　1.悪い　2.少し悪い　3.普通　4.良い　5.とても良い

☆表　紙　1.悪い　2.少し悪い　3.普通　4.良い　5.とても良い

☆価　格　1.高い　2.少し高い　3.普通　4.少し安い　5.安い

☆内　容　1.悪い　2.少し悪い　3.普通　4.良い　5.とても良い

（内容で特に良かったものに○、悪かったものに×をつけて下さい。）

01:写真　02:文章　03:情報　04:レイアウト　05:その他（　　　　　）

●本書についてのご感想・ご要望

1 裁縫掛図

従来、裁縫とは師匠から弟子へ、母から子へと一対一で行われるのが常であった。辰五郎は他教科で使われていた掛図を見習い「裁縫掛図」を作成し、それを用いることにより一斉指導を可能にした。

渡邊辰五郎『たちぬひのをしへ』 まきの一
明治18年 口絵

2 袖形《そでがた》・褄形《つまがた》

着物は主に直線縫いだが、袖の丸み、褄先は熟練を要する部分であった。仕立屋での裁縫経験豊富な辰五郎は型紙を作ることによりこれを容易にした。

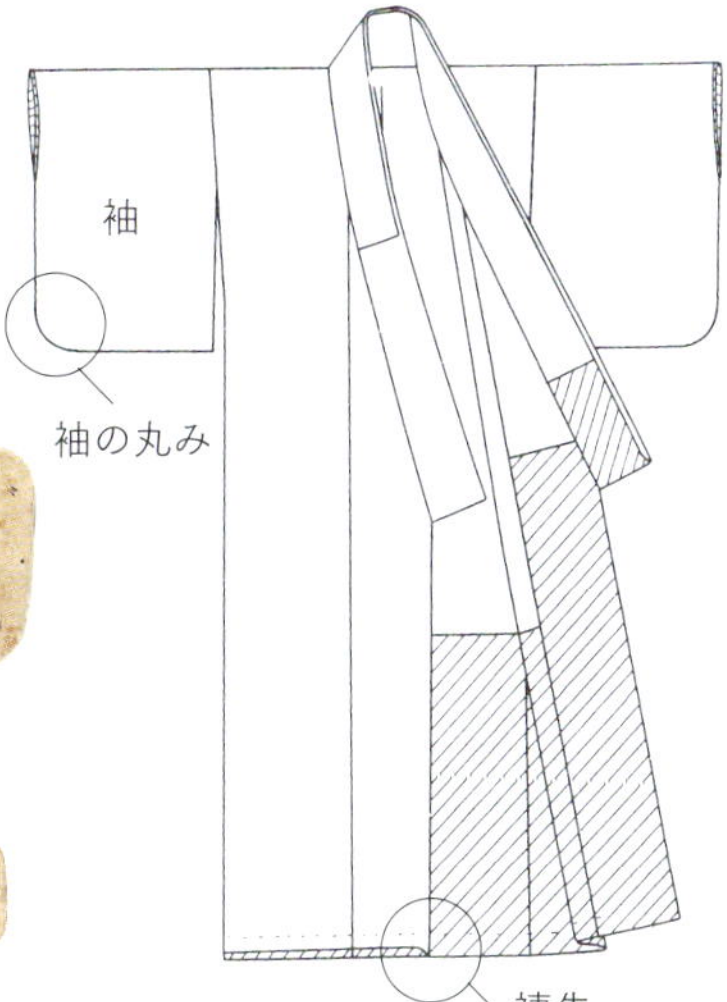

袖 形

褄 形

3 教科書等の執筆

明治13年刊行の『普通裁縫教授書』をはじめとし数々の教科書を著した。計算式を用いた布の積り方（必要寸法の割り出し方）習得のための教科書『普通裁縫算術書』（明治14年）は裁縫を通して、生活に必要な算術を学ばせる意味もあったと思われる。

4 裁縫雛形

後で詳しく記載

これらの方法は「裁縫」を学校の教科に位置づける条件を整える事に繋がった。

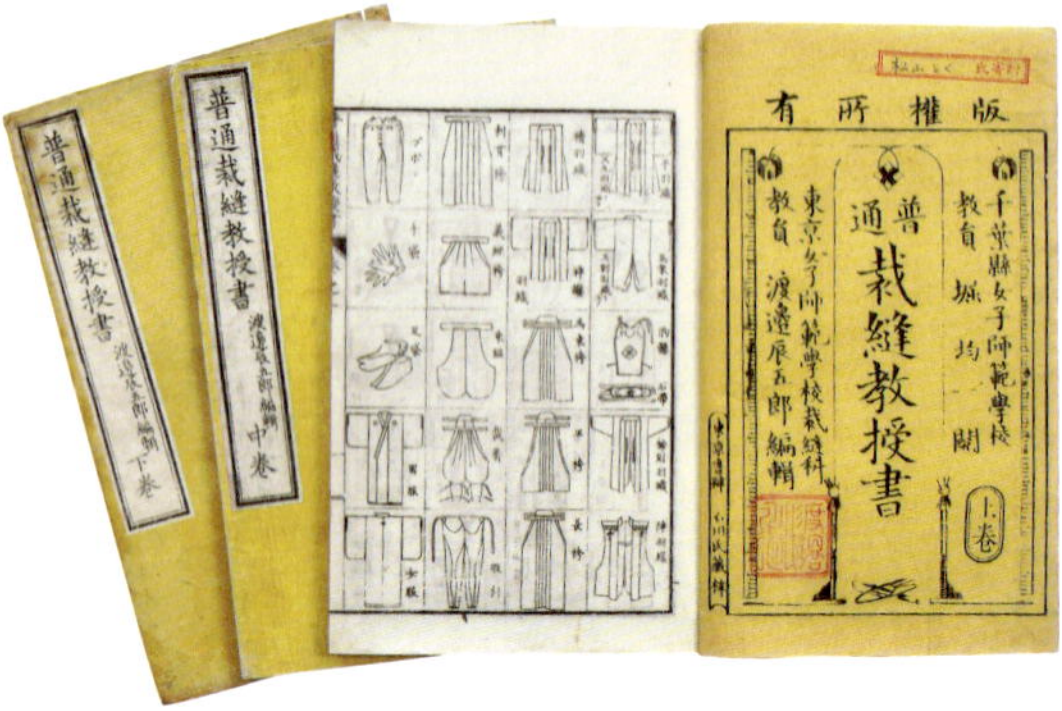

『普通裁縫教授書』　全3巻　明治13年

和洋裁縫伝習所卒業生と渡邉辰五郎（明治24年）

裁縫雛形がつくられた時代

裁縫雛形の製作が授業に取り入れられるようになったのは、渡邉辰五郎が故郷の長南小学校で裁縫教師としてのスタートを切った明治7（1874）年頃とされる。この年、辰五郎は裁縫を効率的に教えるために「雛形尺《ひながたざし》」を考案し、生徒に使用させたという。辰五郎の著書『普通裁縫教授書』（明治13年）には、正科の時間に雛形を製作させると記載がある。

辰五郎が明治14年に開設した「和洋裁縫伝習所」は成長を続け、明治25年「東京裁縫女学校」と改称。明治40年、辰五郎の跡を継ぎ校長に就任した長男の渡邉滋《わたなべしげる》は、裁縫教育とともに教員養成を推し進め、学園の基盤作りに力を尽くした。裁縫雛形の製作もこの頃盛んに行われた。

昭和時代初期に、尺貫法に代わってメートル法が定着しはじめると、尺貫法に基づく「雛形尺」の有効性が薄れ、雛形製作は次第に下火になっていく。太

渡邉滋
明治10（1877）年－昭和39（1964）年

東京裁縫女学校

東京裁縫女学校卒業生と渡邉辰五郎(明治33年)

平洋戦争中は、材料の調達が困難になり、授業もままならない中で、裁縫雛形はほぼ製作されず、戦後は実物の製作が大半を占め、授業の中で雛形製作がまとまった形で行われることはなくなった。

小さく作る意味

材料の節約になり、実物と比べて製作時間を短縮できる裁縫雛形は、「最小限の時間と労力で最大限の効果を得られるように」という辰五郎の思いが、最大限に発揮された裁縫教授法といえるだろう。

雛形製作は、基本的には実物製作に先立って、裁方《たちかた》、縫方《ぬいかた》、積方《つもりかた》を習得するために行われる。当時「最初から実物で教えるべき」という批判もあったが、辰五郎は、「初めから実物で教えるときは、縫方ばかりに偏り、手指の動きこそ熟練するけれども、早く一人前になるには覚束《おぼつか》ない」としている。裁縫雛形を用いれば、縫い方だけではなく、用布の見積り方や裁断の仕方など、服作りの全ての工程を繰り返し練習でき、早く一人前になって卒業後に自立できるという。

また、「初めから実物を用いると、多数の生徒を同時に均一に教えることができず、種々の苦情が引き起こされることは経験からいって疑いようもない」と辰五郎は述べている。小さければ裁縫に不慣れな者でも扱いやすく、教師の目も届きやすい。学校での一斉授業という、時間や人員、作業スペースも限られた中で、裁縫雛形は効果的な方法だった。

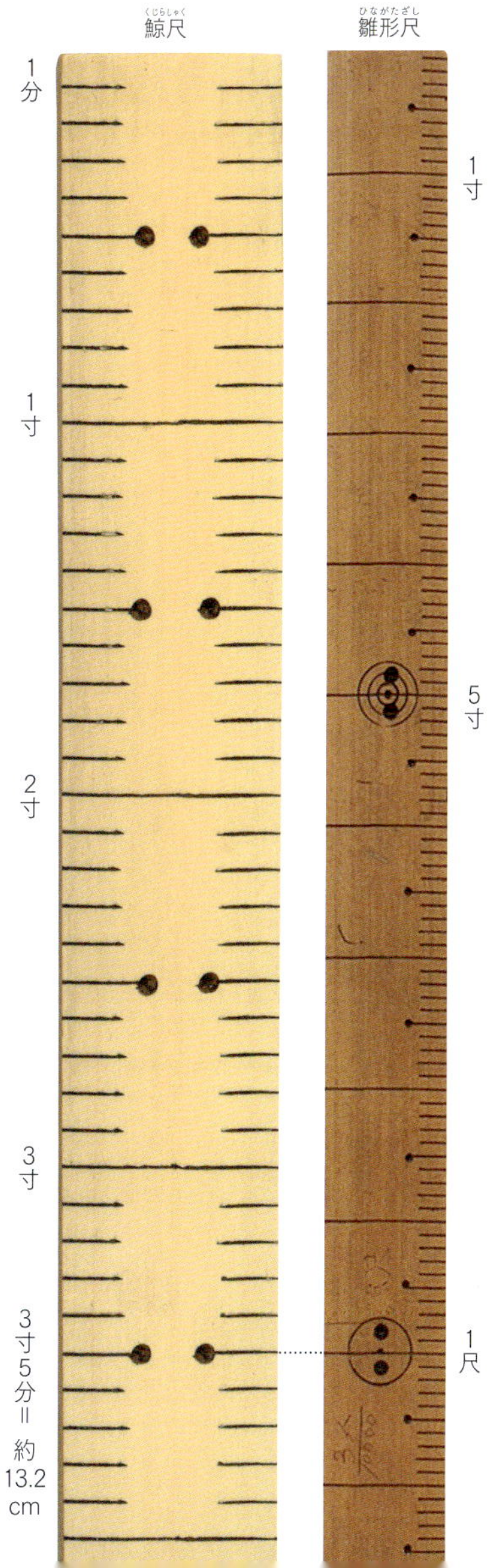

さらに、裁縫雛形は実物と同じように作るとはいえ、縫う距離が短い分、時間が短縮でき、限られた期間で多種多様な衣服や生活用品を製作することが可能だった。生活に必要な服だけでなく、五衣《いつつぎぬ》・唐衣《からぎぬ》・裳《も》(十二単《じゅうにひとえ》)等の歴史的な衣服や、弁護士礼服や袈裟といった特殊な服まで製作しており、教員をはじめとする裁縫のプロフェッショナルを育成しようという意識が、製作品の幅広さに表れている。

雛形尺《ひながたざし》について

裁縫雛形は、基本的には、渡邉辰五郎が考案した縮尺定規である「雛形尺」を用いて製作された。雛形尺の1尺(10寸)は、和裁に使われる鯨尺《くじらじゃく》の3寸5

分(約13・2㎝)にあたる。つまり、実寸法の約1／3縮尺になっている。

雛形尺を使えば、計算で縮尺を求めたり、実物の寸法と雛形の寸法を二重に記憶したりという煩雑さがなく、実物を作るのと全く同じ方法で、縮尺約1／3の裁縫雛形ができあがる。また、雛形尺を鯨尺に持ちかえれば、実物大の服ができる。

縮尺約1／3という数字はどこから出てきたのか？　それは辰五郎が、裁ちまちがいによる布の無駄を防ぐため、まず紙を使って雛形を製作させたことに由来する。美濃紙（当時の一般的な紙。B4判より一回り大きい)を細長く半分に切ってつなげたものを反物に見立てると、美濃紙2枚で一ッ身(子供の着物)、6枚で大人の着物ができた。この紙の反物の幅が、実物の反物の幅の約1／3だったのである。

反物の幅は、普通鯨尺9寸5分(約1尺)であるから、紙の反物幅を1尺とするような物差しがあれば、紙の雛形を製作するのに便利であると辰五郎は考えた。そこで、竹を切って来て、紙の反物幅にあたる長さを1尺とし、その10分の1を1寸、100分の1を1分として目盛を刻んだ。それに妻のくにが墨を入れ、生徒に配ったという。

明治24年に度量衡法が制定された際、私製品の使用は禁止されたが、雛形尺は、学校教育での使用に限り、一種の縮尺と認められ、昭和時代初期まで使用された。

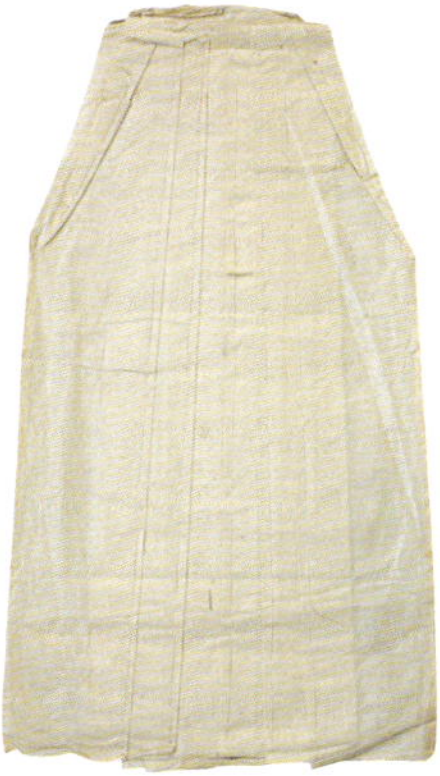

紙の雛形(袴の襞《ひだ》の取り方)

布の雛形が製作されるようになってからも、袴の襞の取り方等、特に難しい部分の練習には紙が用いられた。

なぜ約3分の1なのか？

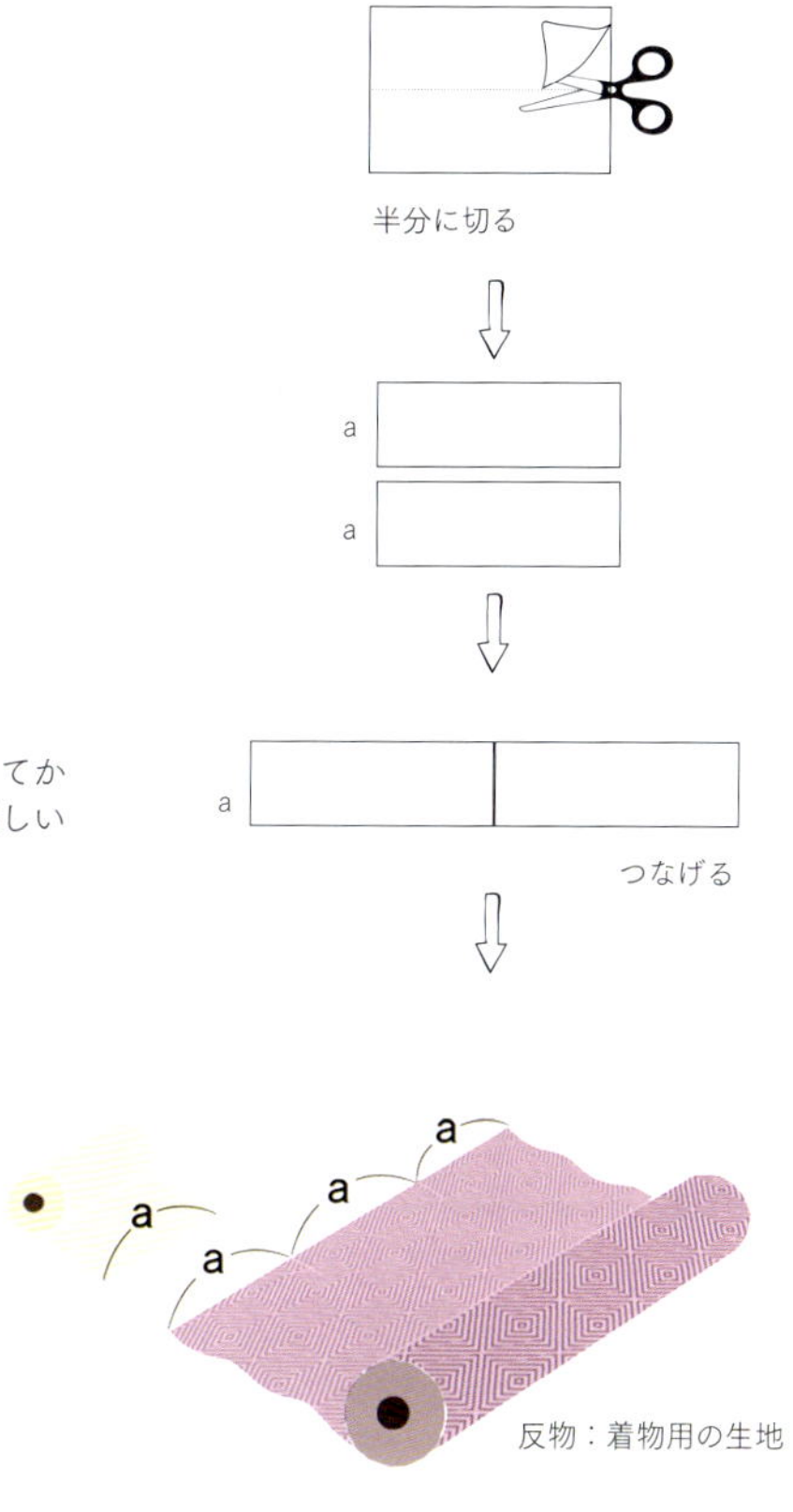

美濃紙２枚で子供の着物、６枚で大人の着物ができる。

縮尺について

裁縫雛形の多くは雛形尺を用いて製作された。つまり、実寸法の約1／3のものが多いが、1／2、1／4、1／5、約1／6のものもある。これには、和裁と洋裁の違い、度量衡法の改正やメートル法の採用等が影響している。また、製作する物の大きさや、製作の目的によって、どの縮尺にするかはある程度教師の判断に任されていたようだ。

雛形尺は、主に和装の裁縫雛形の製作に用いられた。洋服であっても早くから日本人の衣生活に取り入れられたシャツや下着類は雛形尺での製作が多い。つまり、実物を作る際に鯨尺を用いる服は、ほぼ雛形尺が使われる。

縮尺1／2は、明治時代に製作された、インチ尺による本格的な洋服に多く見られる。また、メートル法が定着する昭和時代は、和服であっても1／2のものが多くなる。いずれも、尺貫法に基づく雛形尺を用いることができないため、より単純な縮尺1／2にしたと考えられる。ほかに、重《かさね》の着物やミシン縫いの練習を兼ねたワイシャツなど、1／3では小さすぎて効果が上がらない場合、1／2で製作されることもある。

衣服よりも大きな夜着や布団、のれん、蚊帳などの生活用品は、1／3よりも小さなサイズで製作された。明治・大正時代は実寸法の約1／6（雛形尺の1／2）、昭和時代のものは1／4、1／5が多い。

材料

材質は基本的に木綿で、実物は絹を用いる場合でも安価な木綿を使うことが多い。装飾の部分に絹が使われたり、毛糸を使った編み物の雛形もある。ミニチュアサイズで製作しても違和感が無いように、小さな模様が選ばれている。裁縫雛形は小さいながらも完全な形の服を仕上げることから、全体のバランスや配色など、美的感覚を養う意味もあった。

学びの証

裁縫雛形は、教師が授業で見本として使う場合もあったが、大部分は学生が授業の課題として製作したものである。実物製作に入る前の練習として、また日常生活で仕立てる機会の少ない特殊な服は、実物ではなく裁縫雛形によってひととおりの作り方を学んだ。

学生の製作品であることを示すものに「墨書《ぼくしょ》」と「検印《けんいん》」がある。

「墨書」は、できあがった製作品を提出する際に、製作者が墨等で書き込むもので、所属、学年、氏名と品名が記される。製作品に直接書かれる場合や、白い布に書いて縫い付ける場合などがあった。

「検印」は、基本的に製作品を採点した教師が押印するもので、学校印、所属学科の印、指導教員名の印がある。指導は厳しく、修正箇所は「裁縫品証明修正簿」や製作品に付けた紙片に書き込まれて戻され、検印をもらうまでに何度もやり直しになることもあった。

墨書と検印は、本学で製作された証となり、資料名の決定や製作年の割り出しなど、裁縫雛形を整理する際に最も重要な情報源のひとつとなる。

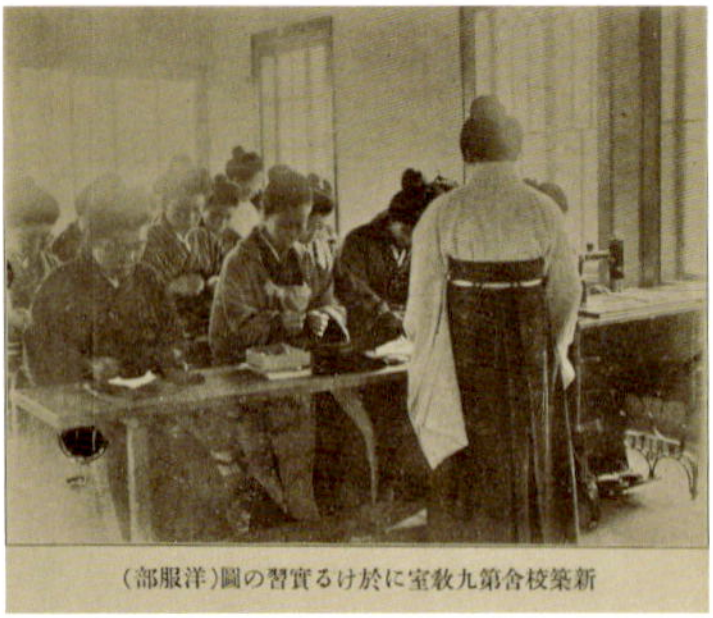

授業風景　明治37年

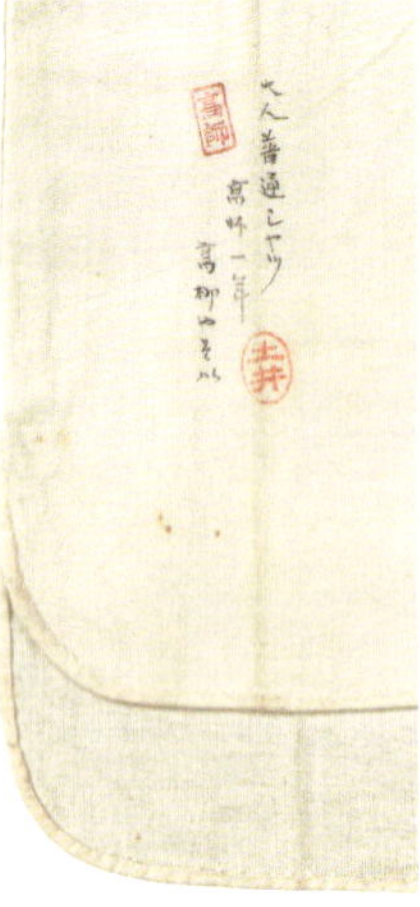

墨書と検印

教授細目

裁縫の授業で1年間に製作する品目の名前と時間数が書かれている。大正元年の高等師範科教授細目によれば、卒業までの3年間で、実物、雛形、部分縫、製図を合わせて199点、うち雛形を69点製作することになっている。しかし、一人の製作者による裁縫雛形が100点以上ある場合もあり、「細目外」の雛形製作が相当数あったことがわかる。

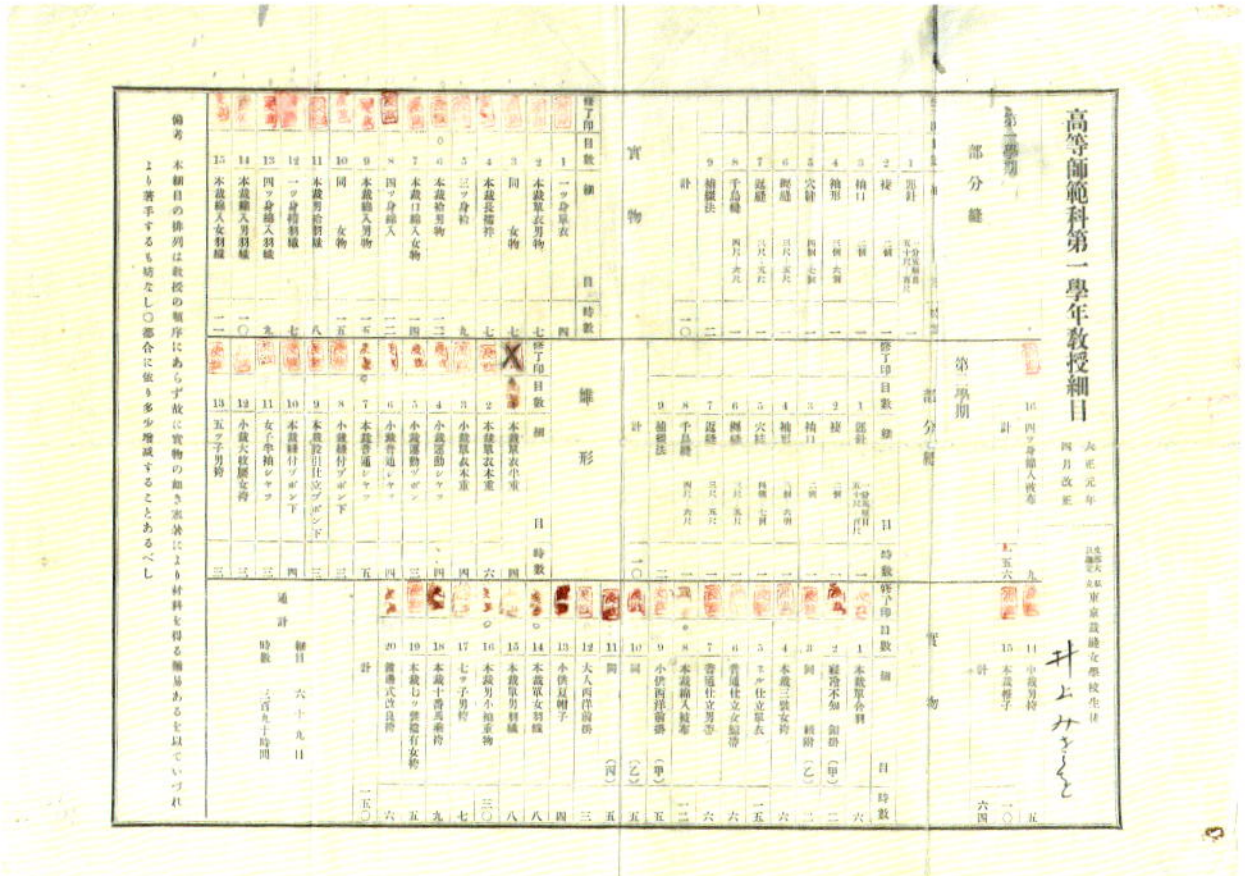

高等師範科第一學年教授細目

大正元年四月改正

文部大臣認定 私立東京裁縫女學校生徒

第一學期

部分縫

目數	細目	時數
1	運針 一分五厘目 五十尺 百尺	一
2	褄 二個	一
3	袖口 二個	一
4	袖形 三個 六個	一
5	穴絎 四個 七個	一
6	襖縫 三尺 五尺	一
7	返縫 三尺 五尺	一
8	千鳥縫 四尺 六尺	一
9	補綴法	二
	計	一〇

實物

目數	細目	時數
1	一ツ身單衣	四
2	本裁單衣男物	七
3	同 女物	七
4	本裁長襦袢	七
5	三ツ身給	九
6	本裁給男物	一三
7	本裁口綿入女物	一四
8	四ツ身綿入	一二
9	本裁綿入男物	一五
10	同 女物	一五
11	本裁男給羽織	八
12	一ツ身精羽織	七
13	四ツ身綿入羽織	九
14	本裁綿入男羽織	一〇
15	本裁綿入女羽織	一一
16	四ツ身綿入被布	九
	計	一五六

第二學期

部分縫

目數	細目	時數
1	運針 一分五厘目 五十尺 百尺	一
2	褄 二個	一
3	袖口 二個	一
4	袖形 三個 六個	一
5	穴絎 四個 七個	一
6	襖縫 三尺 五尺	一
7	返縫 三尺 五尺	一
8	千鳥縫 四尺 六尺	一
9	補綴法	二
	計	一〇

雛形

目數	細目	時數
1	本裁單衣小重	四
2	本裁單衣本重	六
3	小裁單衣本重	四
4	小裁運動シャツ	四
5	小裁運動ヅボン	三
6	小裁普通シャツ	四
7	本裁普通シャツ	五
8	小裁縁付ヅボン下	三
9	本裁股引仕立ヅボン下	三
10	本裁縁付ヅボン下	四
11	女子半袖シャツ	三
12	小裁大紋腰女袴	三
13	五ツ子男袴	三

實物

目數	細目	時數
1	本裁單合羽	六
2	寝冷不知 釦掛 (甲)	二
3	同 紐附 (乙)	二
4	本裁三襞女袴	六
5	ネル仕立單衣	一五
6	普通仕立女蚊帳	六
7	普通仕立男帯	六
8	本裁綿入被布	一二
9	小供西洋前掛 (甲)	五
10	同 (乙)	五
11	同 (丙)	五
12	大人西洋前掛	三
13	小供夏帽子	四
14	本裁單女羽織	八
15	本裁單男羽織	八
16	本裁男小褂重物	三〇
17	七ツ子男袴	七
18	本裁十番馬乗袴	九
19	本裁むッ襞襠有女袴	五
20	普通式改良袴	六
	計	一五〇

通計 細目 六十九目 時數 三百九十時間

備考 本細目の排列は教授の順序にあらず故に實物の如き家計により材料を得る難易あるを以ていづれより着手するも妨なし○都合に依り多少増減することあるべし

教授細目　大正元年改正　高等師範科

資料的価値

平成12年12月27日、本学が所蔵する裁縫雛形コレクションのうち、明治30年から昭和15年までに製作された2290点と、教科書や製作用具等の附《つけたり》61点が、「重要有形民俗文化財」に指定された。

重要有形民俗文化財とは、日本人の衣食住・生業・信仰・年中行事等で使用されてきた衣服や道具等の有形の民俗文化財のうち、特に重要なものを国が指定し、保護を図るもので、国民の生活の推移を理解する上で欠くことのできない貴重な文化遺産である。

裁縫雛形は「民俗知識に関して用いられるもの」という位置づけで、近代女子教育とその指導者養成の一端を示す教育史資料としての価値が評価された。近代という時代に限定された指定としては民俗文化財の分野では初めてのことであった。

教育史的な視点に加え、服装史の面からも、裁縫雛形は歴史を物語る重要な資料であると捉えることができる。実用品である衣服は、着用によって消耗し、また素材自体が長持ちしないため、後世まで残ることはまれである。一方、裁縫雛形は、実際には着られない、小さくて保管・移動しやすいなどの理由から、比較的よい状態で今日まで伝わり、当時の衣服の形態や縫い方等を示す貴重な資料となっている。

特に、裁縫雛形が盛んに製作された明治時代後期から昭和時代初期にかけては、日本人の衣生活が、洋装化を軸に、「近代化」という大きな変化をとげる時代と重なる。江戸時代の名残をとどめた服や過渡期に現れて消えていった服など、今では実物を目にすることが難しい当時の衣服が、裁縫雛形という形をとって残される例も見受けられる。

当館の裁縫雛形コレクションについて

本学は、関東大震災(大正12年)と東京大空襲(昭和20年)で2度の校舎焼失にあい、渡邉辰五郎と滋が蓄積してきた教育資料の大半が失われたが、奇跡的に焼失を免れた土蔵にわずかな資料が残されていた。この資料が核となって、昭和56年に「東京家政大学生活資料館」設立、平成5年に博物館相当施設の指定を受け、平成9年に「東京家政大学博物館」と館名変更し、現在に至っている。

生活資料館では、昭和63年までに、約1500点の裁縫雛形を所蔵していた。これをさらに充実させるべく、平成5年から同窓会を通じて全国の卒業生に寄贈を呼びかけたところ、多くの卒業生から協力があった。重要有形民俗文化財指定後も、毎年のようにご寄贈いただき、平成30年までの資料登録数は4950点にのぼる。

卒業生の声

入学して、細目一覧表を頂きました。これには1年間の作品名、予定時間などが記入されておりました。それにつけて修正簿と、採点用紙とがありました。修正簿には、受け持ちの先生の検印、主任の先生の検印、実物の品名を書き入れて、採点用紙は、半紙くらいの大きさにして、できあがりの品に年月日を記入して提出いたします。少しでも正しくできていなければ直されて、また正確でなければ、また返されたりして、品物を仕上げるまでは容易なものではありませんでした。

お直しがあったり、いろいろしますので、細目を進めるにはいつもいつも時間をたくさんとられて、一方においては、当日の学科の速記をして、その日の整理をするのに、土日などといっても、大空をあおいでのんびりするなどという時間は私にはありませんでした。

1年が2学期にわけてありまして、60点以上無くては進級もできないので、試験などの時は入浴などを控え、実地試験の時などは未完成に終われば点は半減されますので、まったく厳格そのものの中にいましたが、卒業して後ずいぶん楽しかった、苦しかった味がしみじみと思われます。その厳しかったことによって、自信を持ち、就職してからは、そのありがたさが格別のものでありました。

（大正11年 高等師範科 卒）

昭和45年録音「卒業生の声」より抜粋

和装

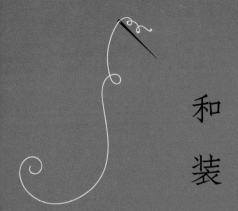

本裁《ほんだち》女物《おんなもの》單衣《ひとえ》本重《ほんがさね》　明治41年

本裁《ほんだち》女物《おんなもの》單衣《ひとえ》本重《ほんがさね》

「本裁《ほんだち》」とは、大人用の着物やその裁《た》ち方《かた》のこと。「単衣《ひとえ》」は裏地をつけない単《ひとえ》仕立ての着物で、単衣を2枚重ねたものを「本重《ほんがさね》」という。外側の着物を「上着《うわぎ》」、2枚目を「下着《したぎ》」と呼ぶ。この裁縫雛形は、上着は白地に手描きの裾模様《すそもよう》、下着は桃色。五ツ紋《いつつもん》の振袖であることから、未婚女性の夏の礼装と考えられる。現在ではほぼ目にすることのない形式の着物だが、裁縫雛形では明治から昭和時代にかけて盛んに製作されている。衿《えり》、袖口《そでぐち》、振《ふ》り、裾《すそ》の部分のみ重ねた「半重《はんがさね》」もある。

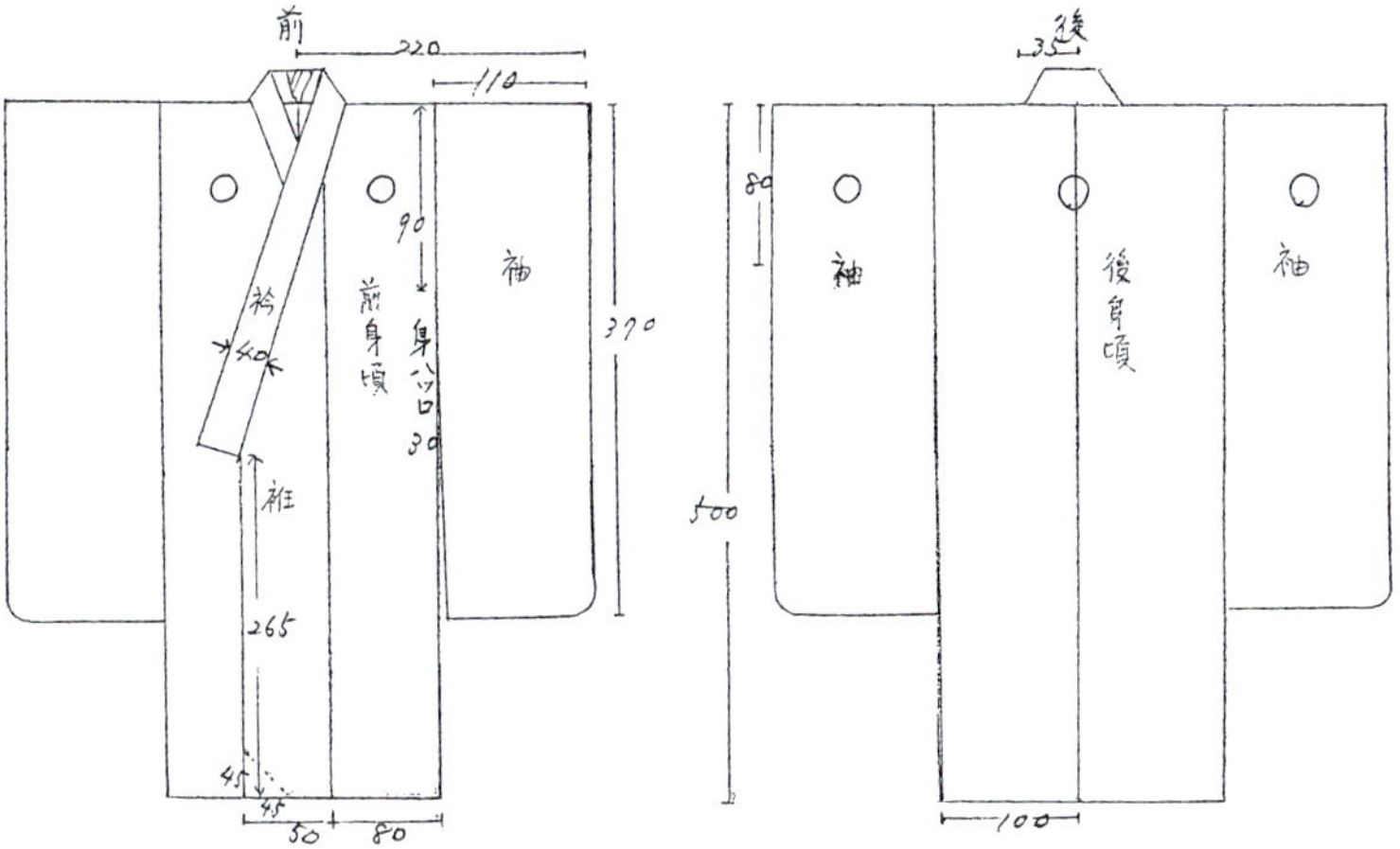

76.0 cm

1/2

二枚重《にまいがさね》　大正8年

二枚重《にまいがさね》

裏地の付いた袷《あわせ》の着物を2枚重ねている。明治時代は三枚重《さんまいがさね》が礼服とされたが、裁縫雛形で製作されているのは二枚重である。上着《うわぎ》と下着《したぎ》からなり、上着と下着を同じように作る場合(写真右下)と、下着の表から見えない部分に別布を使う「胴抜き仕立て」にする場合(写真左下)とがある。

下着は胴抜き仕立て

下着は上着と同形

本裁《ほんだち》本《ほん》比翼《びよく》・附《つけ》比翼《びよく》　明治45年

本裁本比翼《ほんだちほんびよく》・附比翼《つけびよく》

比翼《ひよく》は、表から見える衿《えり》、袖口《そでぐち》、振《ふ》り、裾《すそ》の部分に別布を付け、着物を重ねているように見せる仕立て方のこと。重《かさね》に比べ、生地の節約や着物の軽量化・簡便化が図れる。着物本体に縫い込んで付ける「本比翼《ほんびよく》」と、着物とは別に仕立ててから付ける「付比翼《つけびよく》」とがあり、現代の礼装用の留袖は付比翼が多い。「本裁本比翼《ほんだちほんびよく》・附比翼《つけびよく》」という名称で製作された裁縫雛形は、本比翼にさらに付比翼を付けて、三枚重《さんまいがさね》のように見せている。

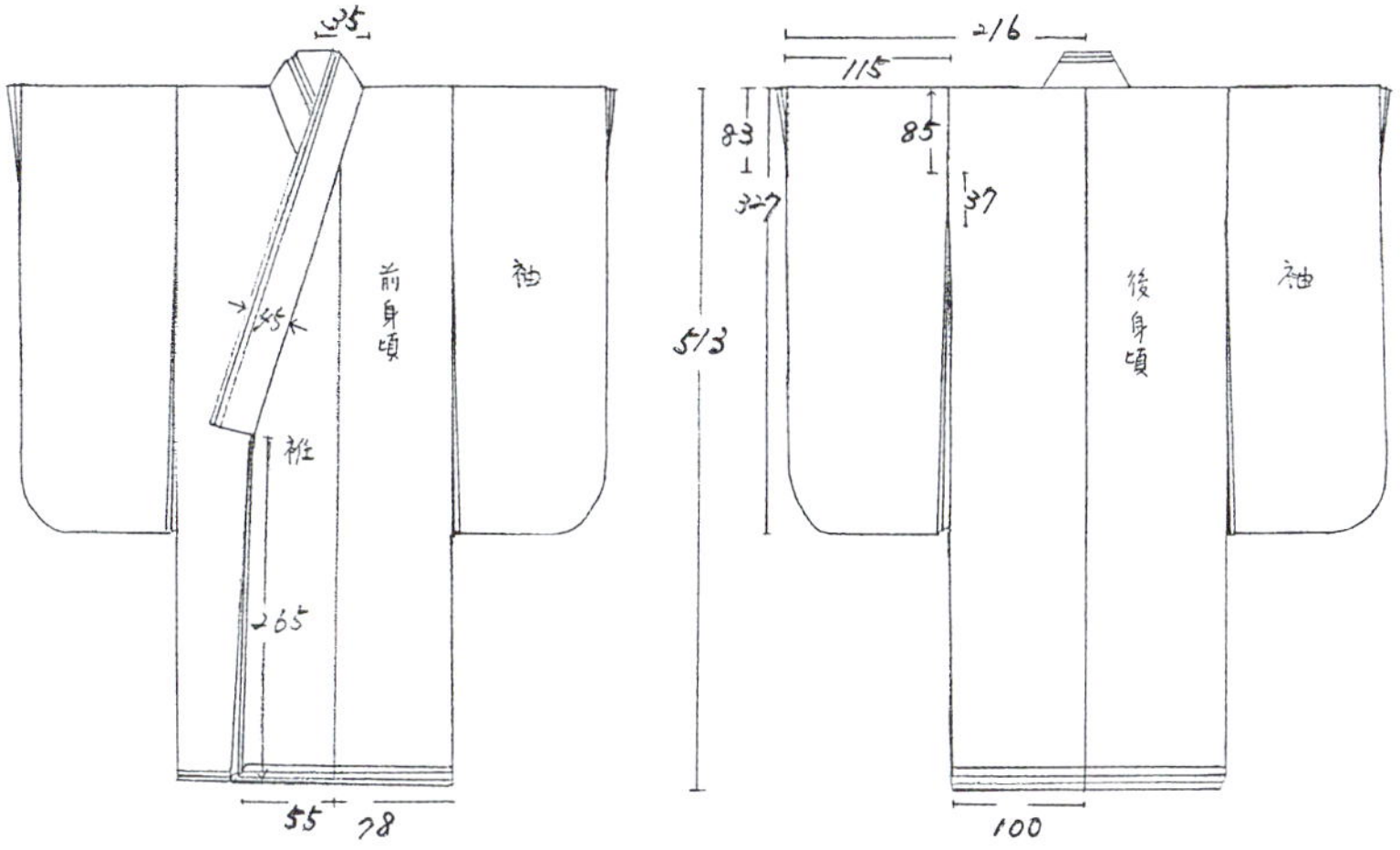

小《こ》裁《だち》單衣《ひとえ》本重《ほんがさね》　明治43年

小《こ》裁《だち》單《ひと》衣《え》本重《ほんがさね》

お宮参りの時に用いる着物で、着るというよりは赤子を包む「おくるみ」のように使う。「小裁《こだち》」とは、乳幼児用の着物やその裁《た》ち方《かた》のことをいう。大人の着物と違い、後ろ身頃に背縫い(縫い目)がないため、背中から魔物が入ってくると信じられ、魔よけと装飾を兼ねた「背守《せまも》り」を付けることが多い。この裁縫雛形の背守りは、五色の糸で縫い取られている。衿に付けられた「付け紐」にも飾り縫いがほどこされている。

四《よ》ツ《つ》身《み》袷《あわせ》　明治45年

四《よ》ツ《っ》身《み》袷《あわせ》

4～10歳頃の子供が着る裏地の付いた袷仕立ての着物。身《み》丈《たけ》の4倍の長さで前後の身頃をつくることから四《よ》ツ《っ》身《み》という。裄《ゆき》(背中心から袖口までの長さ)や着《き》丈《たけ》は「肩《かた》揚《あ》げ」「腰《こし》揚《あ》げ」で調節し、成長に合わせて長い期間着られるようになっている。

二《ふた》ツ《つ》身《み》袷《あわせ》　明治45年

二《ふた》ツ《つ》身《み》袷《あわせ》

2、3歳用の袷仕立ての着物。子供用の着物のうち、一ツ身、四ツ身は現在でも着用されるが、二ツ身、三ツ身はほとんど見られない。裁縫雛形でも数点をかぞえるのみで、明治時代の製作品に限られる。

袴《はかま》

袴は、用途や仕立て方、襞《ひだ》の取り方等によって様々な種類がある。明治38(1905)年の本・普通科教授細目によると、男袴7種、女袴8種、計15種類もの裁縫雛形と実物を製作することになっている。

男袴《おとこばかま》

本裁十番馬乗袴《ほんだちじゅうばんうまのりばかま》

馬乗袴は、武士が馬に乗る際に着用した袴で、襠《まち》(内股に付けられた足し布)の位置が高く、裾は広く、乗馬に適した作りになっている。「十番」の名は、江戸の麻布十番に住む馬乗りが用いていたことに由来するとされる。襠高袴《まちだかばかま》ともいう。明治時代以降は男袴の代表格となり、縞の馬乗袴は紋付の羽織とあわせて男子の礼装とされる。

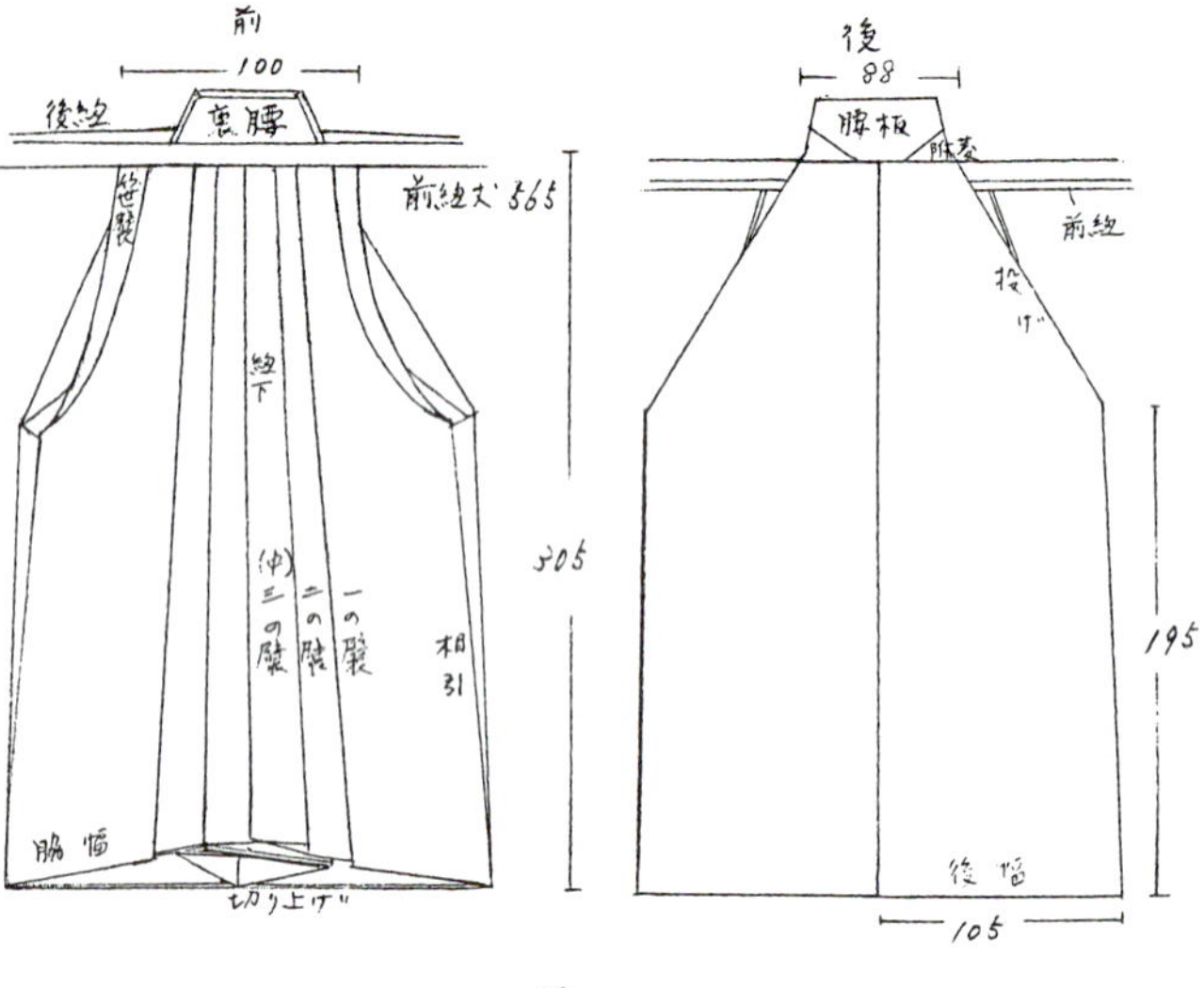

本裁《ほんだち》十番《じゅうばん》馬乗袴《うまのりばかま》　明治38年

袷袴《あわせばかま》

裏地が付いた冬用の袴。

34.0
cm

袷袴《あわせばかま》　明治38年

四布遣馬乗袴《よぬのづかいうまのりばかま》／十布遣馬乗袴《とぬのづかいうまのりばかま》

「四布遣《よぬのづかい》」「十布遣《とぬのづかい》」は使用する布の枚数による名称で、四布遣は片脚分が4枚の布でできている。十布遣は、片脚5枚の計10枚の布で仕立てられ、幅が広いため肥満体に適している。

四布遣馬乗袴《よぬのづかいうまのりばかま》　大正4年

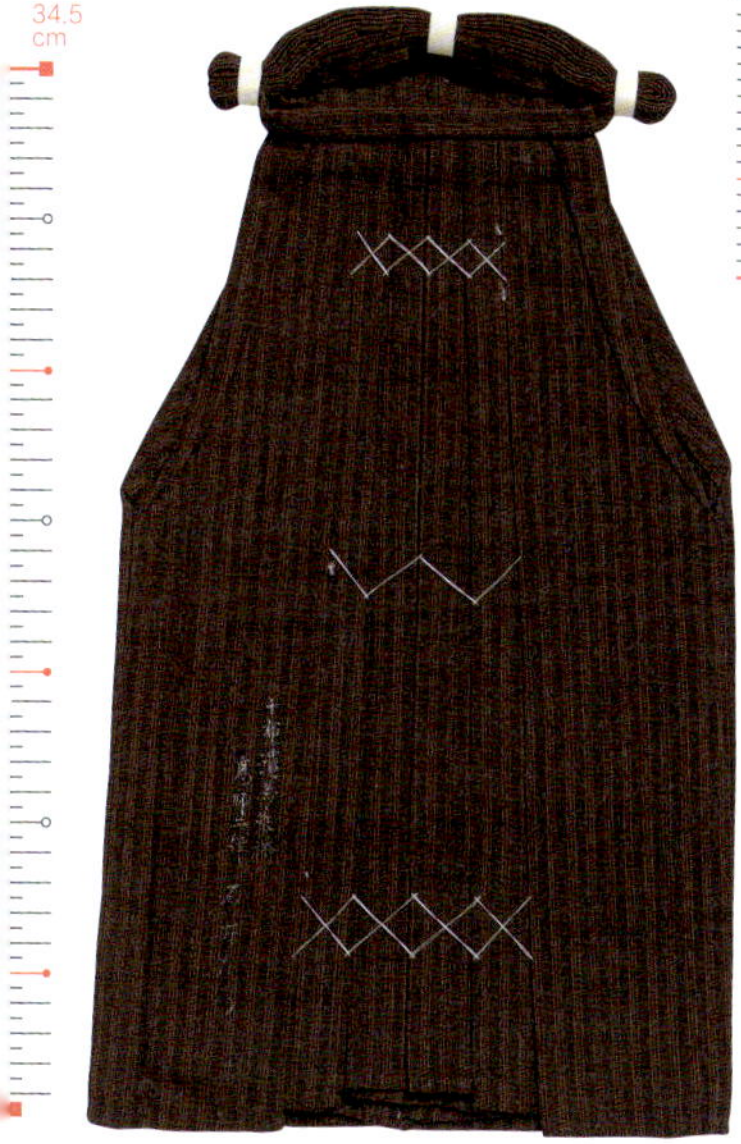

十布遣馬乗袴《とぬのづかいうまのりばかま》　大正10年

22.0 cm

七《なな》ツ《つ》子《ご》男袴《おとこばかま》／五《いつ》ツ《つ》子《ご》男袴《おとこばかま》

裁縫雛形では、大正時代末期までは「七ツ子男袴」「五ツ子男袴」、それ以降は「小裁男袴」という名称で男児用の袴が製作されている。男児に初めて袴を着せる「袴着」の儀式は、古くは3歳に行われることが多かったが、のちに5歳、7歳で祝われるようになった。その際に着用する袴を意識して、これらの裁縫雛形が製作されたと考えられる。

七《なな》ツ《つ》子《ご》男袴《おとこばかま》 大正7年

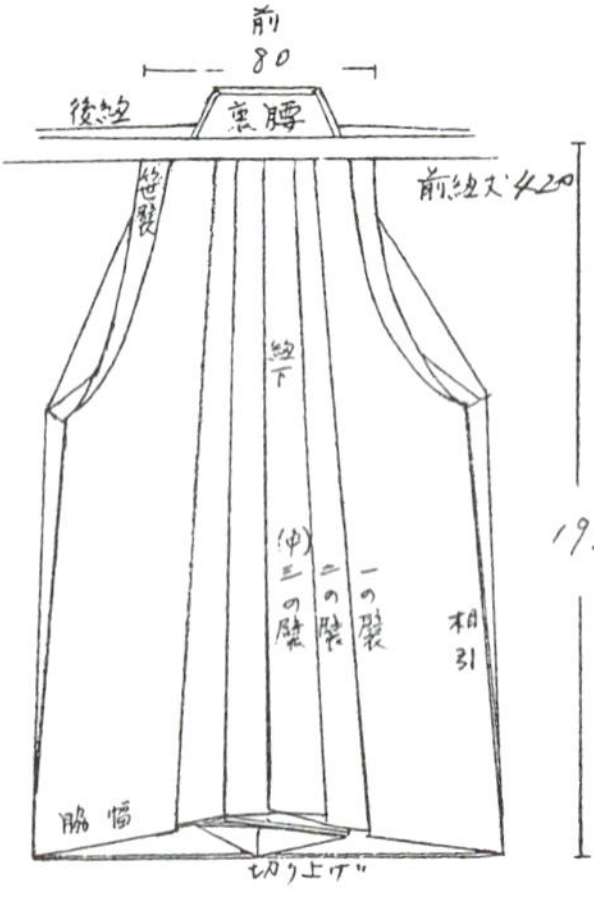

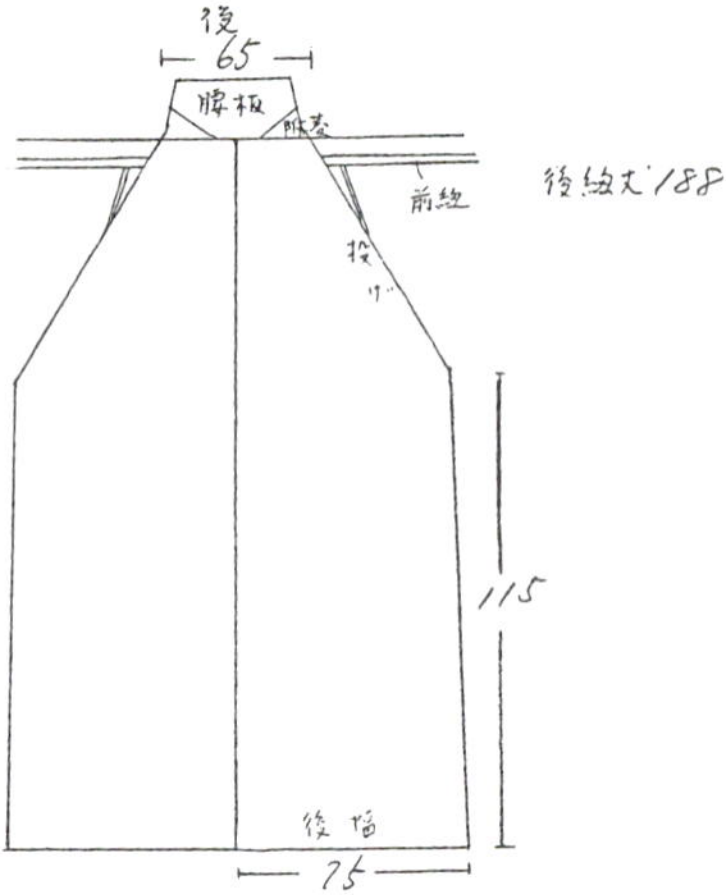

19.0
cm

五《いつ》ツ《つ》子《ご》男袴《おとこばかま》　大正11年

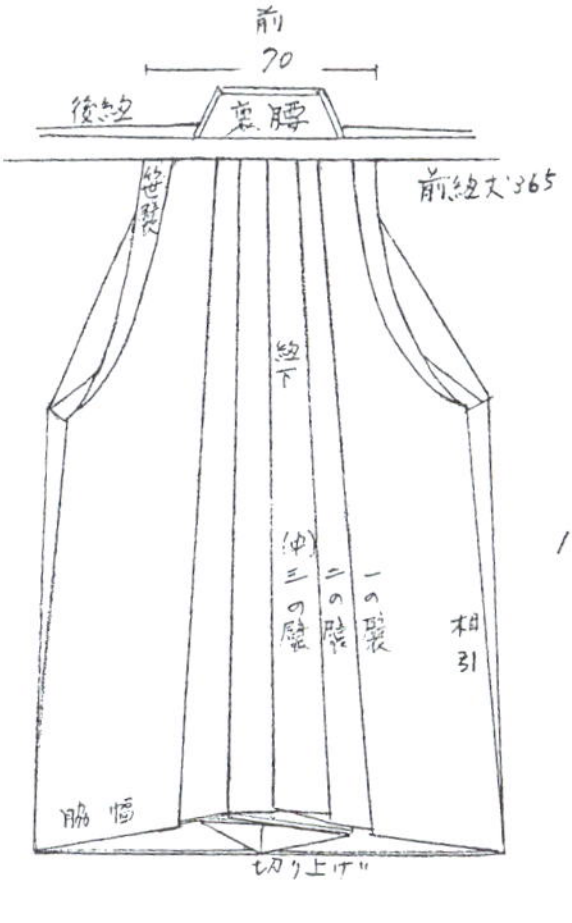

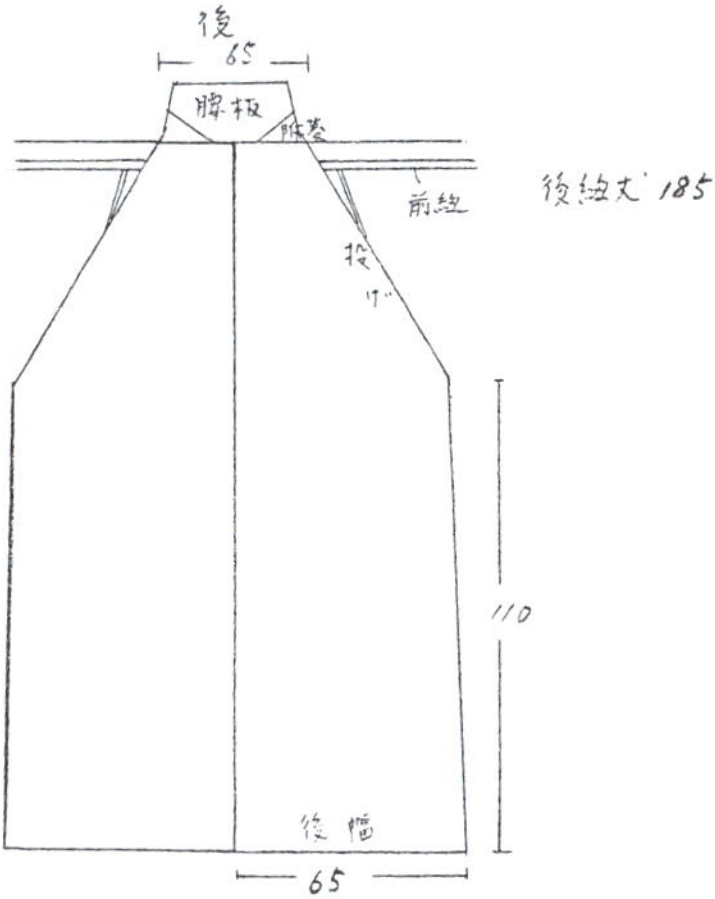

女袴《おんなばかま》

明治5(1872)年に官立の女学校が開校し、女子学生の通学服として「袴」が認められた。着物は、通学で歩く際に裾の乱れが気になる、椅子に座りにくいなどの難点があり、その解決策として、それまで男性だけが使用していた袴を女性もはくようになった。この時用いられたのは、男性と同じく、縞模様で、腰板の付いた、ズボン状の袴だった。男性の格好をした女学生の姿は世間の非難を浴び、短期間で姿を消す。

明治32(1899)年に高等女学校令が公布され、高等女学校に通う女学生向けに再び袴が登場する。これは、宮中女性の服装等を参考にして考案された、色無地で腰板のない、スカート状の袴だった。この「女袴」は、多くの女学生が身に着けるところとなり、女学生のスタイルとして定着した。

本裁大門腰女袴《ほんだちだいもんごしおんなばかま》

裁縫雛形では、「大門腰」または「大紋腰《だいもんごし》」という名称で、後ろに襞《ひだ》が一本入る女袴が多数製作されている。本裁は大人用である。

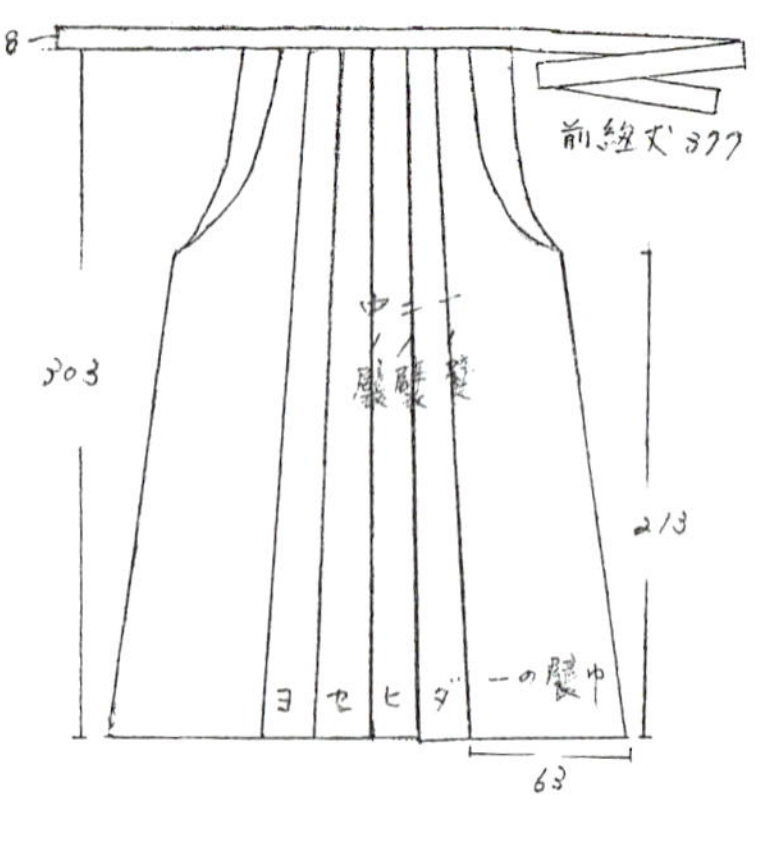

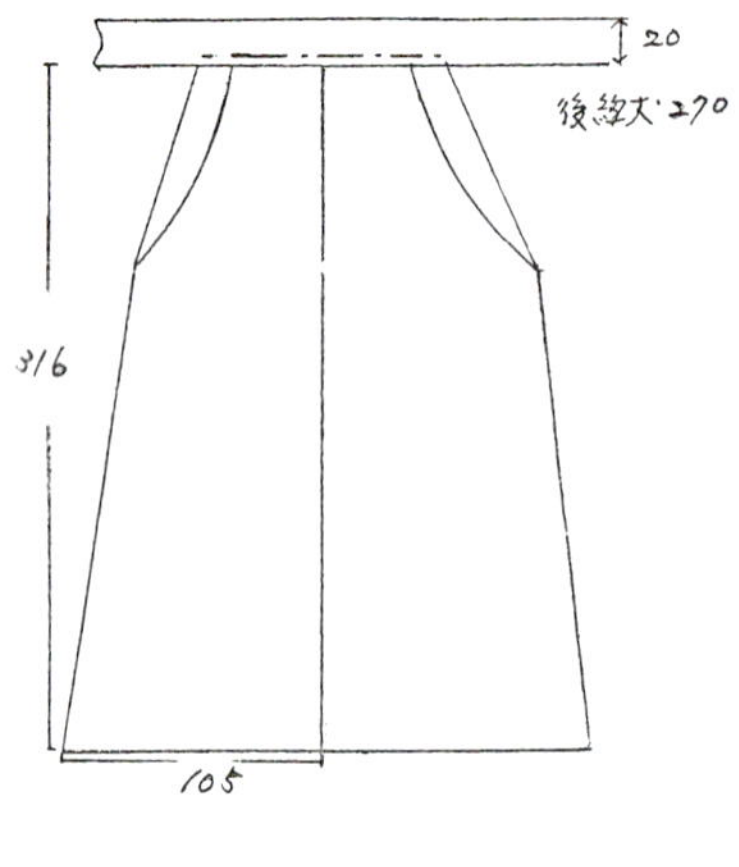

本裁大門腰女袴《ほんだちだいもんごしおんなばかま》　明治45年

33.1 cm

本裁《ほんだち》七《なな》ツ《つ》稜《ひだ》襠《まち》有《あり》女袴《おんなばかま》　大正10年

本裁《ほんだち》七《なな》ツ《つ》襞《ひだ》襠《まち》有《あり》女袴《おんなばかま》

男袴のように襠があり、ズボン状に脚が分かれるようになっている。

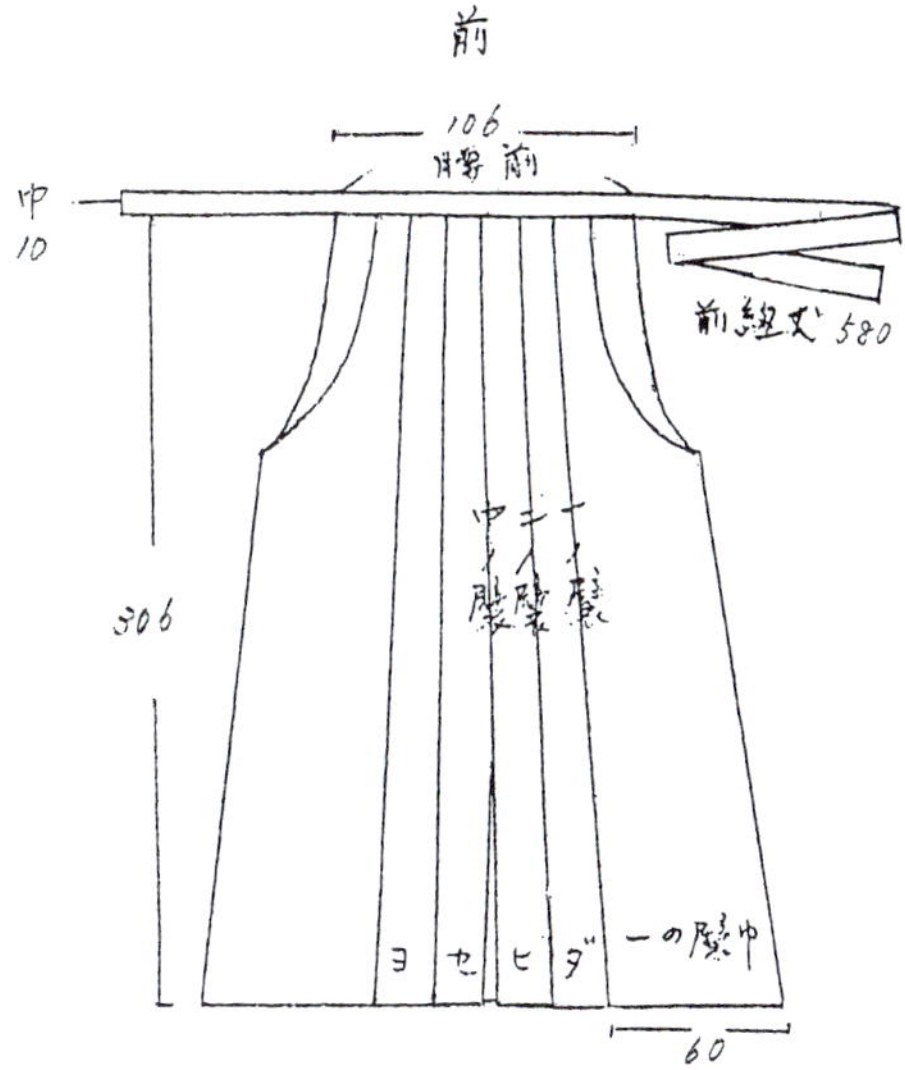

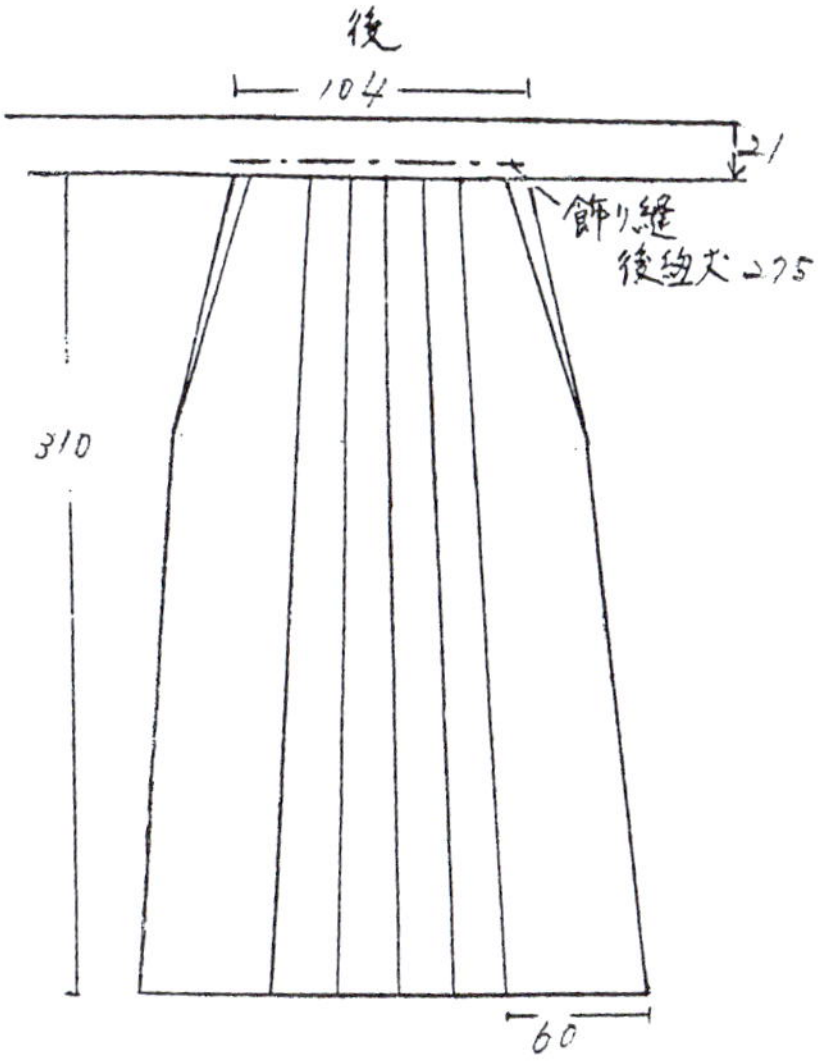

中裁《ちゅうだち》三《み》ツ《つ》稜《ひだ》女袴《おんなばかま》

7〜12歳用の袴。後ろに襞《ひだ》が3本ある。

29.0
cm

中裁《ちゅうだち》三《み》ツ《つ》稜《ひだ》女袴《おんなばかま》　明治41年

後ろ

小《こ》裁《だち》大《だい》紋《もん》腰《ごし》女《おんな》袴《ばかま》

5〜6歳用の袴。後ろに襞が1本の大紋腰である。

小《こ》裁《だち》大《だい》紋《もん》腰《ごし》女《おんな》袴《ばかま》　昭和3年

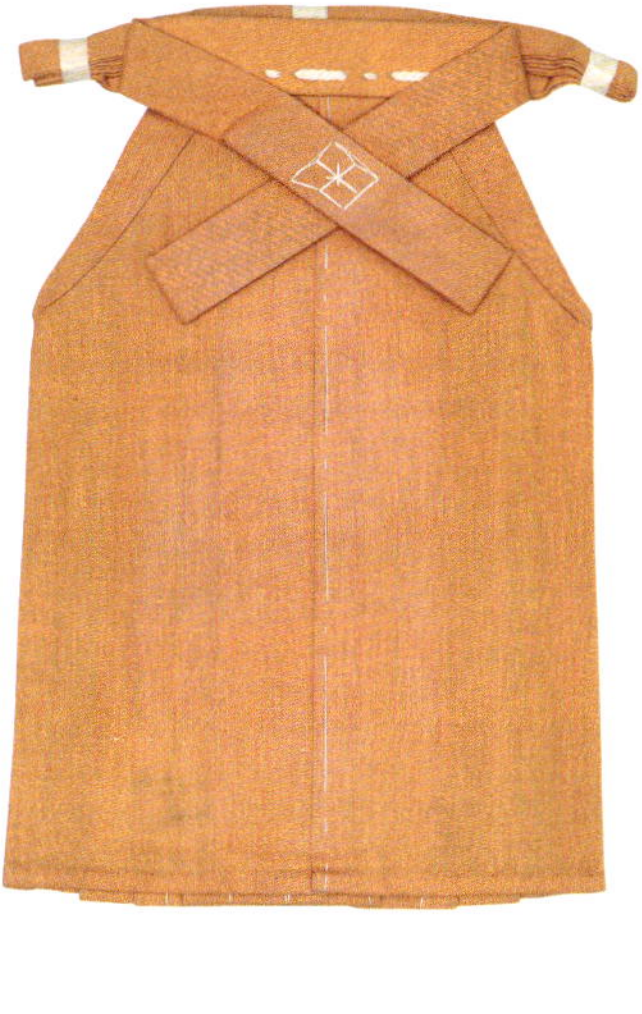

後ろ

渡邊式《わたなべしき》改良袴《かいりょうばかま》　明治45年

渡邊式改良袴《わたなべしきかいりょうばかま》

渡邉《わたなべ》辰《たつ》五《ご》郎《ろう》の長男渡邉滋《わたなべしげる》が女子の運動用に考案した袴。アメリカ留学中の明治35(1902)年に、ニューヨークの学校で目にした「スヰーデン式体操スカート」に想を得て、帰国後に作成した。大正2年には『渡邊式改良女袴製作法』を出版。

普段は通常の女袴と同じくスカート状だが、前面と背面それぞれの中心に裾から切れ込みが入り、その内側のボタンをかけると脚が左右に分かれ、さらに裾の紐をしめるとブルマーのようになる。

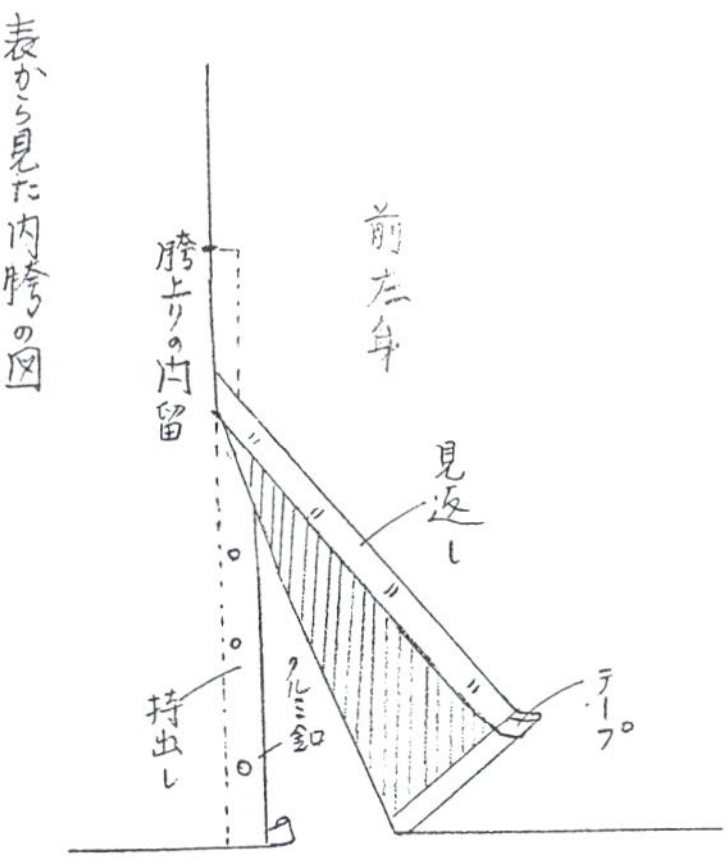

着装図
渡邊滋『渡邊式改良女袴製作法』
東京裁縫女学校出版部
大正2(1913)年
国立国会図書館ウェブサイト
より転載

様々な袴

明治時代、男性用の袴は現在と同様に「馬《うま》乗袴《のりばかま》」の形態が主流になるが、裁縫雛形にはおもに江戸時代に着用された様々な袴が含まれている。これらの袴は、雛形製作当時すでに一般的ではなかったが、服飾文化を学ぶ目的で製作されたものと考えられる。

小袴《こばかま》

やや丈の短い袴で、通常の袴のように着用する。渡邊辰五郎著『裁縫教科書　巻三』（明治30年）によれば、遠出する時には、共布《ともぬの》の脚絆《きゃはん》（P.96）を着け、膝の下で裾口の紐を引きしめ、裁附袴《たっつけばかま》（P.62）をつけたときのように着用する。

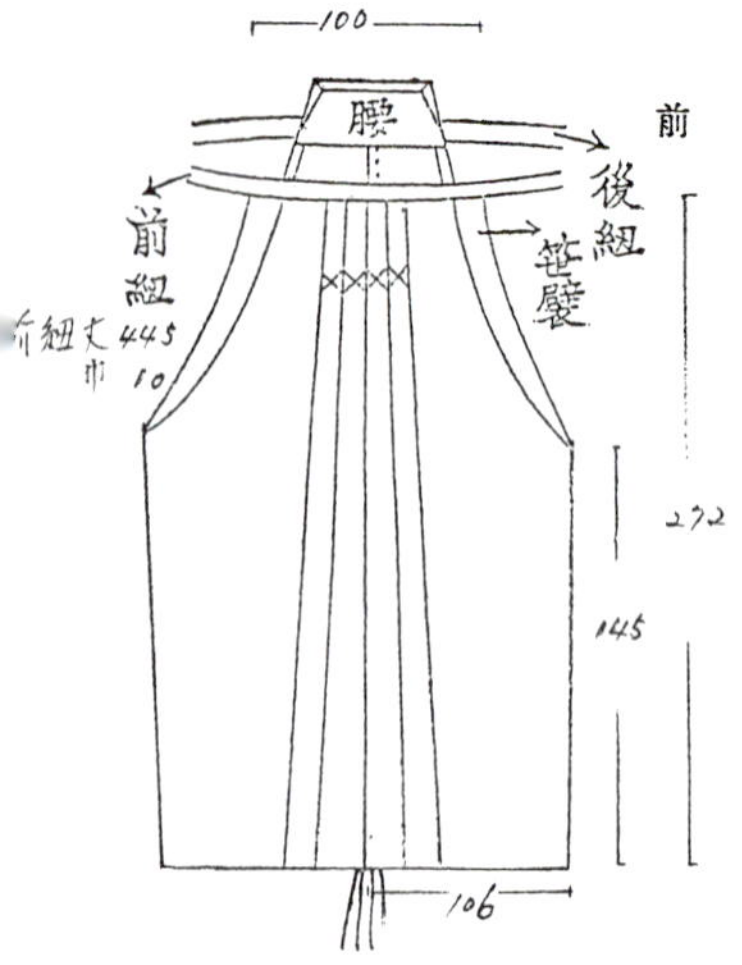

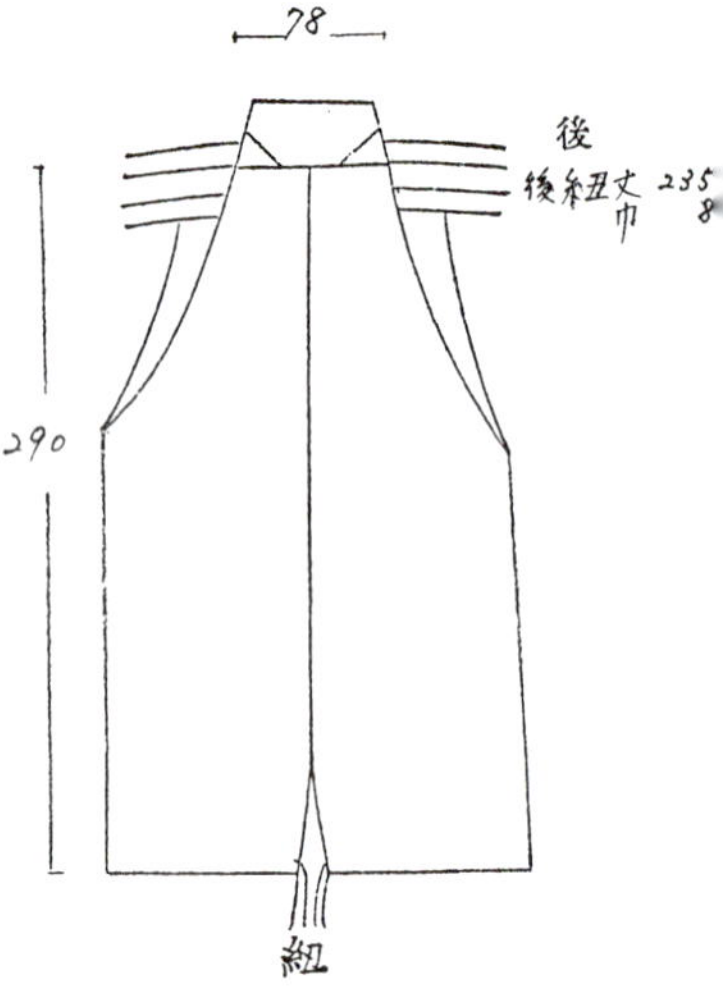

32.0 cm

小袴《こばかま》　明治38年

野袴《のばかま》　明治38年

野袴《のばかま》

江戸時代に旅行や火事装束の袴として使用された。裾に別布で縁《ふち》をつけるのが特徴。『裁縫教科書巻三』(明治30年)には、「仙台平《せんだいひら》あるいは緞子《どんす》等をもって仕立て、仙台平なれば裾口に繻子《しゅす》の縁を付け、緞子なれば天鵞絨《びろーど》を付けるなり。」とある。

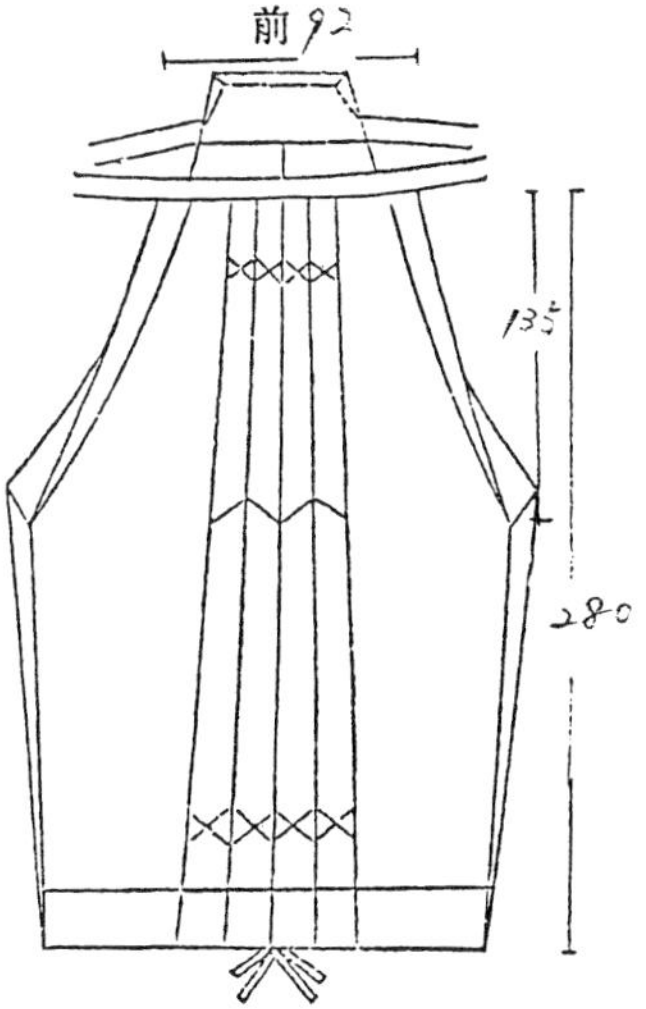

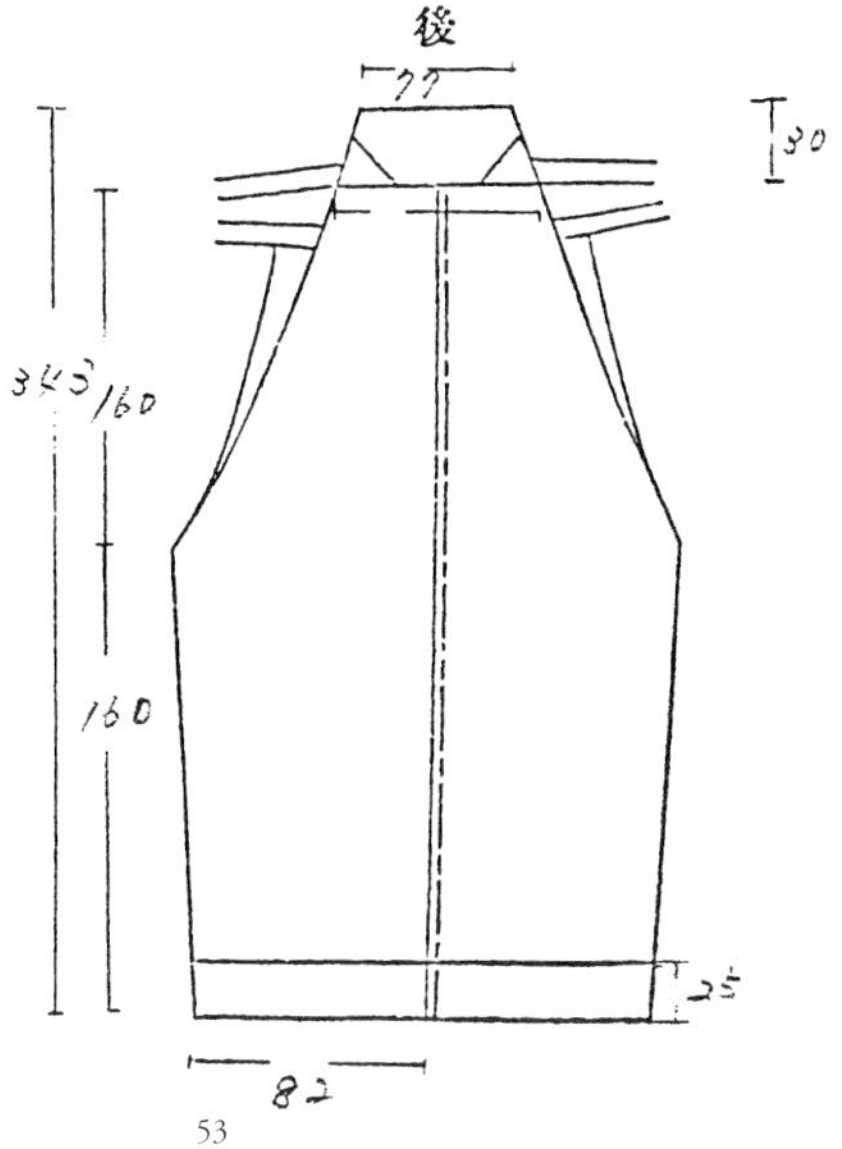

平袴《ひらばかま》 明治38年

平袴《ひらばかま》

裃《かみしも》ノ袴（P.246）と同形で、半袴ともいう。野袴等の特殊な袴に対し、普通の袴という意味で「平袴」と呼ばれた。相引《あいびき》（脇を縫い合わせた部分）と襠《まち》の位置が低く、座った時に自然と形が整うようになっているが、馬に乗るには不便であったことから馬乗袴（P.36）が発達した。

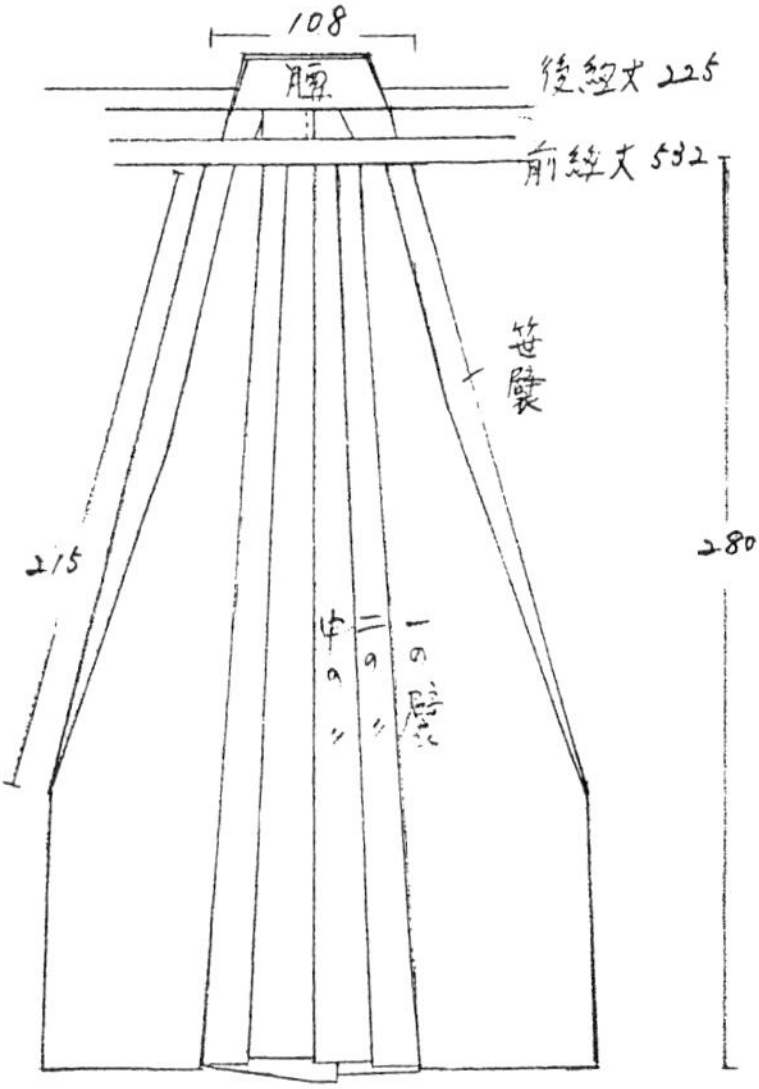

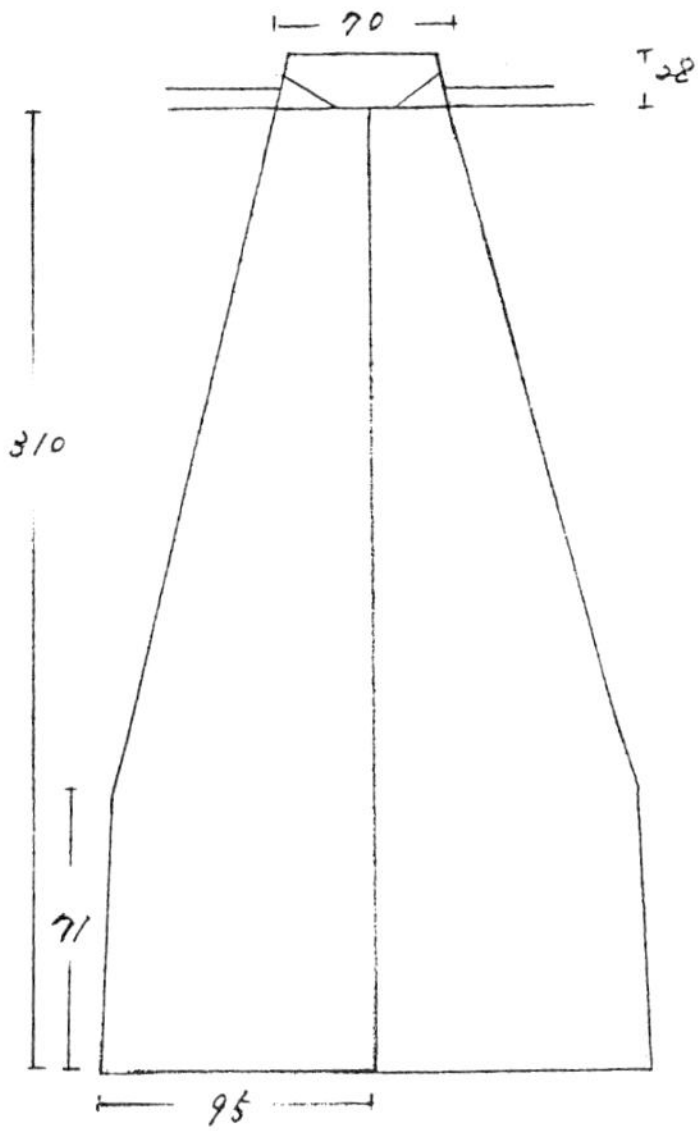

34.7
cm

細袴《ほそばかま》

布数が少なく細身であるため活動性に優れる。幕末の軍装等に用いられた。『裁縫教科書　巻三』(明治30年)には「元治慶応の頃流行し、またこの頃合羽《かっぱ》羽織《ばおり》あるいは参材《さんさい》羽織《ばおり》(P.252)、清元《きよもと》羽織《ばおり》等流行せしなり。」とある。

細袴《ほそばかま》　明治38年

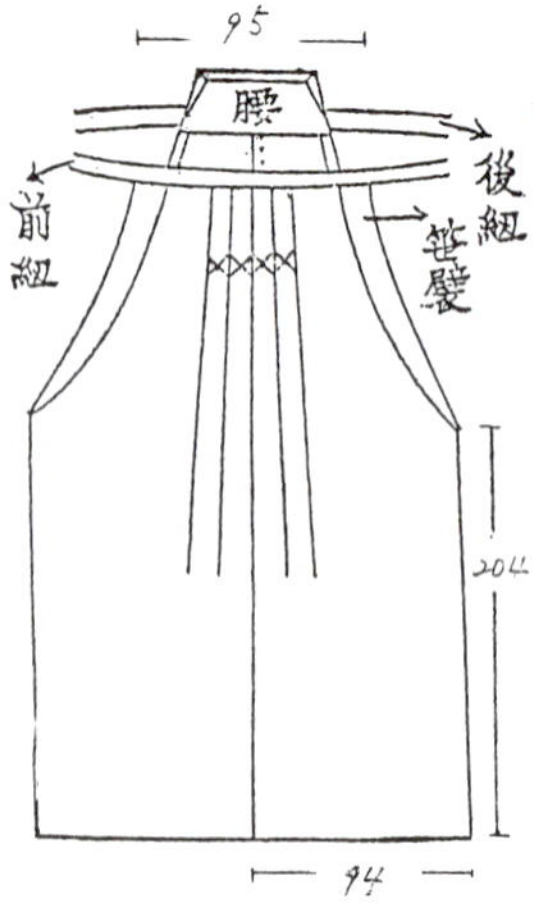

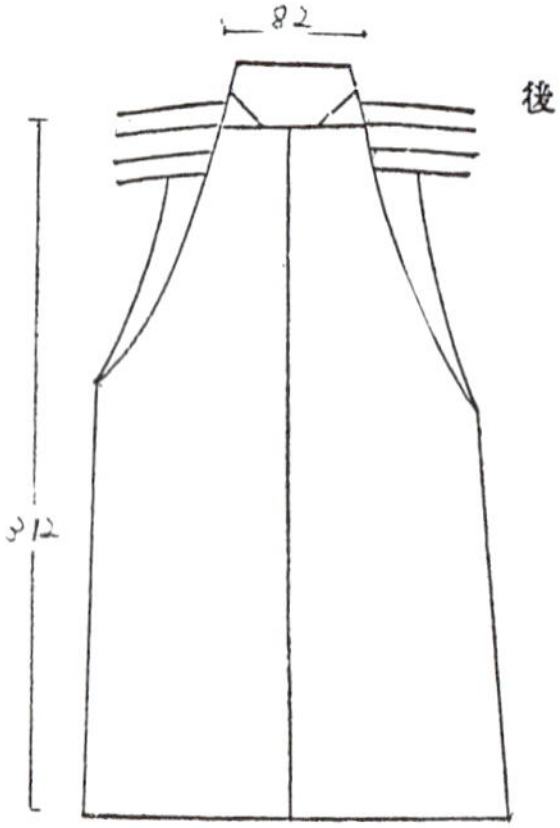

義經袴《よしつねばかま》

源義経が陣中で身に着けたといわれる袴。江戸時代に武士が旅行等で着用し、幕末には兵士の調練にも用いられた。実際は、地紋のある綸子《りんず》や緞子《どんす》等の生地で仕立て、腰に幅の広い白紐を付ける。通常男袴に付いている腰板がないのが特徴で、裾《すそ》には平組《ひらぐみ》の括《くく》り紐《ひも》を通す。

義經袴《よしつねばかま》　明治38年

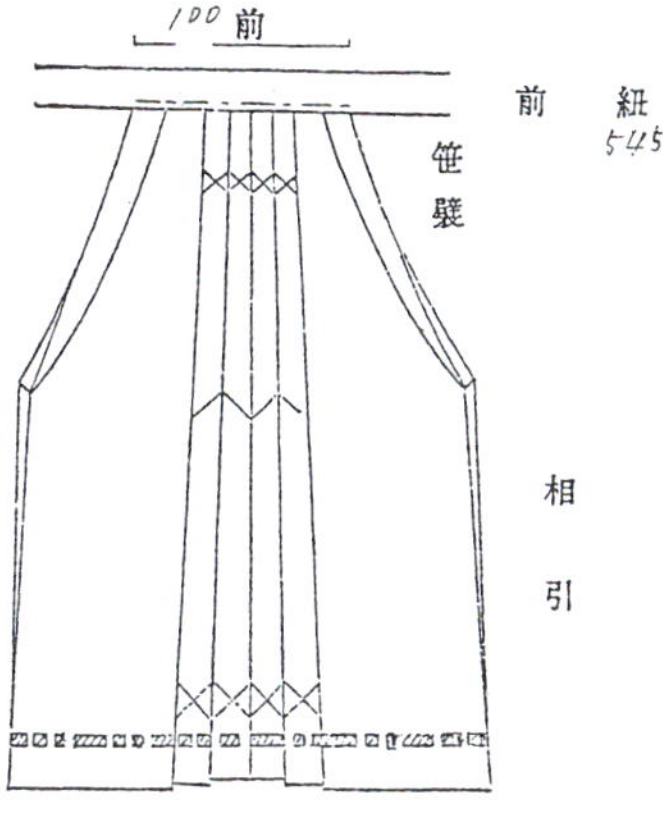

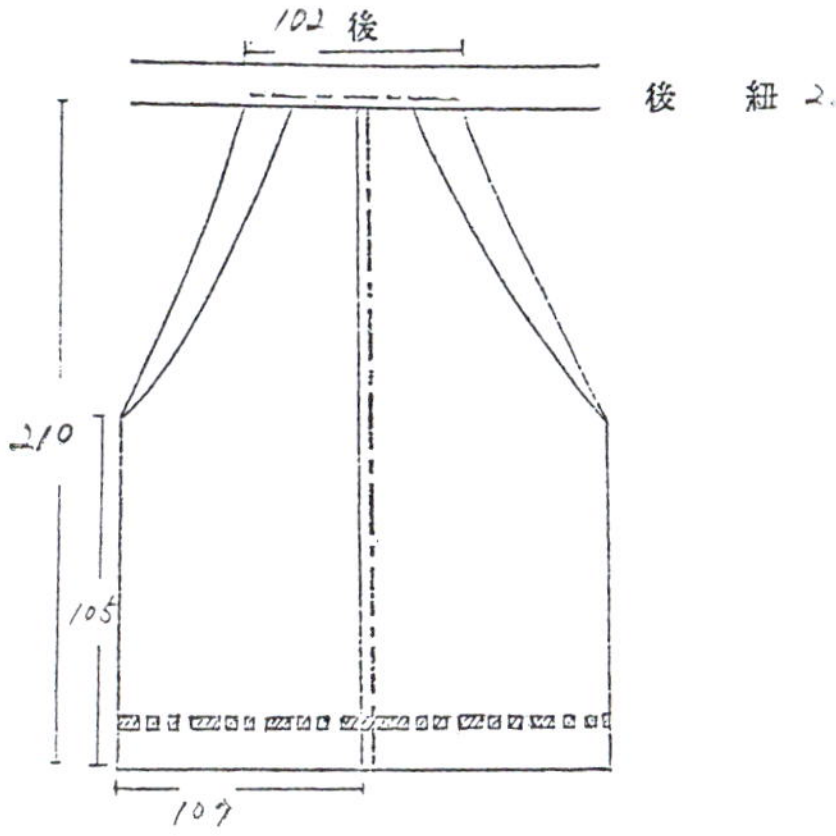

山袴《やまばかま》

山袴は、仕事着や野良着として男女が用いる袴の総称。裁縫雛形では、「モッペイ(もんぺ)」や「裁附《たっつけ》」がこれに該当する。地方によって呼称や形状は多少異なるが、いずれも腰や膝まわりにゆとりがあり、裾はすぼまり、活動に適した作りである。

男《おとこ》モッペイ

モッペイはもんぺのことで、農村で用いられる作業用の袴の一種。裁縫雛形の男モッペイは、あらかじめ菱形のひざ当てを縫い付けている。

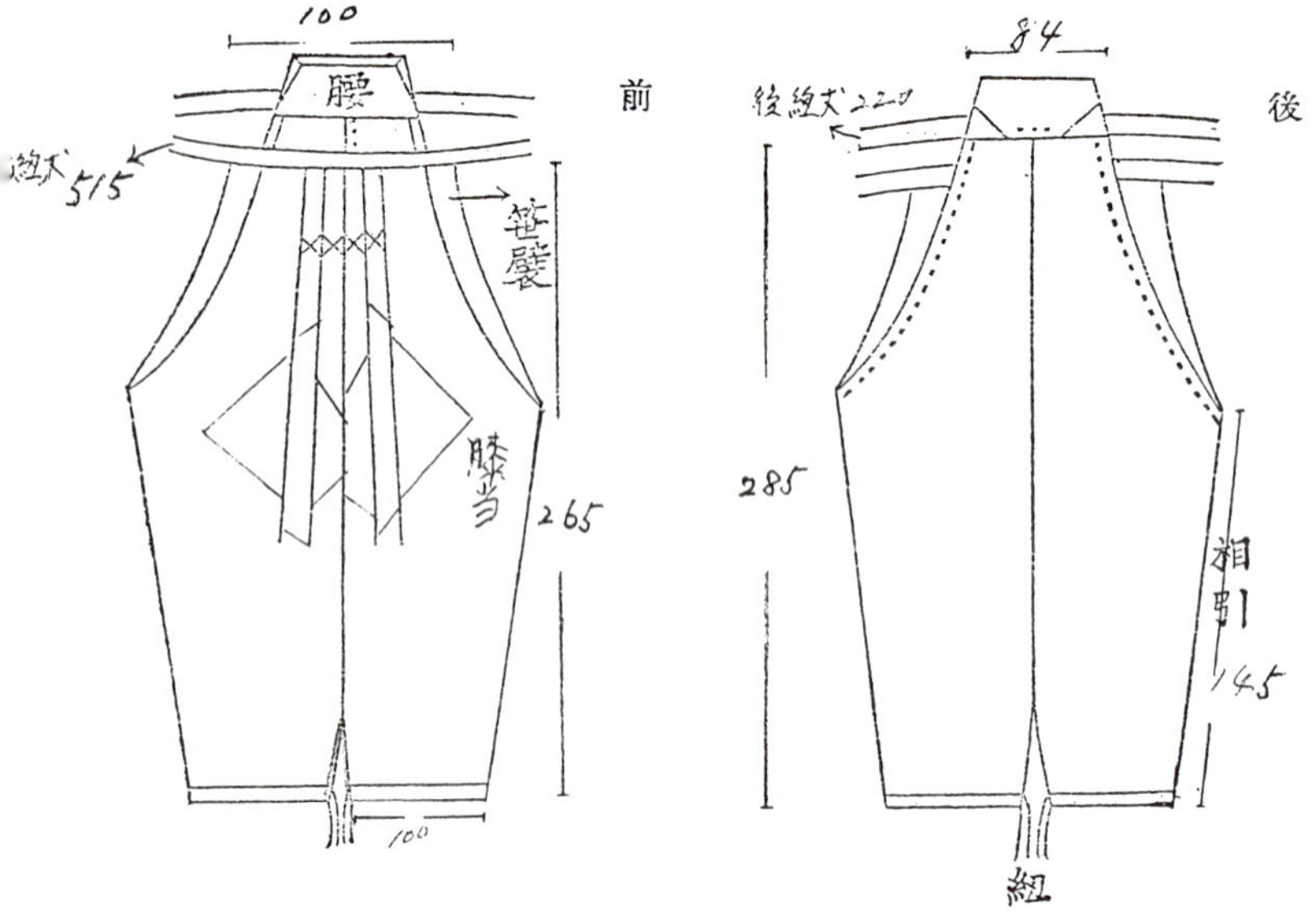

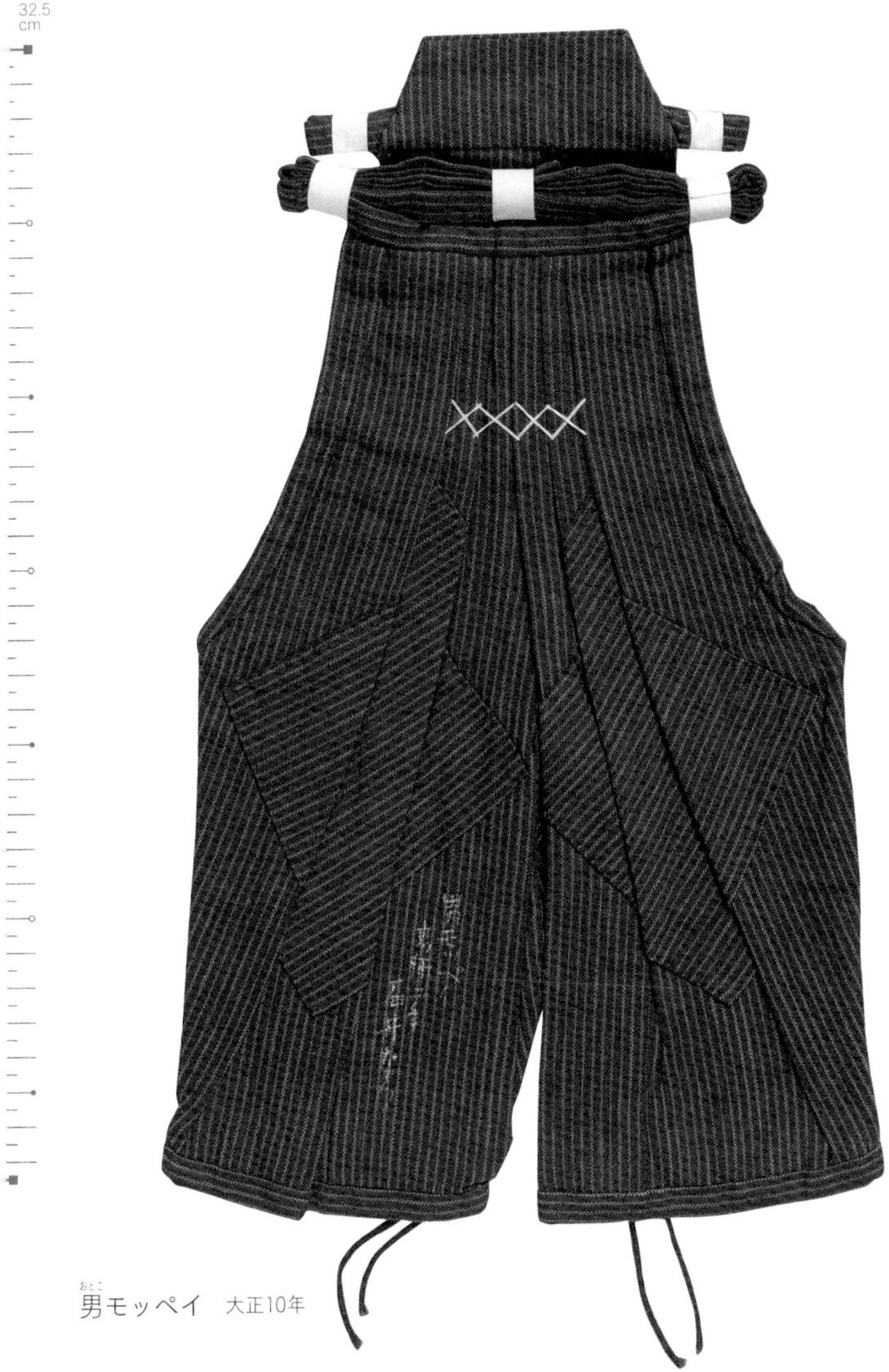

男《おとこ》モッペイ　大正10年

女《おんな》モッペイ

女性用のもんぺは、おもに農村で用いられたが、第二次世界大戦中は婦人標準服として全国の都市部にまで普及した。

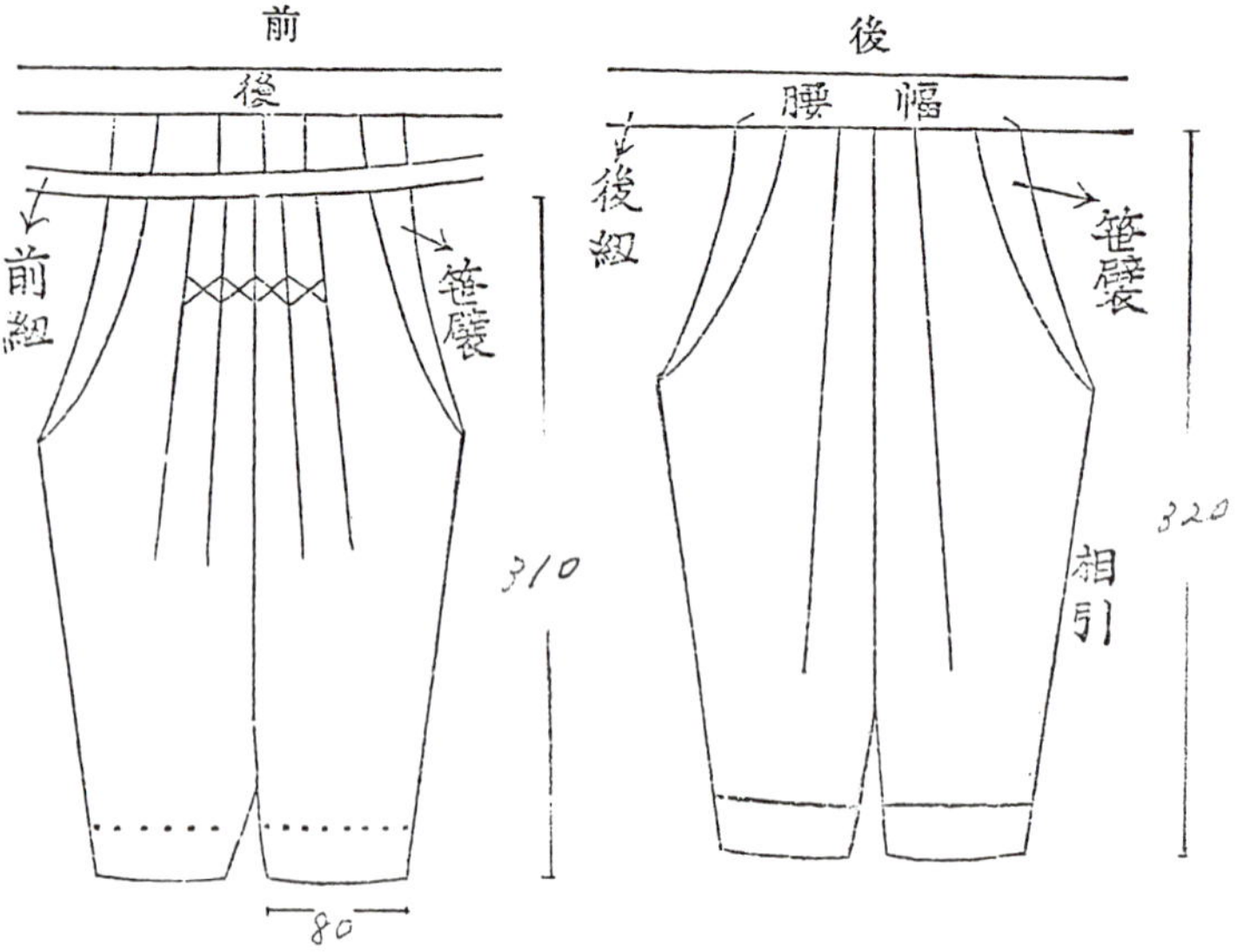

女《おんな》モッペイ　大正4年

裁附《たっつけ》
大正14年

裁附《たっつけ》／シャモ裁附《たっつけ》

裁附袴のことで、膝から下がぴったりと仕立てられている。『裁縫教科書　巻三』(明治30年)には、「裁付袴は小袴を略せしものにして、旅行あるいは祭礼の時などに用いるなり。またシャモ裁附というもあり。徳川時代江川太郎左衛門工夫せしという」と書かれている。もとは武士の狩猟用だったが、江戸時代に庶民の仕事着としても用いられるようになった。

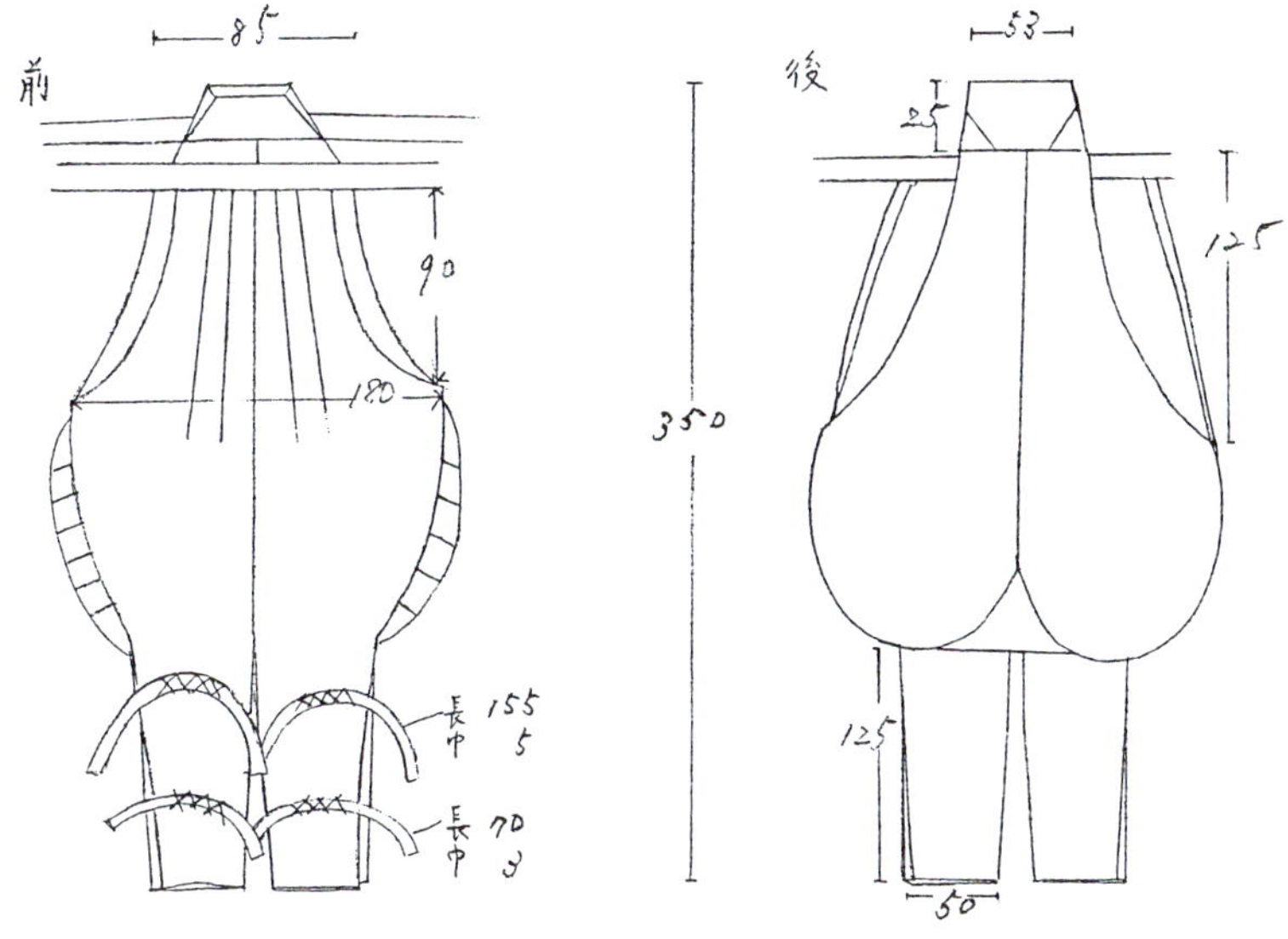

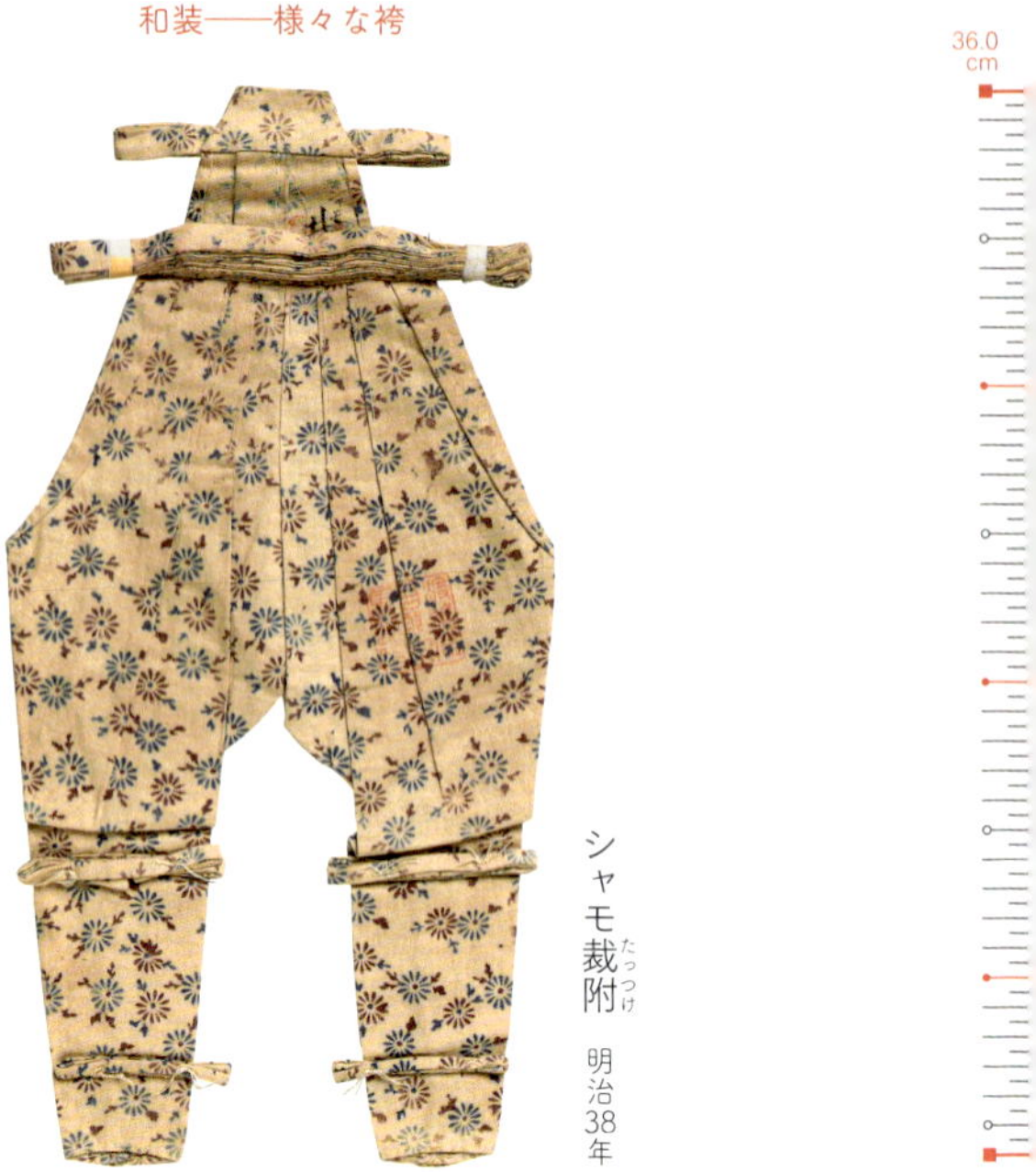

シャモ裁附《たっつけ》 明治38年

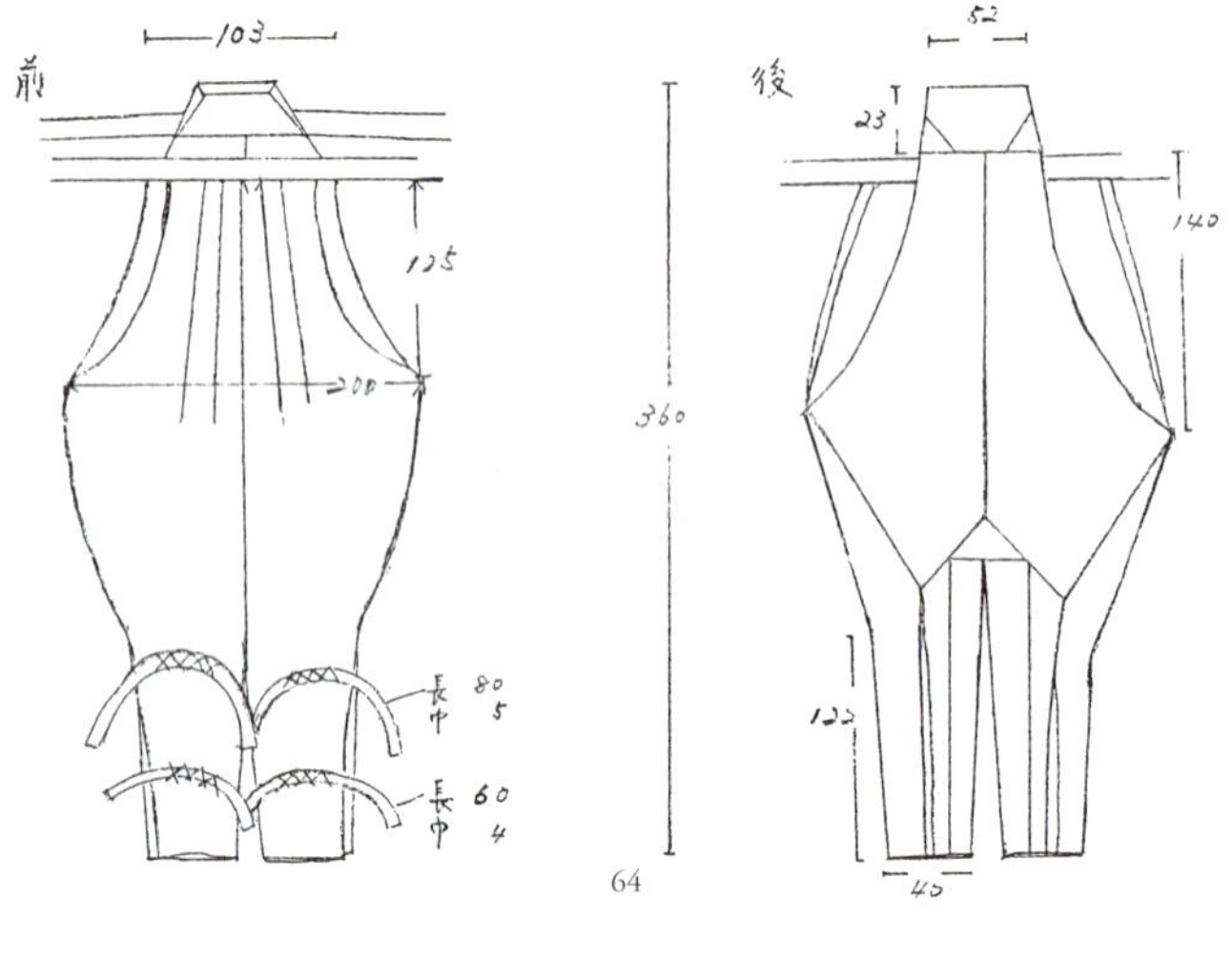

細部へのこだわり

ミニチュアである裁縫雛形の製作は、細かい作業が多くなる分、手先の訓練になり、より速くより美しい針仕事の習得につながった。

細部まで丁寧に作られた裁縫雛形からは、当時の教育レベルの高さがうかがい知れ、教師の熱意とそれに応えようとする学生のひたむきさが伝わってくる。さらに、小さく作られたボタンや留め具、手描きの模様に見られる繊細な筆致からは、学校の課題の域を超えた製作者のこだわりが感じられ、服作りの楽しみが育まれていることに気づかされる。

留め具　女東コート(P.80)

手描きの模様
本裁女物單衣本重(P.26)

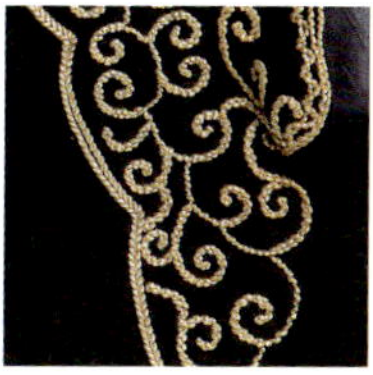
コード刺繍
辯護士禮服(P.98)

ボタンホール
女子半袖シャツ(P.194)

くるみボタン
女簡單服(P.145)

こはぜ　山附脚袢(P.97)

偏綴《へんてつ》

僧服である偏衫《へんさん》と直綴《じきとつ》とを折衷した、羽織のような上衣。奥袖《おくそで》という半幅《はんはば》の布を袖に付け足すため、羽織よりも袖巾《そではば》が広くなる。江戸時代に医師や占者等が着用した。『専門教育裁縫全書　高等裁縫及雑の部』(大正14年)には、「編綴は、明治の始め頃に流行したものである。」と書かれている。

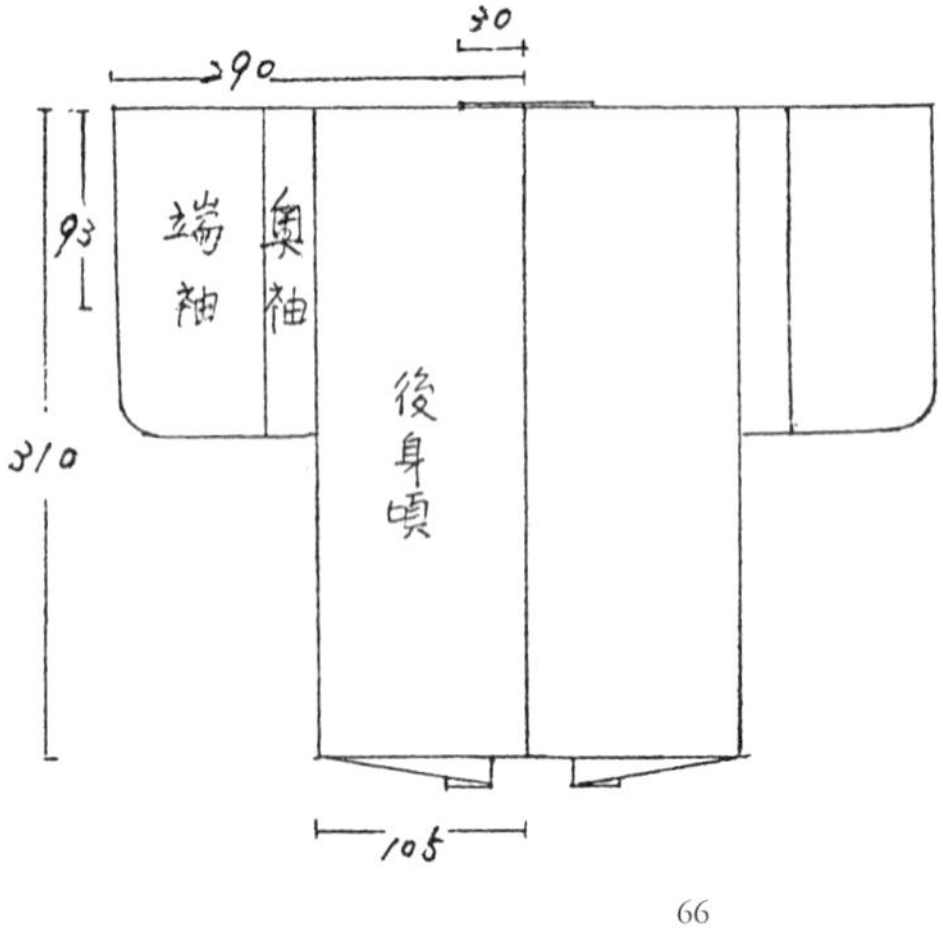

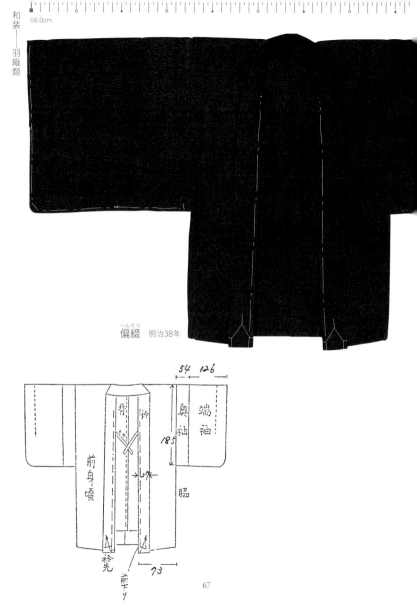

偏綴《へんてつ》 明治38年

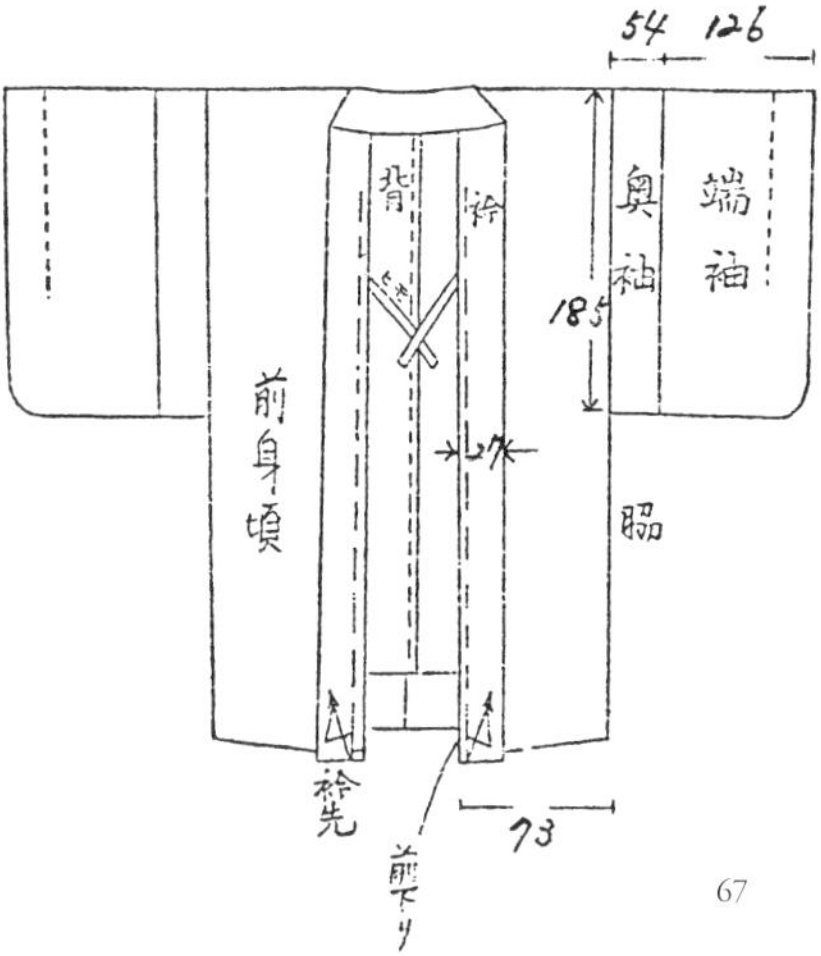

十徳《じっとく》

羽織に似た男性用の上衣。『専門教育裁縫全書　高等裁縫及雑の部』(大正14年)には、「狩衣を略したもので、昔は医師等の着したもので、徳川時代から、袖は広袖にして、衿を羽織のように折り返し、紐は共布を付けて、医師、茶坊主等、夏冬共に用いるようになったのである。」と書かれている。裁縫雛形では「有楽流《うらくりゅう》十徳《じっとく》」「古織部流《ふるおりべりゅう》十徳《じっとく》」「利休流《りきゅうりゅう》十徳《じっとく》」の3種が製作されている。

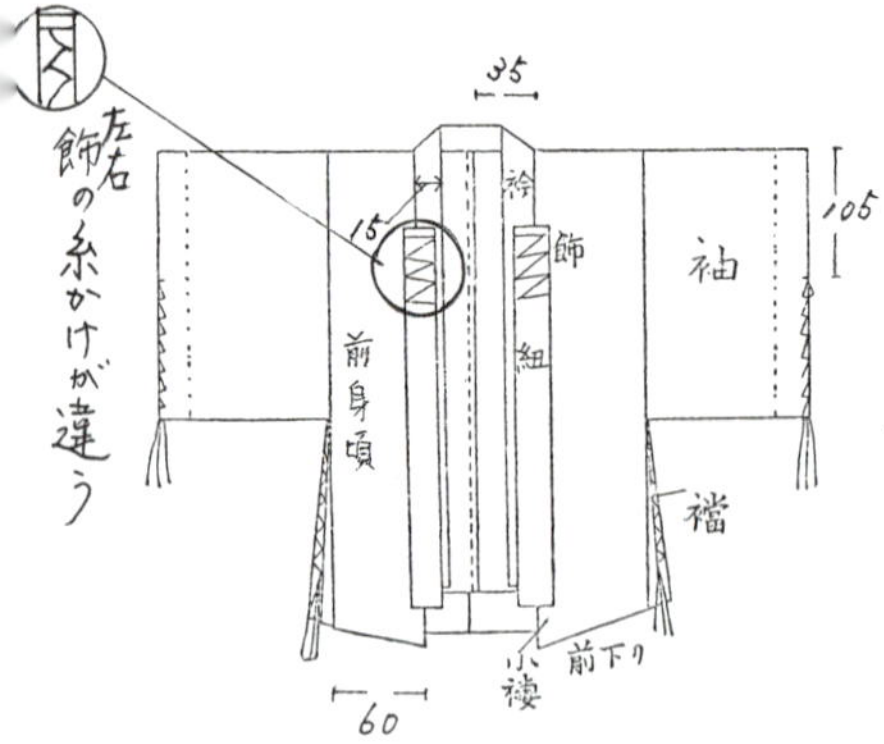

有楽流十徳《うらくりゅうじっとく》　大正7年

古織部《ふるおりべ》流《りゅう》十徳《じっとく》　明治30年

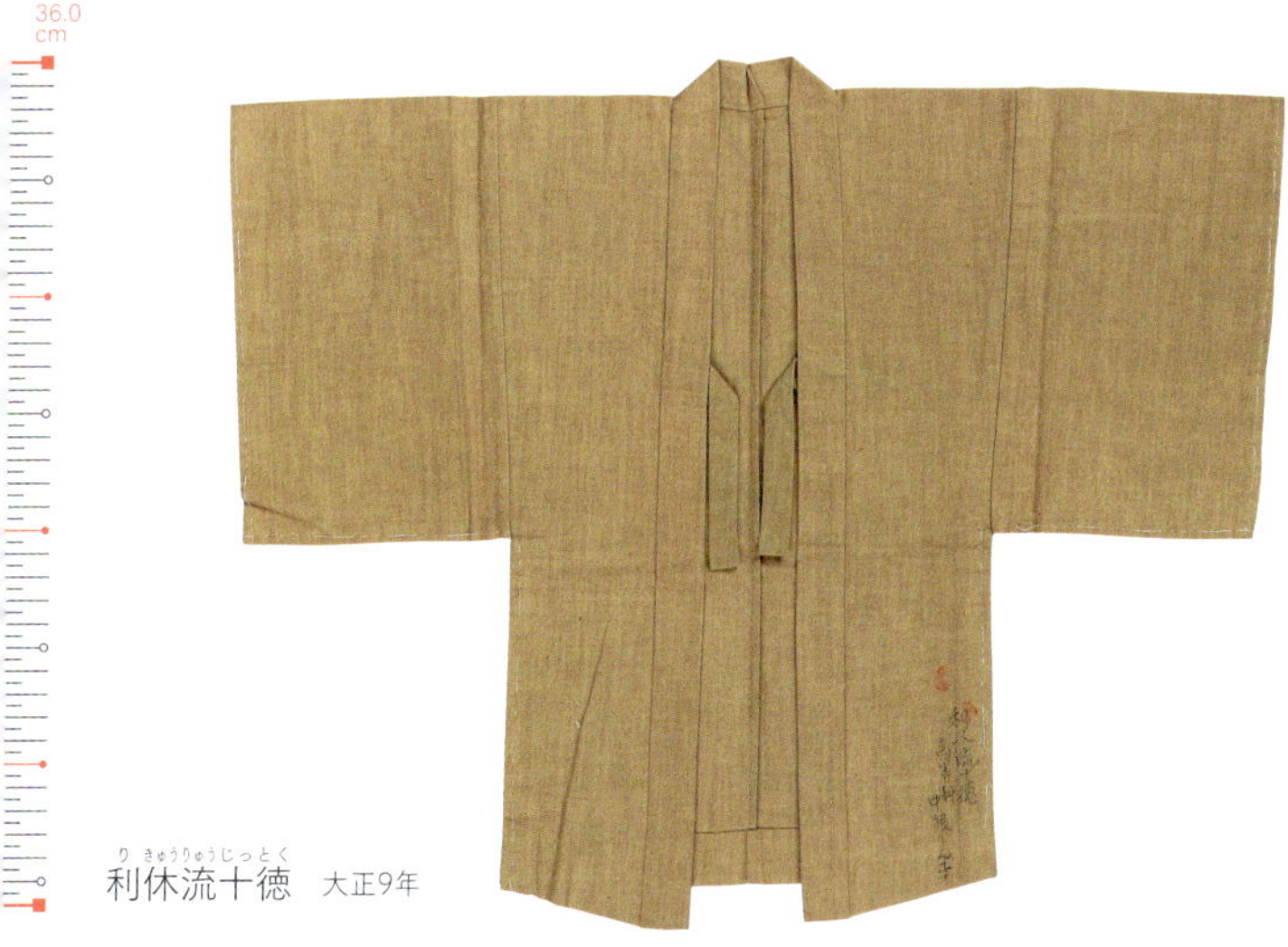

利休《りきゅう》流《りゅう》十徳《じっとく》　大正9年

41.0cm

本裁《ほんだち》女物《おんなもの》單《ひとえ》羽織《はおり》　明治41年

本裁《ほんだち》女物《おんなもの》單《ひとえ》羽織《はおり》

男性の衣服であった羽織を女性が着るようになったのは、江戸時代の深川芸者等がはじめといわれるが、度々の禁令を受けて一般には普及しなかった。明治時代以降は、一般女性も身につけるようになり、外衣としてだけではなく室内でも用いられた。

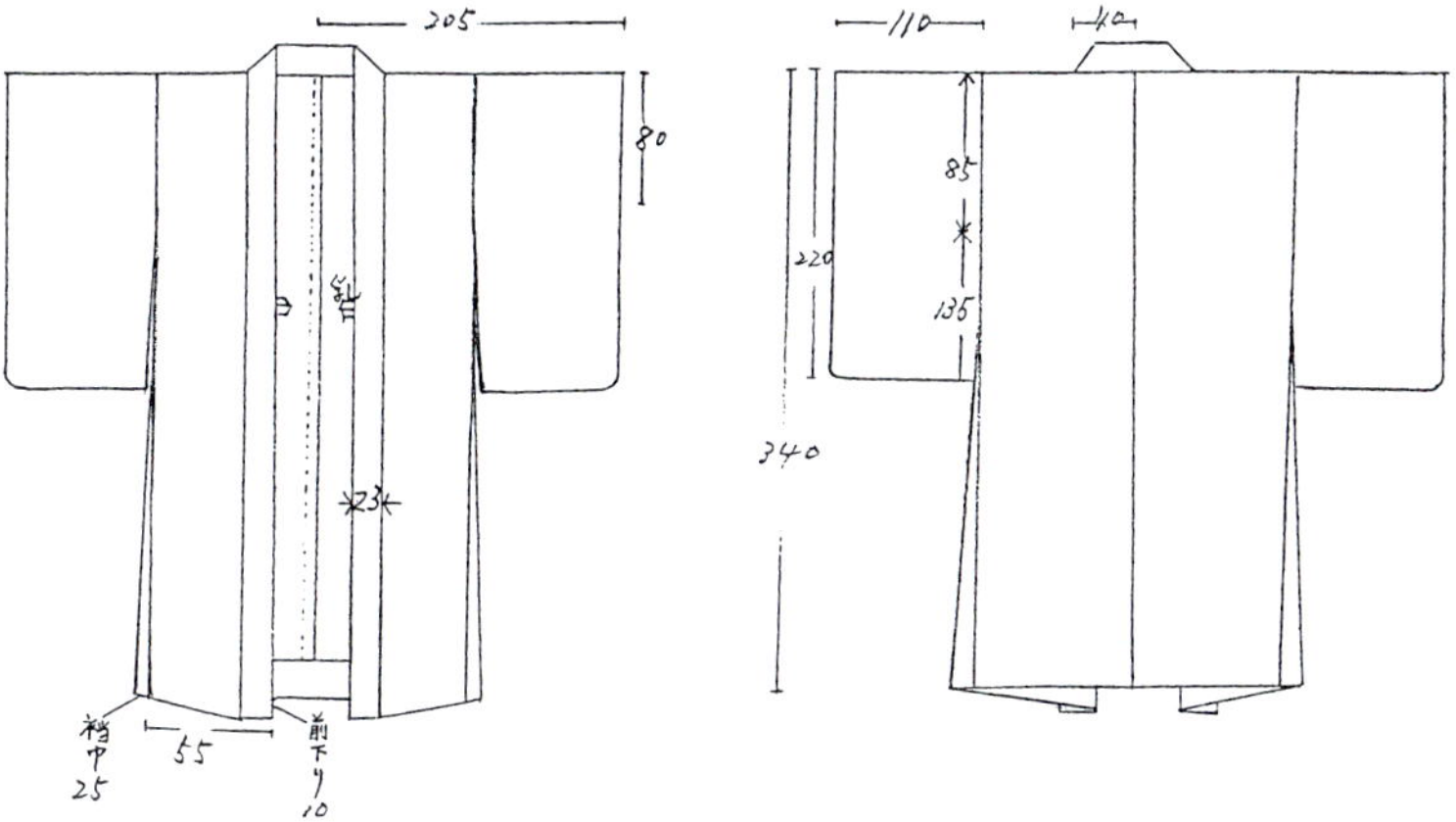

44.0cm

本裁女物《ほんだちおんなもの》被《ひ》布《ふ》　明治30年

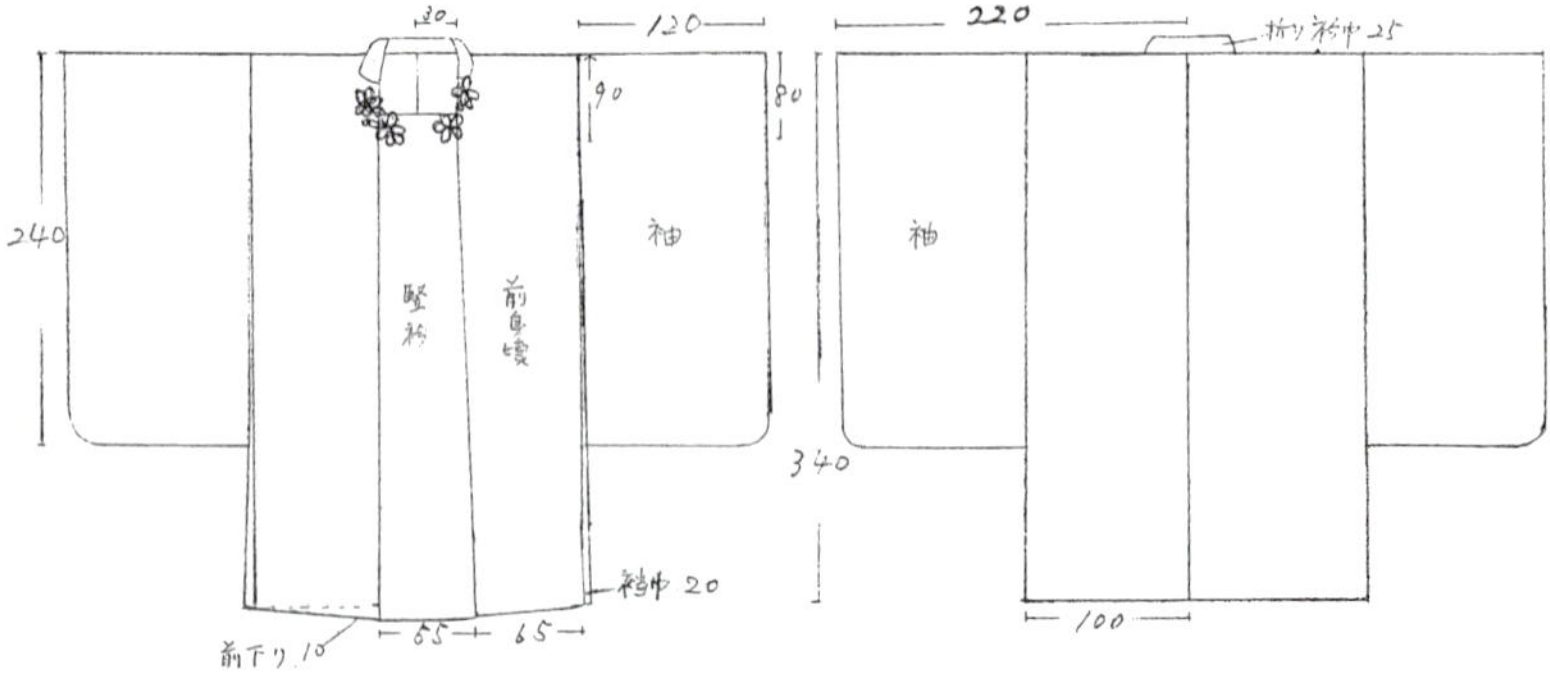

本裁《ほんだち》女物《おんなもの》被布《ひふ》

被布は着物の上に羽織る防寒着で、四角い衿明き、丸い小衿《こえり》、飾り結びの留め具が特徴。江戸時代末期には茶人や俳人等の外出着として着用されたが、のちに女性も身に着けるようになった。明治時代になると一般の婦人や女児の室内着としても用いられた。

四ツ身《よつみ》被布《ひふ》

11～14歳向けの被布。大人用とほぼ同形だが、綿入《わたいれ》で、肩揚《かたあ》げがある。

38.0cm

四ツ身《よつみ》被布《ひふ》　明治43年

一《ひと》ツ《つ》身《み》袖《そで》無《なし》被《ひ》布《ふ》

袖の無い綿入《わたいれ》被布で、2～3歳用。肩揚げがある。現在でも七五三の祝着に用いられる。

丸《まる》胴《どう》着《ぎ》

防寒用としておもに子供が用いた。綿入《わたいれ》で、両側の縦長の穴から腕を通し、前は紐で結ぶ。ほぼ同形の衣服に「亀《かめ》の子《こ》半《ばん》天《てん》」があるが、半天は着物の上に着るのに対し、胴着は着物と襦袢《じゅばん》の間に着る。

教授細目によれば、「丸胴着」は実物で製作することになっているが、実際には裁縫雛形で製作されたものが複数残されている。

19.0 cm

一《ひと》ツ《つ》身《み》袖《そで》無《なし》被《ひ》布《ふ》　明治45年

15.5 cm

丸《まる》胴《どう》着《ぎ》

明治42年

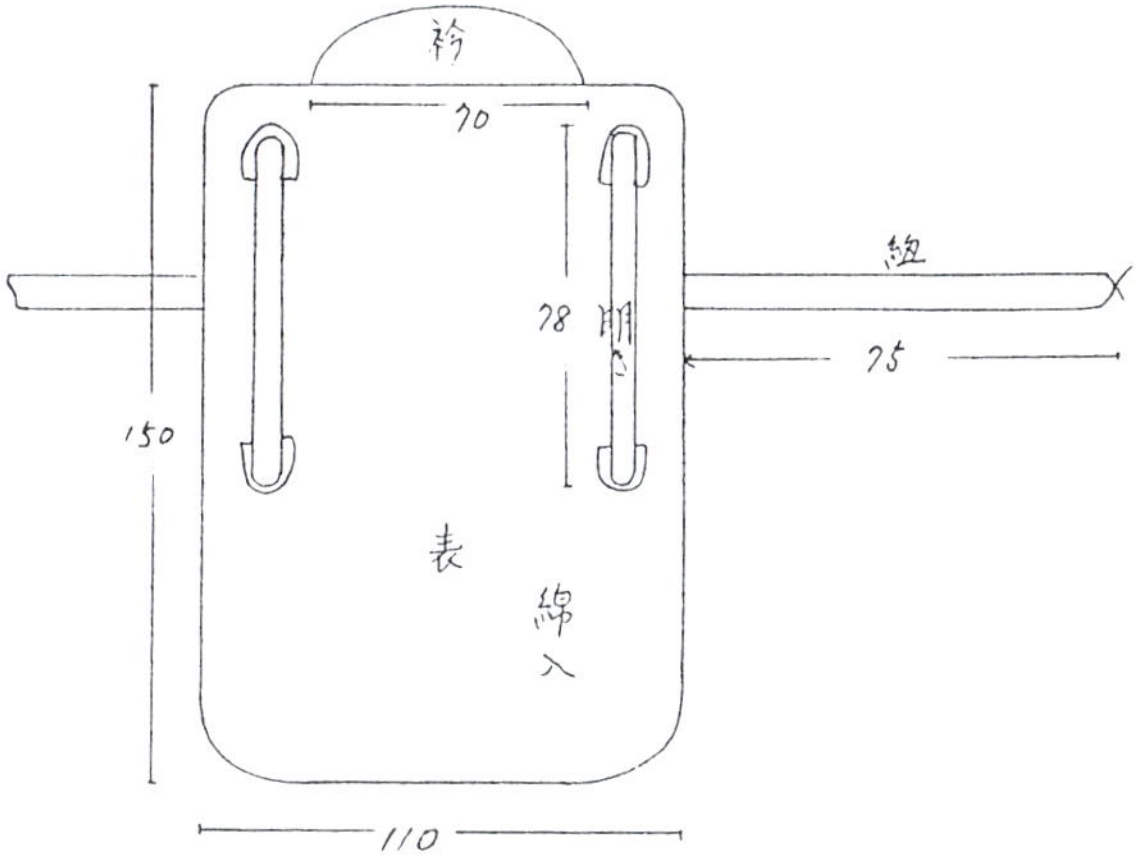

合羽《かっぱ》

合羽《かっぱ》は室町時代に南蛮貿易を通じてもたらされた雨具・防寒具で、ポルトガル語のCapaが語源。元は袖のないケープ状の服だが、のちに袖をつけた「袖合羽《そでがっぱ》」が現れた。

風合羽は「風除合羽《かぜよけがっぱ》」「引回《ひきまわ》し」ともいう。明治初年頃まで盛んに着られたが、やがて欧米からもたらされた「インバーネス」(P.170)等のコート類に取って代わられた。

袖合羽は、はじめは紙製のものもあったが、のちに布製が常用になった。裁縫雛形では、丈の短いものは「半合羽」、丈の長いものは「長合羽」という。

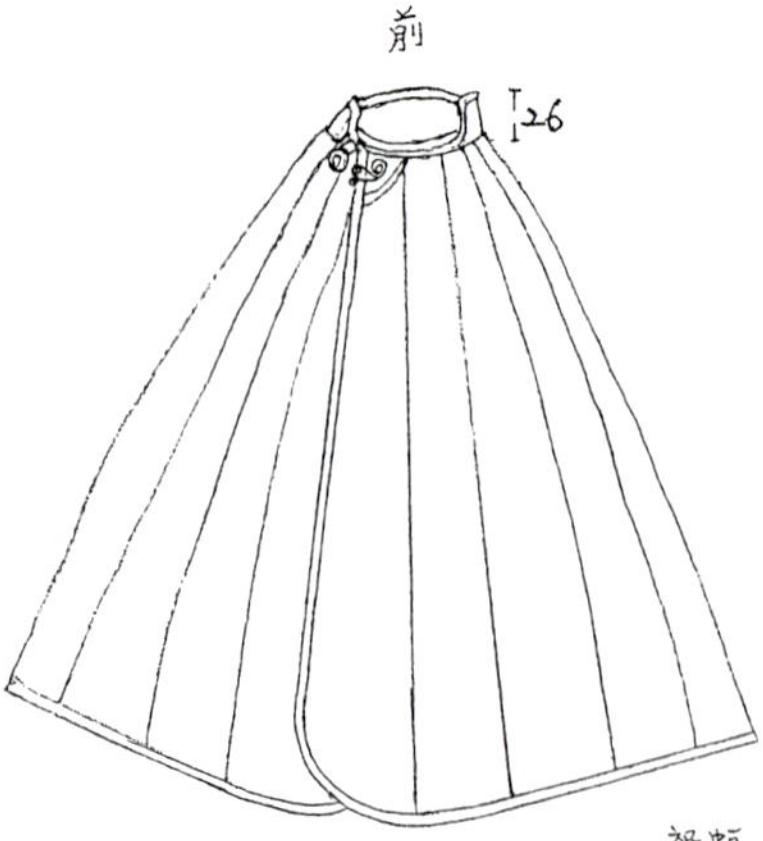

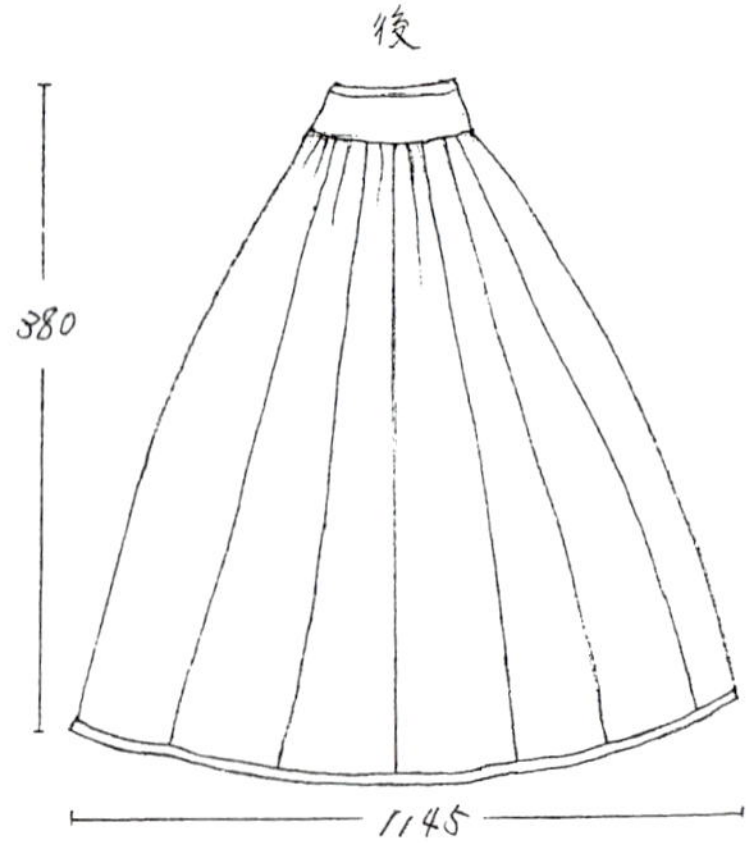

風合羽《かぜがっぱ》　明治38年

長《なが》合《がっ》羽《ぱ》 明治30年

33.0cm

半合羽《はんがっぱ》　明治34年

半合羽の留め具

長合羽の留め具

女東《おんなあずま》コート　明治30年

女東《おんなあずま》コート

被布をもとに考案された丈の長い女性用の外衣で、現在の和装コートの原形。吾妻コートとも書く。明治17（1884）年頃に渡邉辰五郎が考案したとされるが、百貨店の白木屋が発案し販売した等、発祥には諸説ある。通常は毛織物で仕立てる。

裁縫雛形では、女物の和装コートのうち、基本的に、背縫いのあるものを「女物コート」、背縫いの無いものを「女東コート」としている。背縫いが無いということは、和服用の幅の狭い反物ではなく、広幅の洋服地を用いて製作することを意味すると考えられる。

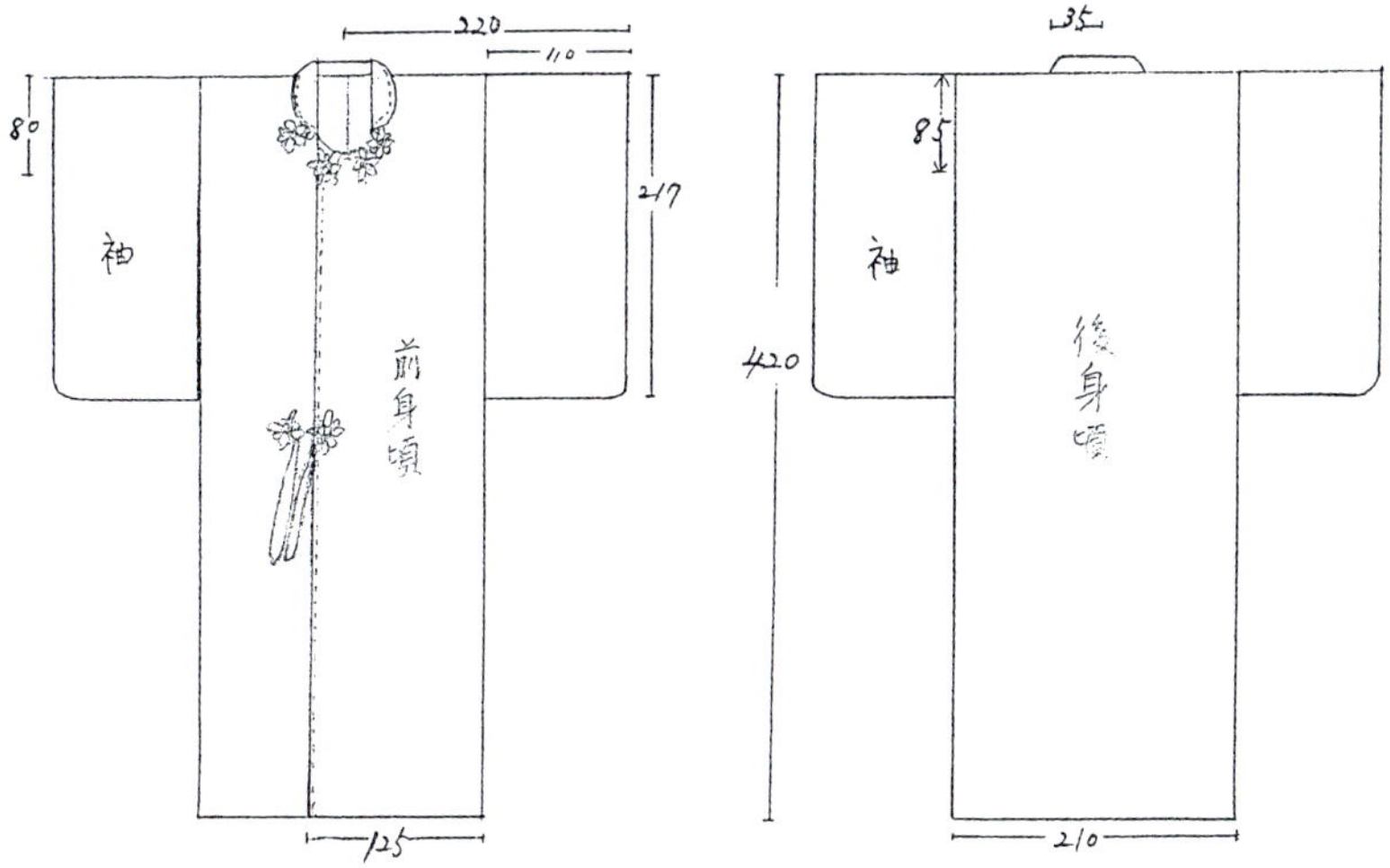

46.5cm

本裁男袷道行《ほんだちおとこあわせみちゆき》　大正11年

本裁男袷道行《ほんだちおとこあわせみちゆき》

江戸時代に鷹匠《たかじょう》が用いた「鷹匠合羽」のことで、歌舞伎や浄瑠璃の道行《みちゆき》(駆け落ち)の場面で着用されたことから道行と呼ばれるようになった。四角い衿明きが特徴で、この衿を道行衿という。

もとは男性の外衣だが、明治時代から男女とも着用するようになった。女物には、袖に振《ふ》りがあり、両脇に襠《まち》がない。

本裁男物《ほんだちおとこもの》コート　明治38年

本裁男物《ほんだちおとこもの》コート

着物の上に着られるように袖は広い角袖《かくそで》で、「角袖外套」あるいは「角袖」とも呼ばれた。毛織物で仕立てたものが明治から大正時代にかけて広まり、男性の一般的な外衣となった。裁縫雛形には背縫いがあり、反物で仕立てることを示しているが、部分的にミシンが使われ、やや洋裁的な要素が含まれていることが分かる。

改良服

近代化が急激に推し進められた明治時代、着物よりも活動的・機能的な衣服の必要性について多くの議論がなされ、様々な衣服が考案された。それらを大別すると、和服をもとにしてより活動的な「改良服」を考案する動きと、そうした段階を経ずに、機能性に優れた洋服を取り入れる動きとがあった。

渡邉辰五郎は、明治15(1882)年頃より衣服改良に着手し、明治19年には、「衣服改良会」を組織したと、郵便報知新聞10月30日号に報じられている。

また、『婦人改良服裁縫指南』(明治36年)を著す等、辰五郎は理論と実践の両面から改良服の考案・普及に取り組んだ。改良服は、裁縫雛形のほか、実物の製作が行われ、教員や学生がこれを身につけた。

結局、「衣服の近代化」は、洋服の普及によって果され、改良服は姿を消すことになる。しかしながら、改良服からは、衣生活の変化に積極的に関わった辰五郎の姿勢と、服作りへの深い見識・高い技術が見て取れる。それが日本人の新たな衣生活の確立に果たした役割は、決して小さくないはずである。

改良服女物《かいりょうふくおんなもの》・改良袴《かいりょうばかま》

辰五郎は、和服の優美さはそのままに、①長い袂《たもと》が邪魔になる ②帯が腹部を圧迫し、締めるのに手間がかかる ③裾《すそ》がすぼまり動きにくい、といった欠点を改善することを目指した。改良服は、袖を筒袖にして袖口をリボンですぼめ、帯を使わずにスカート状の袴をつけることで、和服よりも動きやすく、機能的な作りになっている。

改良服女物・改良袴（着装）

改良服を着た東京裁縫女学校の学生

改良服《かいりょうふく》女物《おんなもの》　明治38年

改良袴《かいりょうばかま》　明治38年

改良《かいりょう》被《ひ》布《ふ》女物《おんなもの》　明治30年

和服の被布（P.72）の改良版で、「改良服女物」と同じく、筒袖で、袖口が絞られている。

改良服の下には股引を身につけることになっており、『婦人改良服裁縫指南』（明治36年）に製作方法が載っている。従来の和装の下ばきである「腰巻《こしまき》」は、保温性が低い、裾が開いて中が見える危険性がある等の理由から、しばしば非難を浴び、男性用下着である「股引」や「猿股《さるまた》」の着用が奨励された。

女股引《おんなももひき》　明治45年

腹《はら》掛《がけ》

大工、庭師、山仕事をする職人等が仕事着として用いた。

裁縫雛形では袷《あわせ》腹掛が大半を占め、表地は紺木綿、裏地は表地よりやや薄い藍色の木綿布が使われることが多い。腹部と右脇の布の接《つ》ぎ目に「隠《かく》し」(ポケット)が付いている。

裏地を付けない単《ひとえ》腹掛は「夏腹掛」ともいわれ、たすきや紐のみ白木綿を用いる。

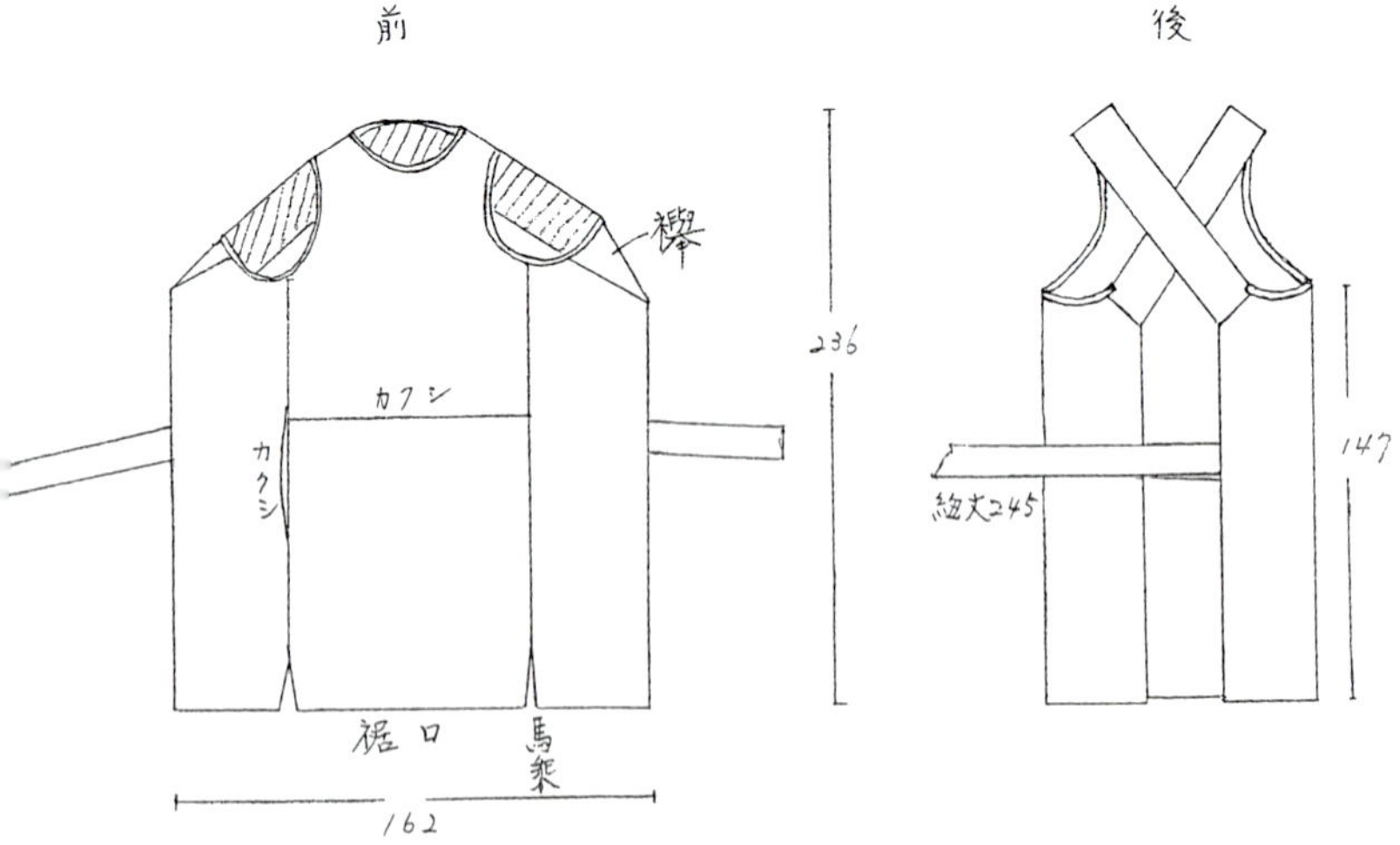

腹掛《はらがけ》　大正12年

襦袢衿腹掛《じゅばんえりはらがけ》

衿部分に黒無地の布を付けた柄物の腹掛。この上に半天等を着たときに、襦袢の衿に見えるように仕立てている。江戸時代後期の風俗誌『守貞謾稿《もりさだまんこう》』によれば、「印半天を着す者この腹掛を着ざるもの更になく必ず着す」とあり、印半天(衿や背に屋号や家紋を染め抜いた半天)を着る職人や商家の使用人が用いたことがわかる。

襦袢衿腹掛《じゅばんえりはらがけ》　明治38年

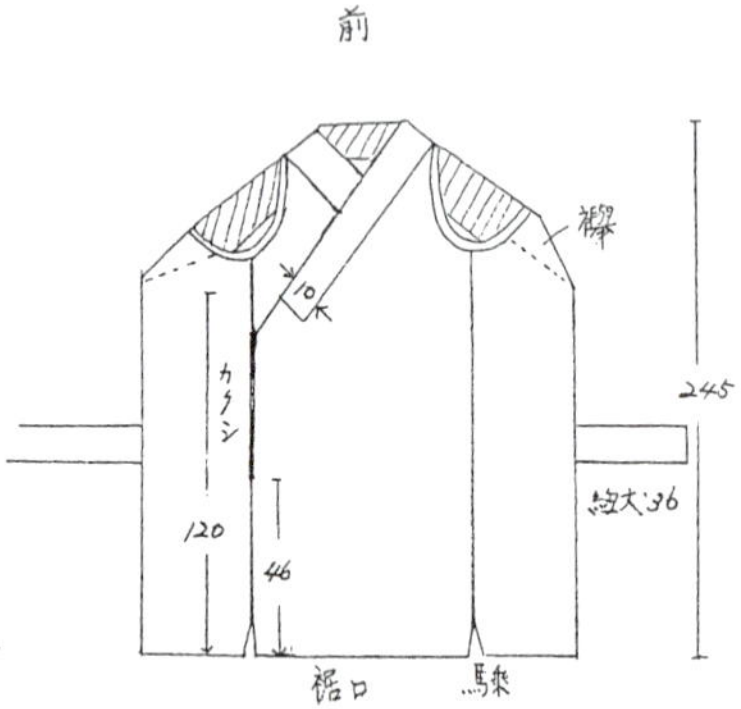

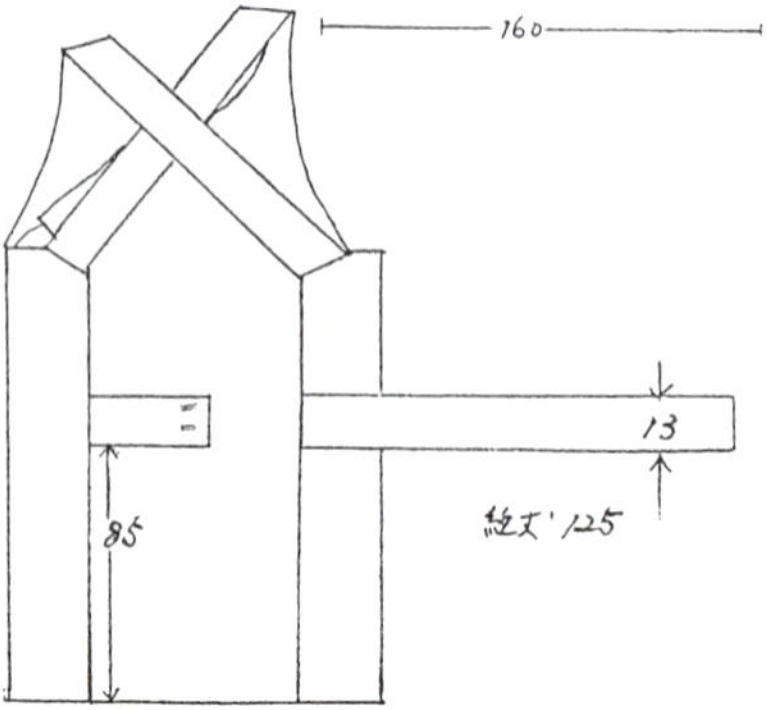

本裁單半股引《ほんだちひとえはんももひき》

大人用の丈の短い股引。『裁縫教科書』(明治30年)には、「車夫《しゃふ》などの半股引」という名称で作り方が掲載されている。車夫は、明治時代に普及した人力車を引く人のこと。現在では祭りの衣装等に用いられることが多い。普通白木綿で仕立てるが、裁縫雛形の中には柄物も見られる。

本裁單半股引《ほんだちひとえはんももひき》　大正11年

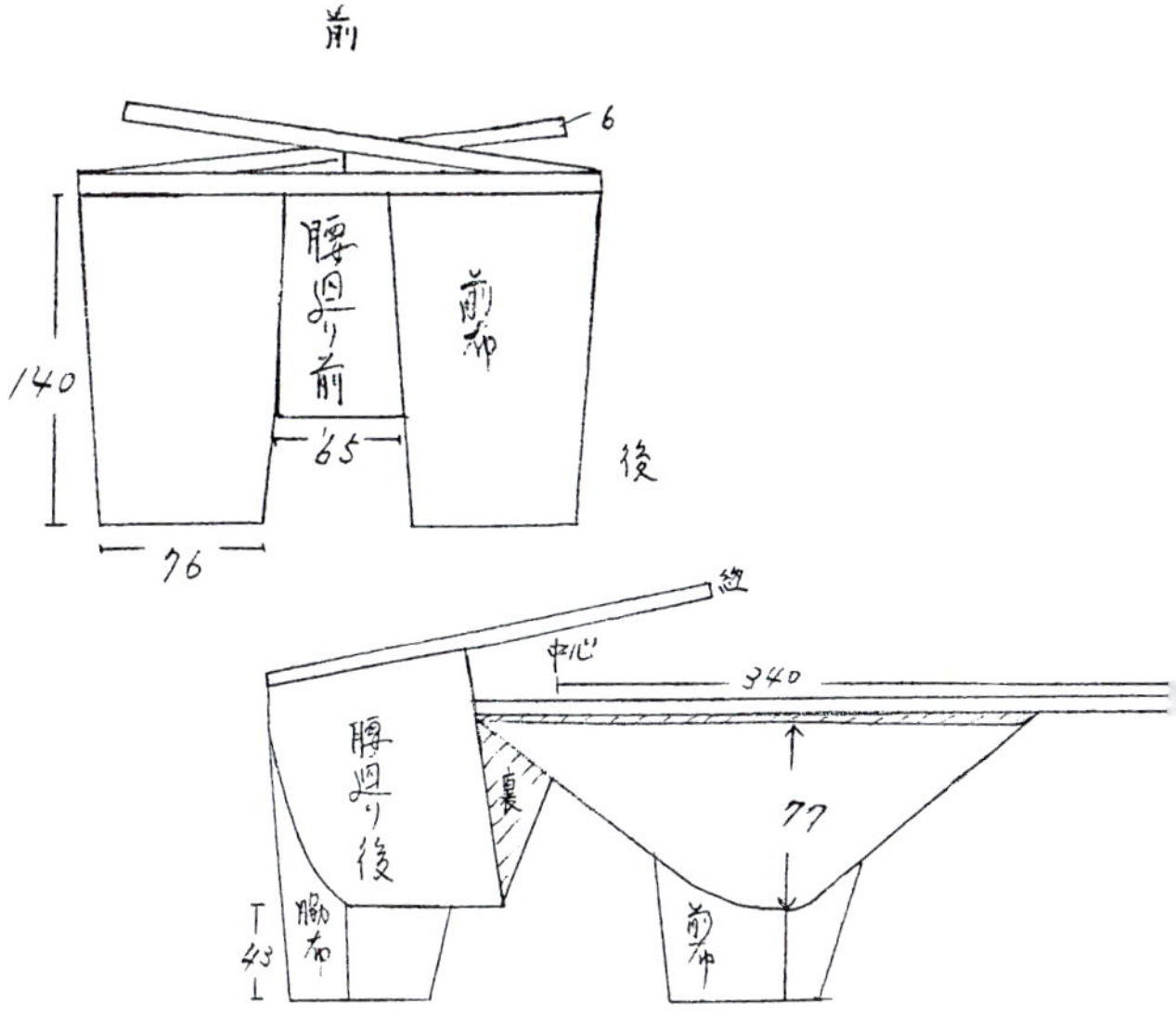

33.0 cm

袷股引《あわせももひき》 昭和3年

袷股引《あわせももひき》

脚に合わせてぴったりと仕立てた、木綿地の仕事着。腹掛や半天とともに職人等の仕事着として用いられた。夏用の単《ひとえ》仕立てのものもあるが、裁縫雛形はほとんどが袷仕立てである。『守貞謾稿』によれば、江戸では木綿製を「股引」、絹製を「ぱっち」といい、京阪では素材を問わず足首までの長いものを「ぱっち」、やや短いものを「股引」と呼んだとある。

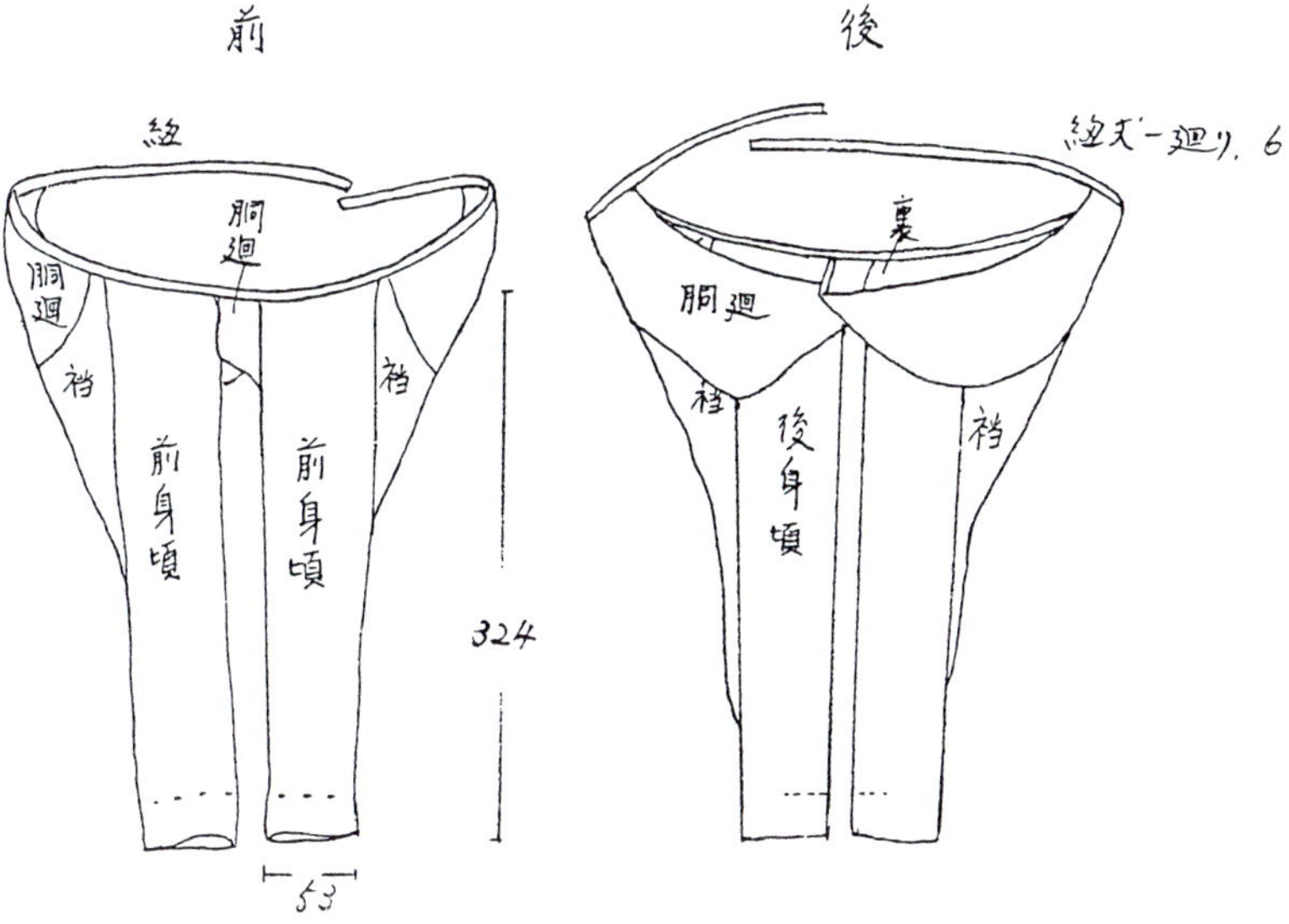

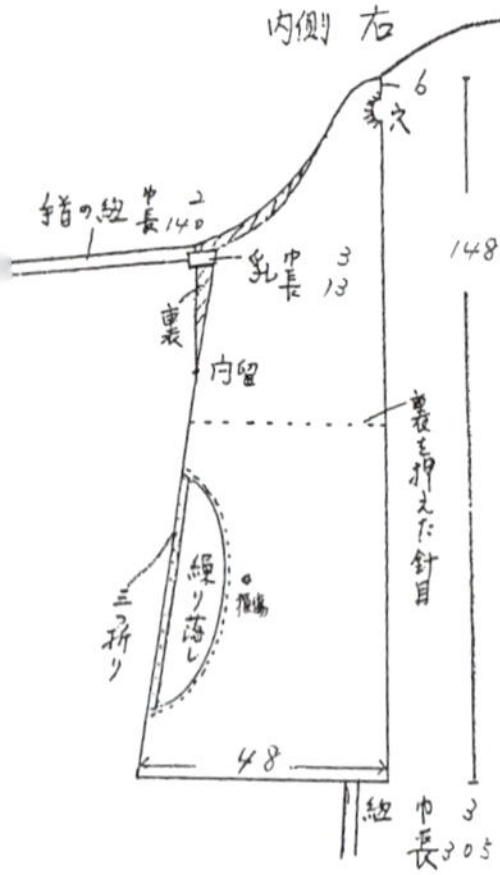

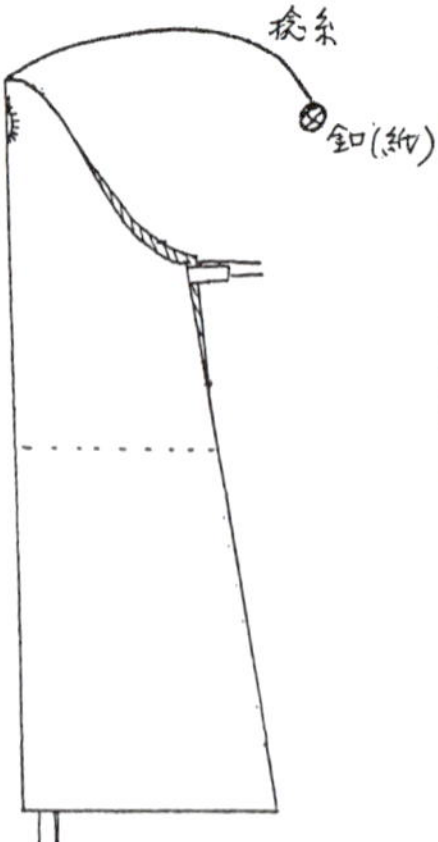

14.8 cm

手甲《てっこう》　大正12年

手甲《てっこう》

手の甲から腕を覆って保護する布。戸外での労働の他、江戸時代中期には旅人が用いた。多くは紺木綿で、裏地の付いた袷仕立てである。裁縫雛形では、先端に紐とボタンを付けたタイプと、ミトンのように親指とその他の指まで覆う「指附手甲《ゆびつきてっこう》」と呼ばれるタイプがある。大正時代末期頃までは左右とも製作しているが、それ以降は右手のみ製作している。

手刺《てざし》

手甲と同じく、野良仕事や山仕事等で手や腕を保護するために用いる。

15.0 cm

手甲《てっこう》(指附《ゆびつき》) 大正11年

12.5 cm

手刺《てざし》 大正9年

脚絆《きゃはん》

労働や長時間の歩行の際、脚を保護し動きやすくするために脛《すね》に巻く布。大津脚絆はおもに関西で用いられた脚絆で、紐を巻きつけて固定する。山附脚絆は江戸脚絆とも呼ばれ、膝に当たる部分が山型になっている。上部の紐と、ふくらはぎの部分に付けられた「こはぜ」で留める。こはぜは普通、真鍮や鯨のひげ等で作られたが、裁縫雛形では紙製である。

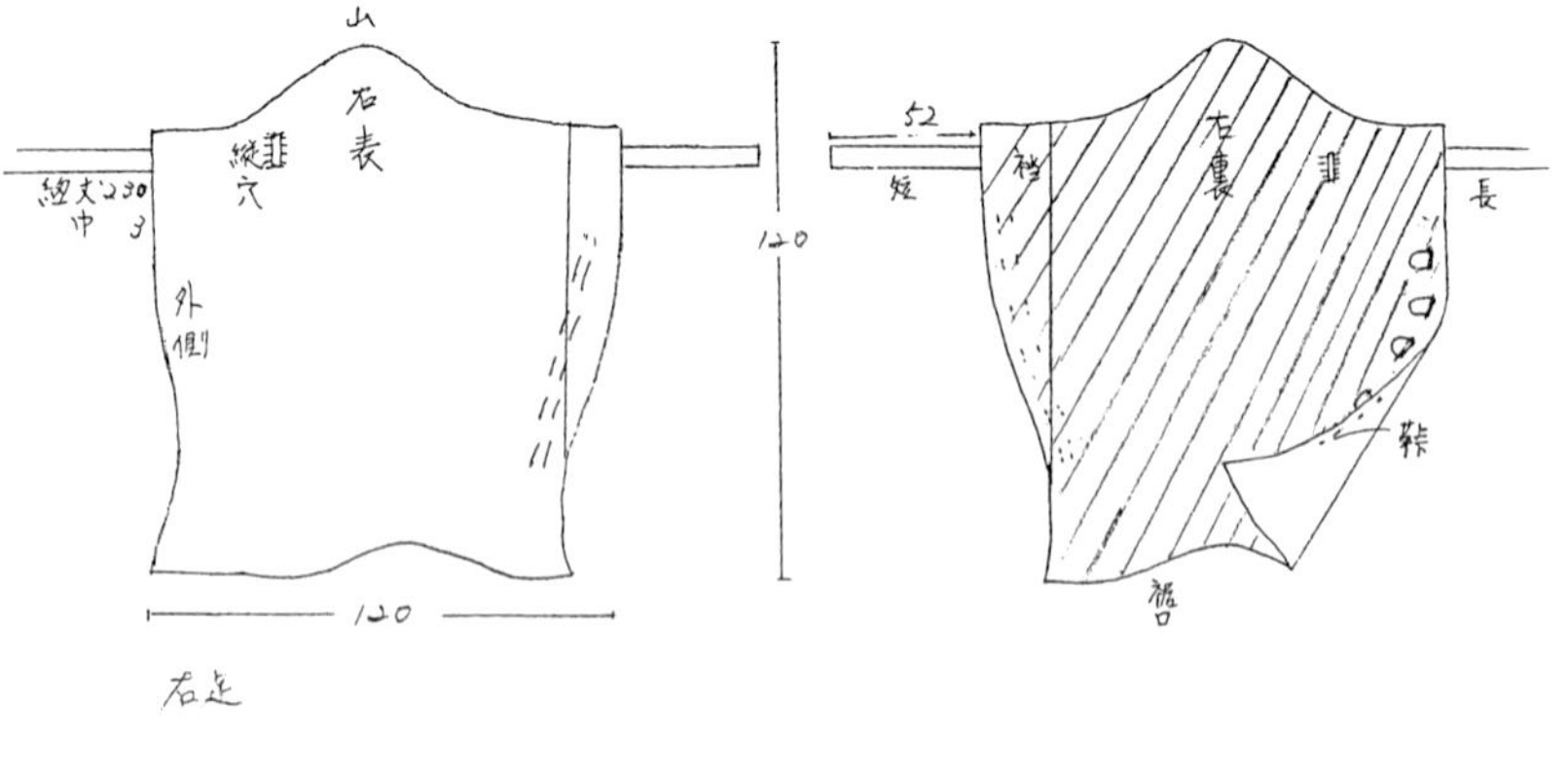

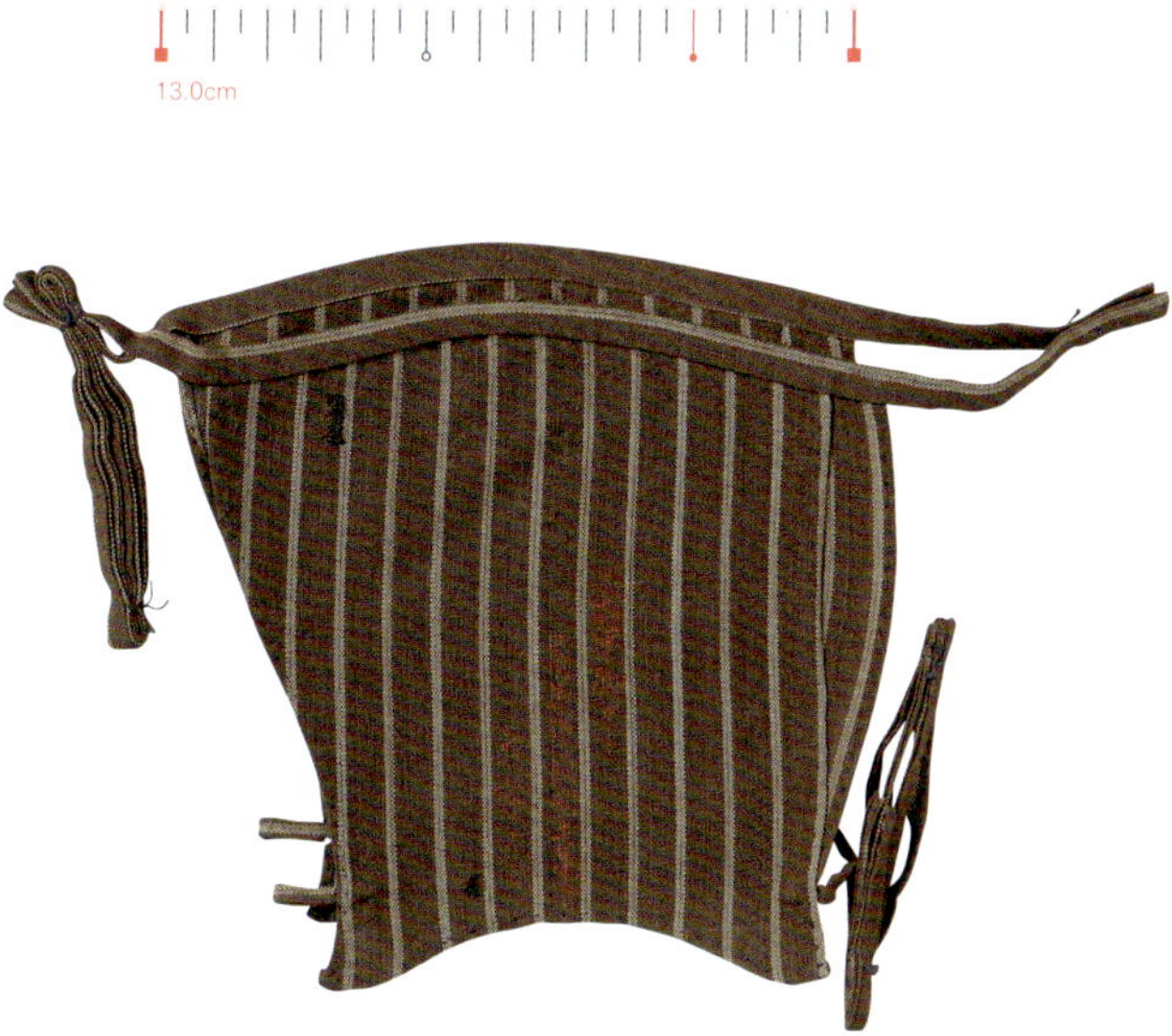

大津脚絆《おおつきゃはん》　大正8年

山附脚絆《やまつききゃはん》　大正11年

11.5cm

辯《べん》護《ご》士《し》帽《ぼう》子《し》 明治39年

49.5 cm

辯《べん》護《ご》士《し》禮《れい》服《ふく》 明治38年

辯《べん》護《ご》士《し》禮《れい》服《ふく》

弁護士が法廷で身に着ける服。明治26(1893)年の弁護士資格制度施行を受けて、同年4月に制定された。黒い帽子と幅の広い上衣は、奈良時代の官服(役人の制服)を意識したもの。これに先立つ明治23年には、判事・検事に同様の法服の着用が定められている。刺繍の色が、裁判官は紫、検事は赤、弁護士は白で、柄もそれぞれ異なる。裁縫雛形で製作されているのは弁護士のものに限られる。

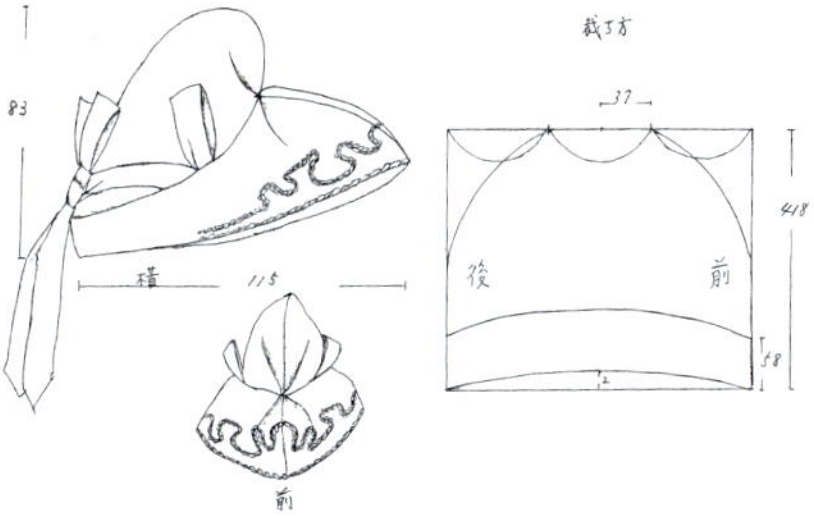

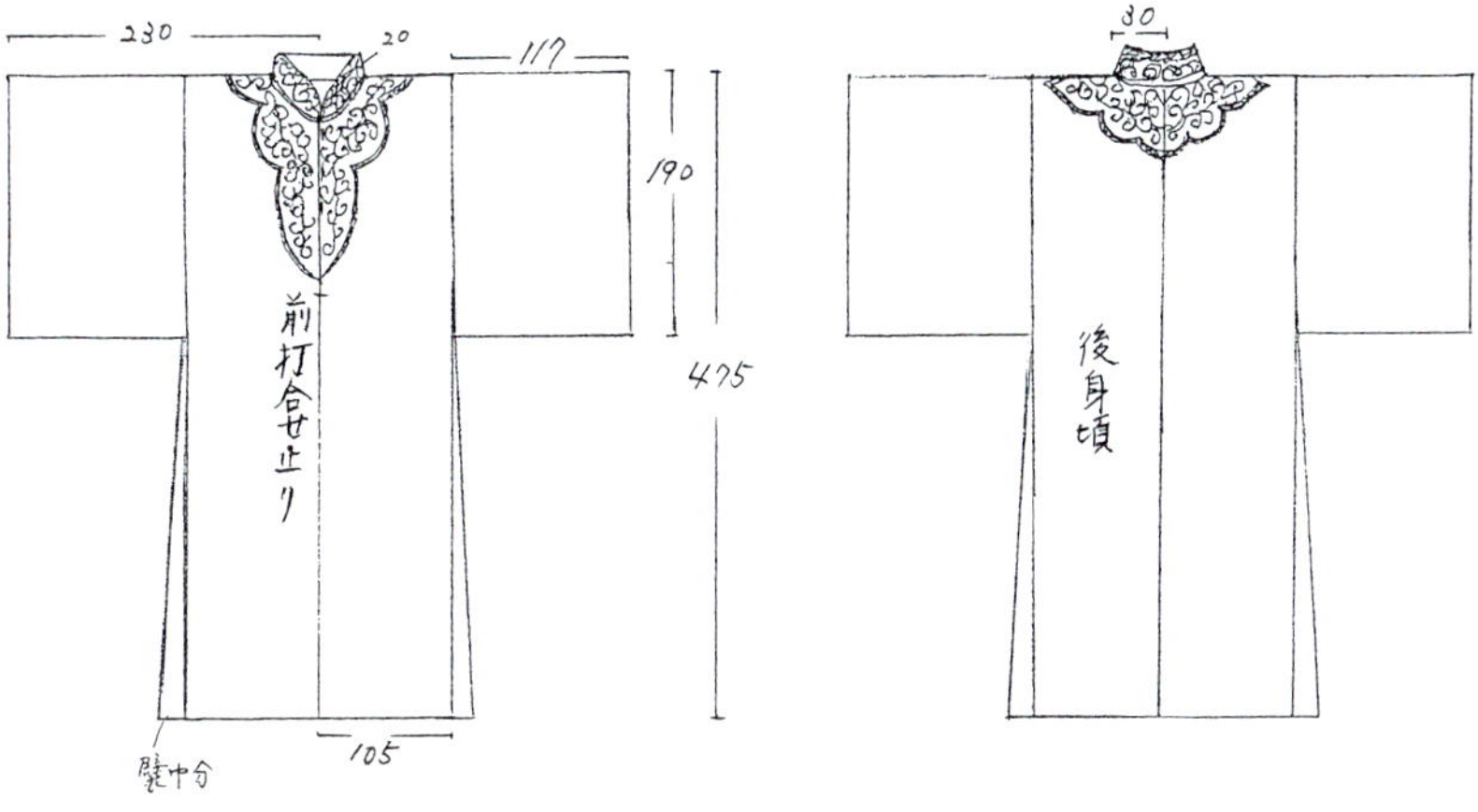

高等學校禮服《こうとうがっこうれいふく》

『渡邊先生遺稿 新裁縫教科書』(明治41年)に、「高等學校教授の禮服」として製作方法が載っている。そこには「明治三十三年に礼服と定められしなり。」とあるが、このような奈良時代の官服を模した衣服は、すでに明治22(1889)年頃に東京美術学校(現 東京藝術大学)の教官や学生の制服に採用されていた。のちに同校校長となる岡倉《おかくら》覚三《かくぞう》(天心《てんしん》)の依頼を受け、文学博士で教官であった黒川真頼《くろかわまより》が考案した。黒川真頼は法服(P.98)の考証も手がけている。

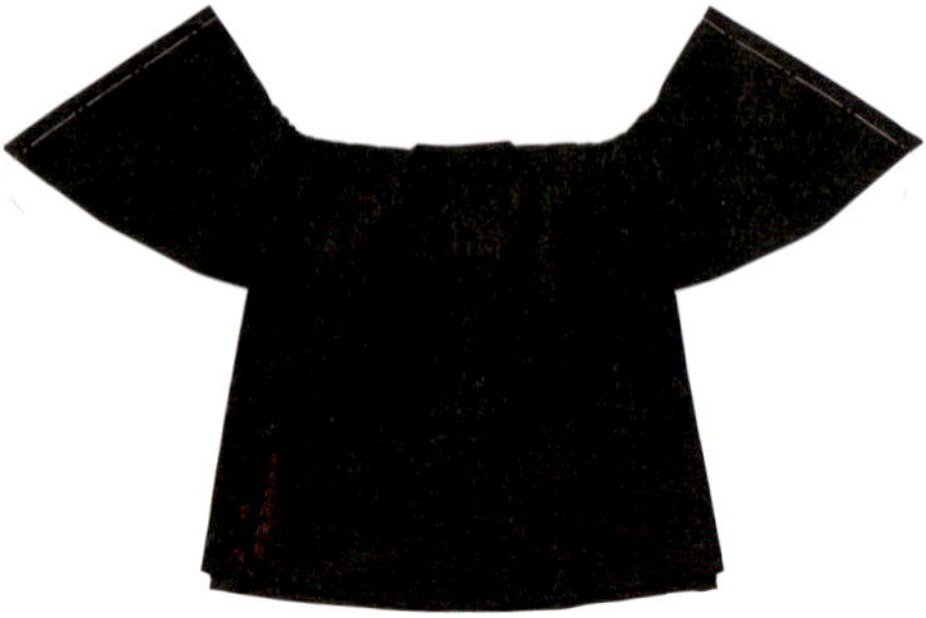

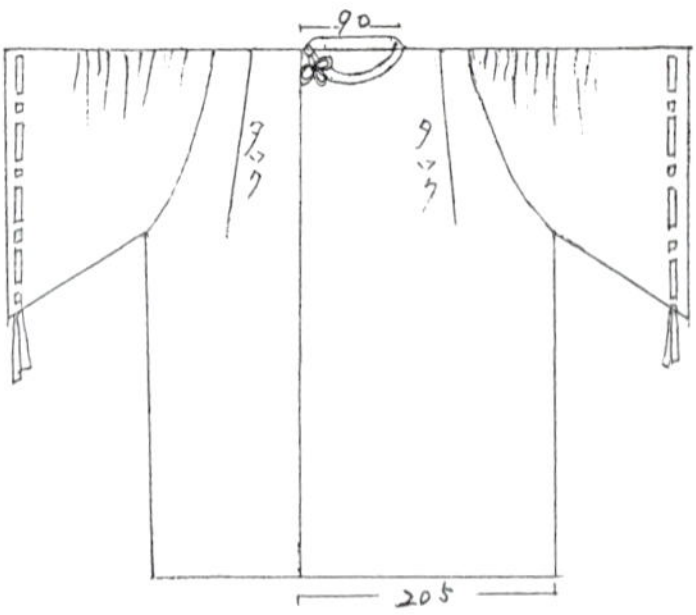

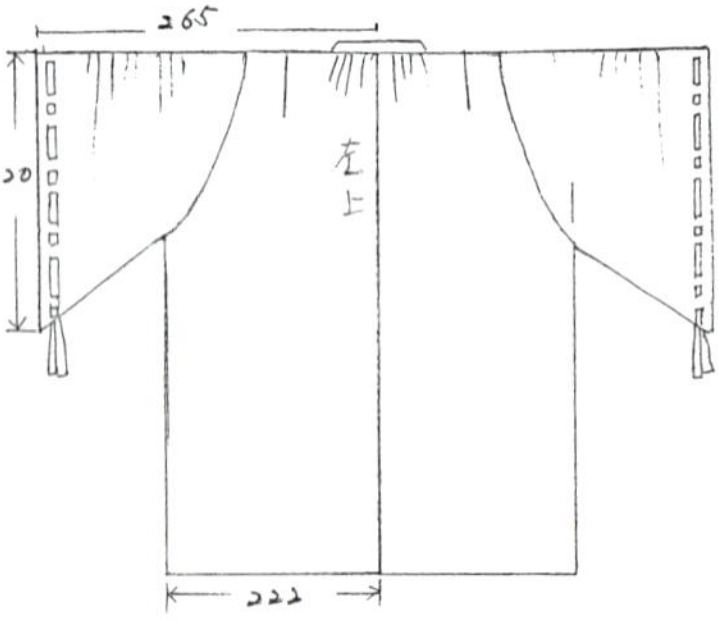

高等學校禮服《こうとうがっこうれいふく》　明治39年

醫師《いし》改良服《かいりょうふく》　明治39年

醫《い》師《し》改《かい》良《りょう》服《ふく》

医者が活動しやすいように着物の上に着る衣服。おそらく、改良服（P.84）に強い関心を持ち、当時渡邉辰五郎と親交のあった、医学博士弘《ひろ》田《た》長《つかさ》の依頼で辰五郎が考案したと考えられる。袖口に紐を通し、必要な場合にはこれを締めると、袖が邪魔にならないようになっている。

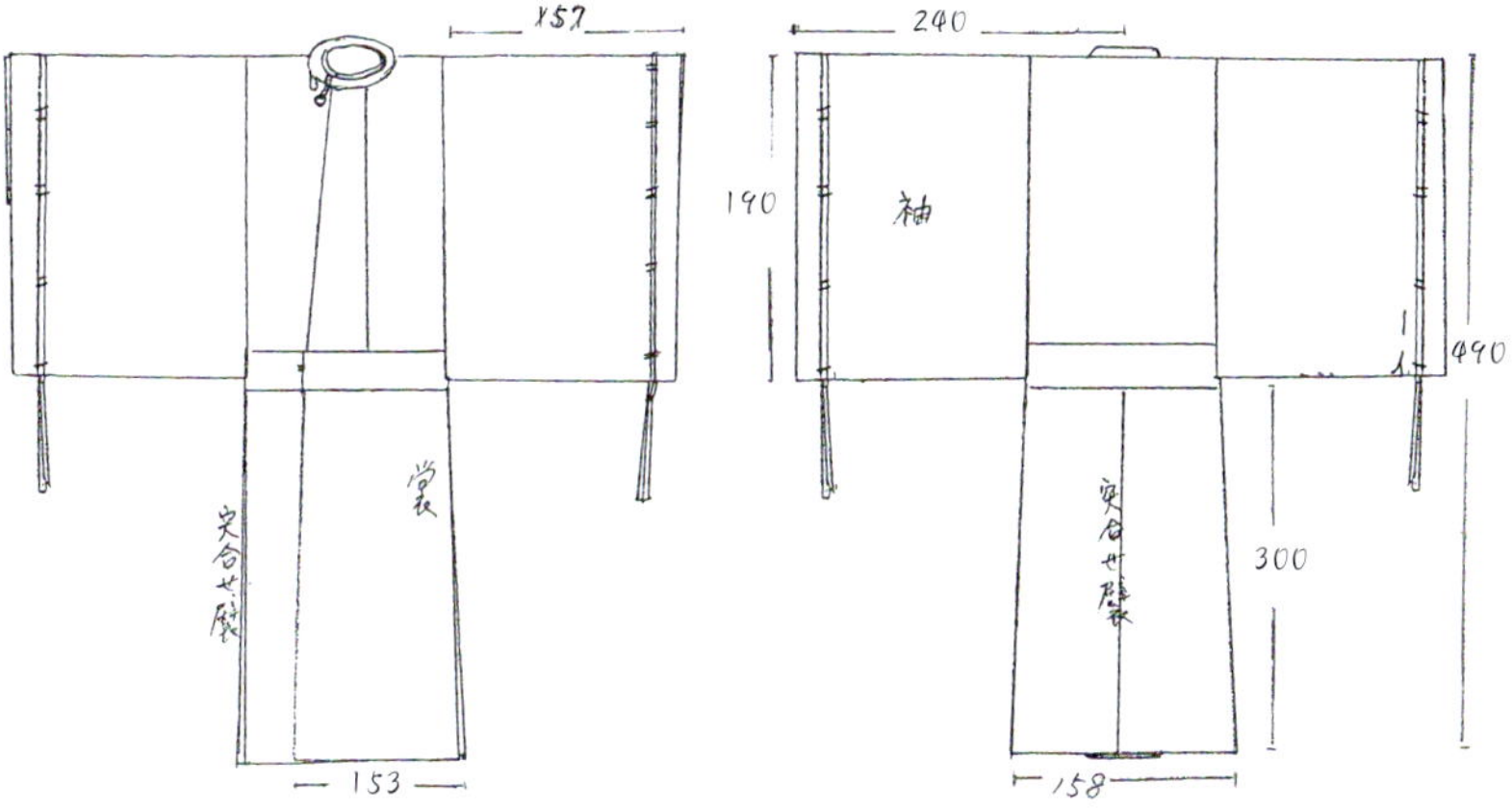

眞一文字肩衣《まいちもんじかたぎぬ》　明治38年

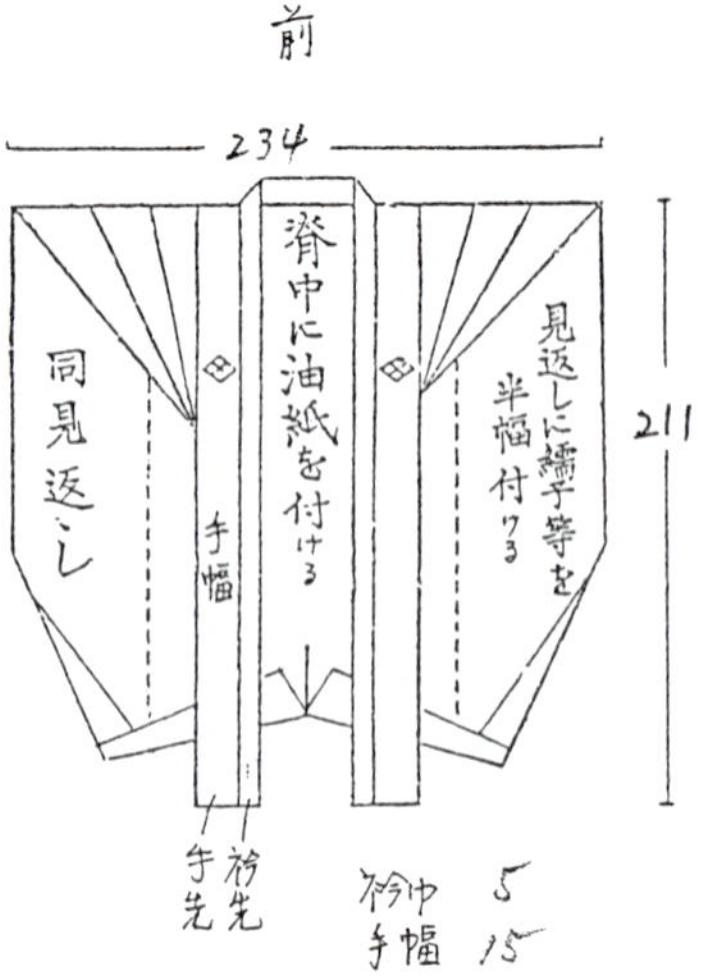

眞一文字肩衣《まいちもんじかたぎぬ》

前見頃と後ろ身頃を肩山で縫い合わせ、肩山をまっすぐに仕立てることから、眞一文字の名がある。裁縫雛形では、背中の部分の裏に厚紙と油紙が付けられている。『渡邊先生遺稿新裁縫教科書』（明治41年）に「眞一文字即《すなわ》ち義《ぎ》太夫《だゆう》語《かたり》等の着する肩衣」と記載があり、義太夫用の肩衣であることが分かる。

五條袈裟《ごじょうけさ》　明治34年

五條袈裟《ごじょうけさ》

袈裟はインドから伝わったもので、日本では法衣《ほうい》の上に左肩から斜めにかける布をいう。もとは裂を合わせて作られたことから、四角い布を接《は》ぎ合わせて作る。小布を縫い合わせて縦につないだものは「条」と呼ばれ、条の数によって「九條袈裟」「七條袈裟」等の名前がある。裁縫雛形で製作されているのは五條袈裟である。

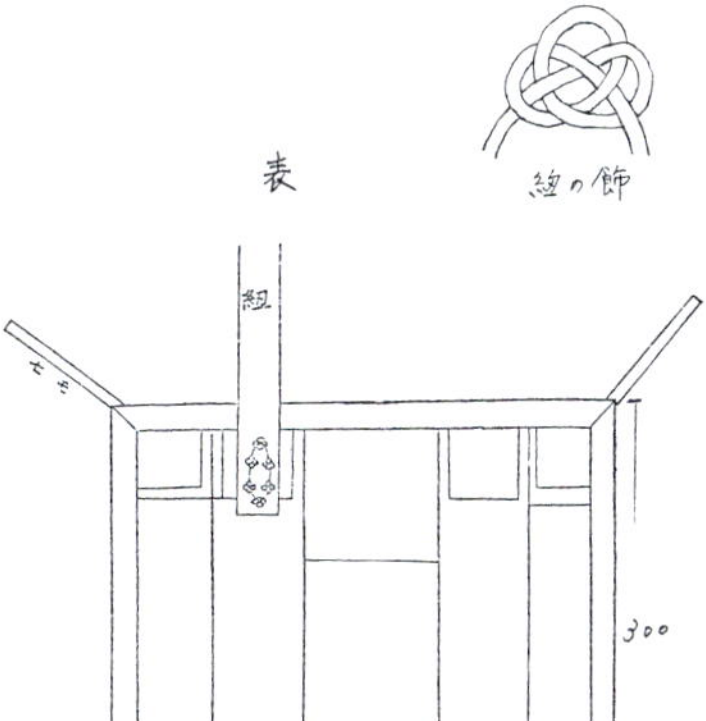

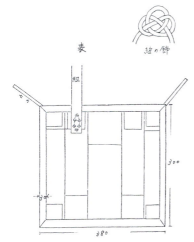

素絹《そけん》

織紋のない生絹《すずし》(精練していない絹糸で織った織物)の僧服。宗派や階級によって色が異なる。裾を引く長素絹《ながそけん》と、対丈《ついたけ》の切素絹《きりそけん》(半素絹)がある。裁縫雛形は、すべて切素絹で、一点を除き白い生地で作られている。

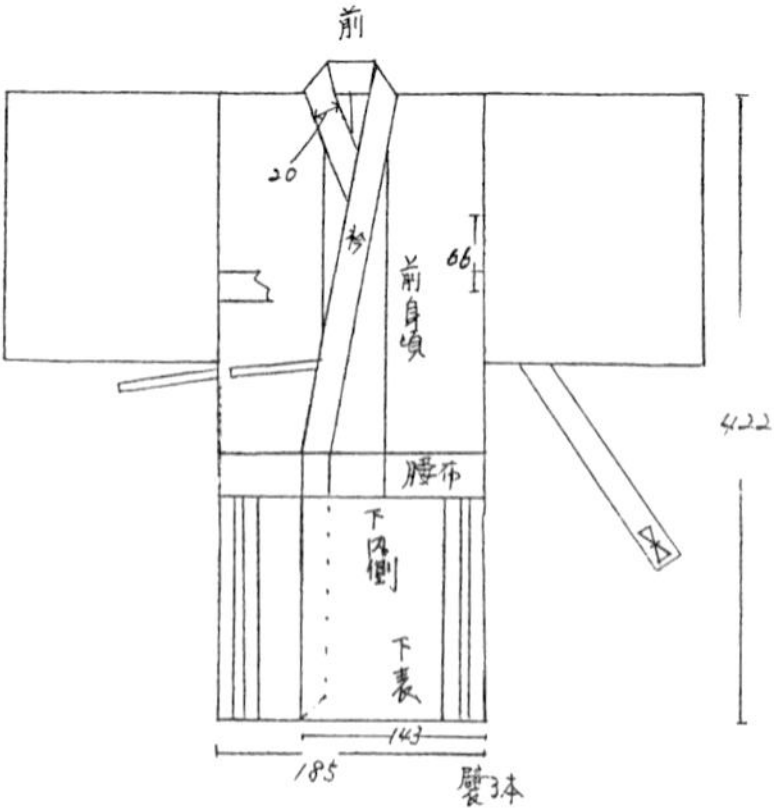

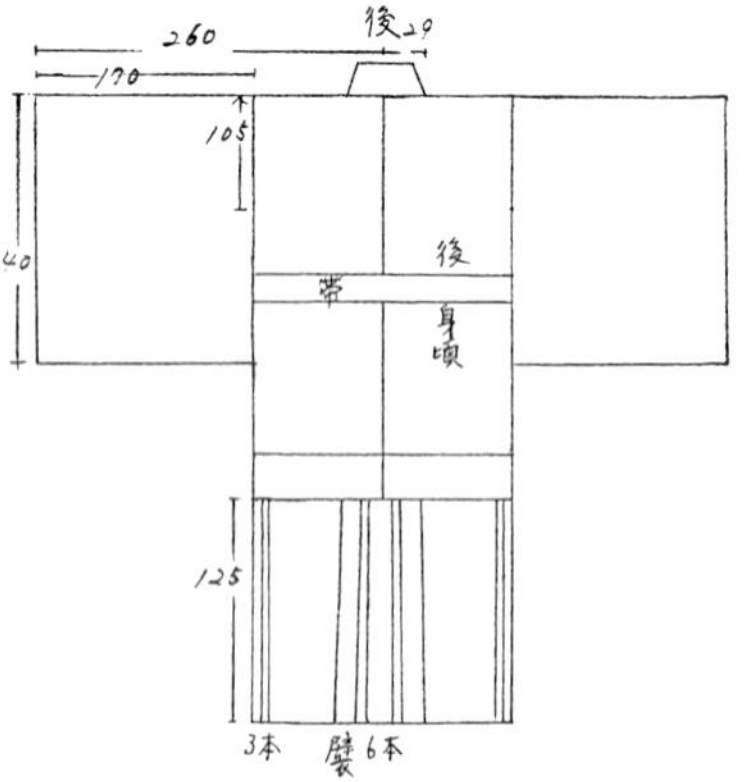

素絹《そけん》　明治38年

42.0cm

布衣信《ふいしん》 昭和4年

布《ふ》衣《い》信《しん》

僧服の一種。おもに黒で、裏地の付かない単仕立てである。脇と袖口の下に、白糸で千鳥がけをする。

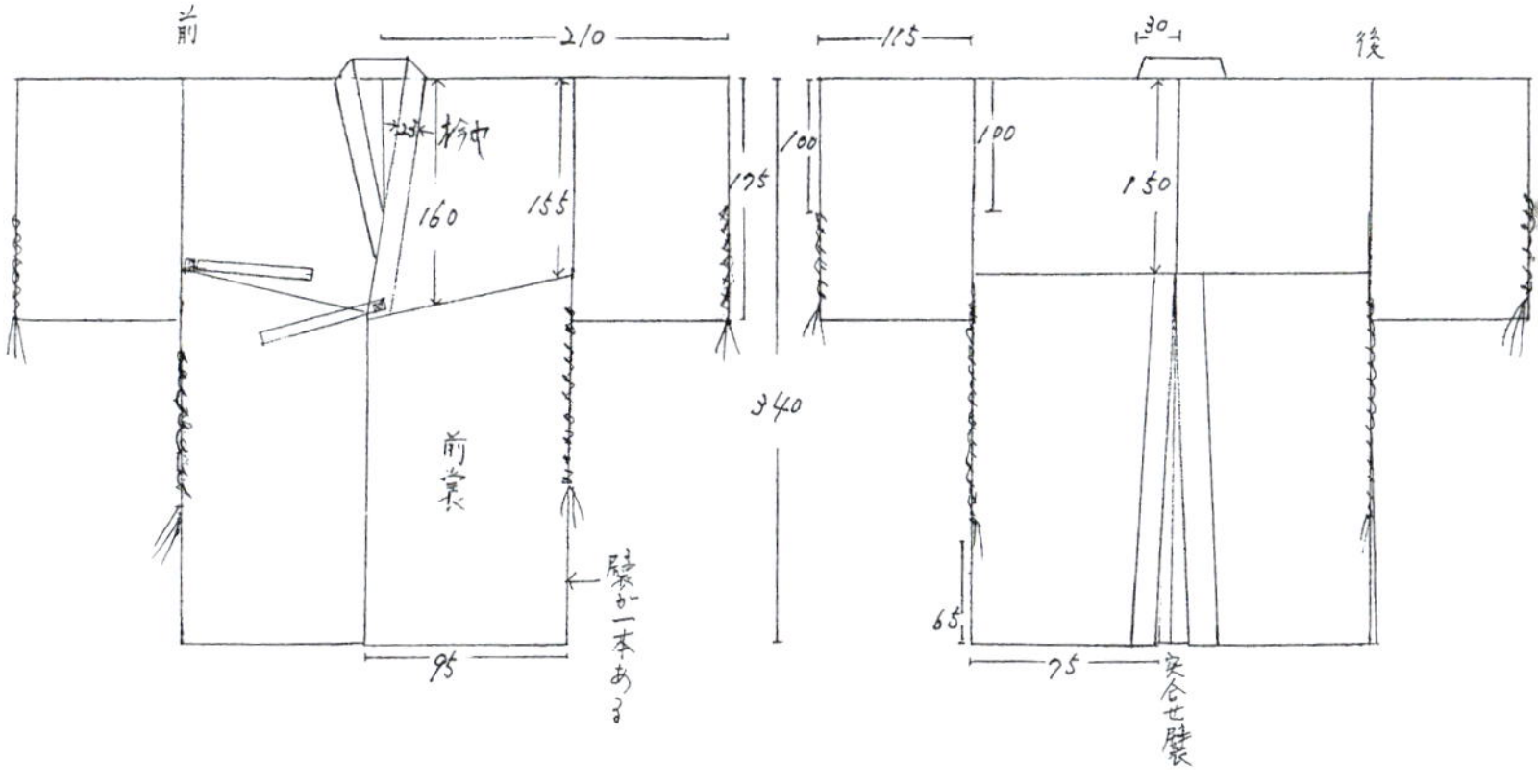

53.0cm

法衣《ほうい》(片襞《かたひだ》) 明治38年

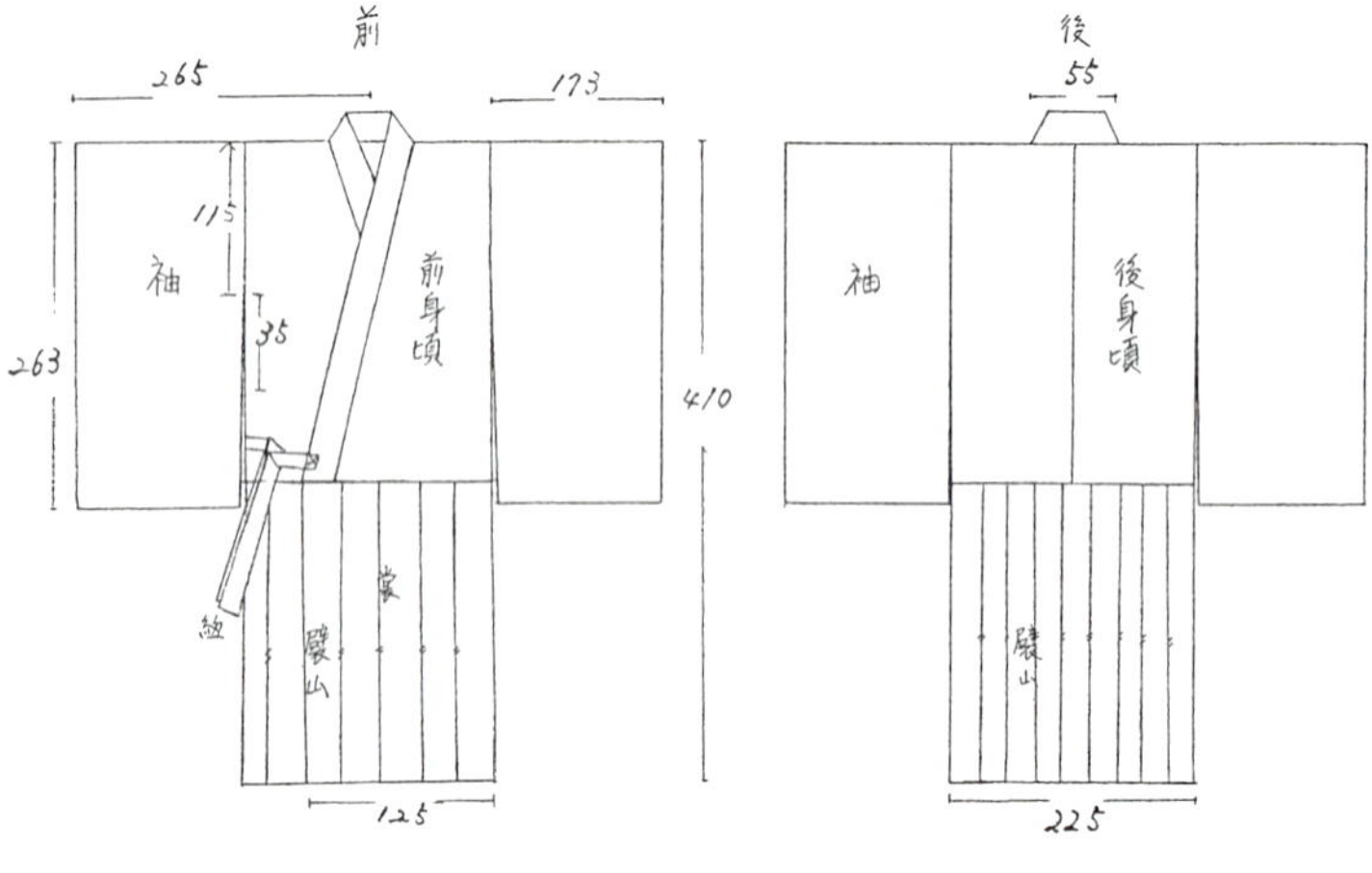

61.0cm

法衣《ほうい》

僧尼《そうに》が袈裟《けさ》の下に着る衣服で、僧服、衣《ころも》ともいう。裁縫雛形には、襞が一方方向に入った「片襞法衣《かたひだほうい》」と、襞山が左右で突き合わせになっている「両襞法衣《りょうひだほうい》」がある。『専門教育裁縫全書　高等裁縫及雛の部』(大正14年)によれば、片襞法衣は禅宗または法華宗、両襞法衣は門徒宗(浄土真宗)または浄土宗で用いられるとされる。

法衣《ほうい》(両襞《りょうひだ》)　明治38年

門《もん》徒《と》帽《ぼう》子《し》
明治38年

15.0cm

26.5 cm

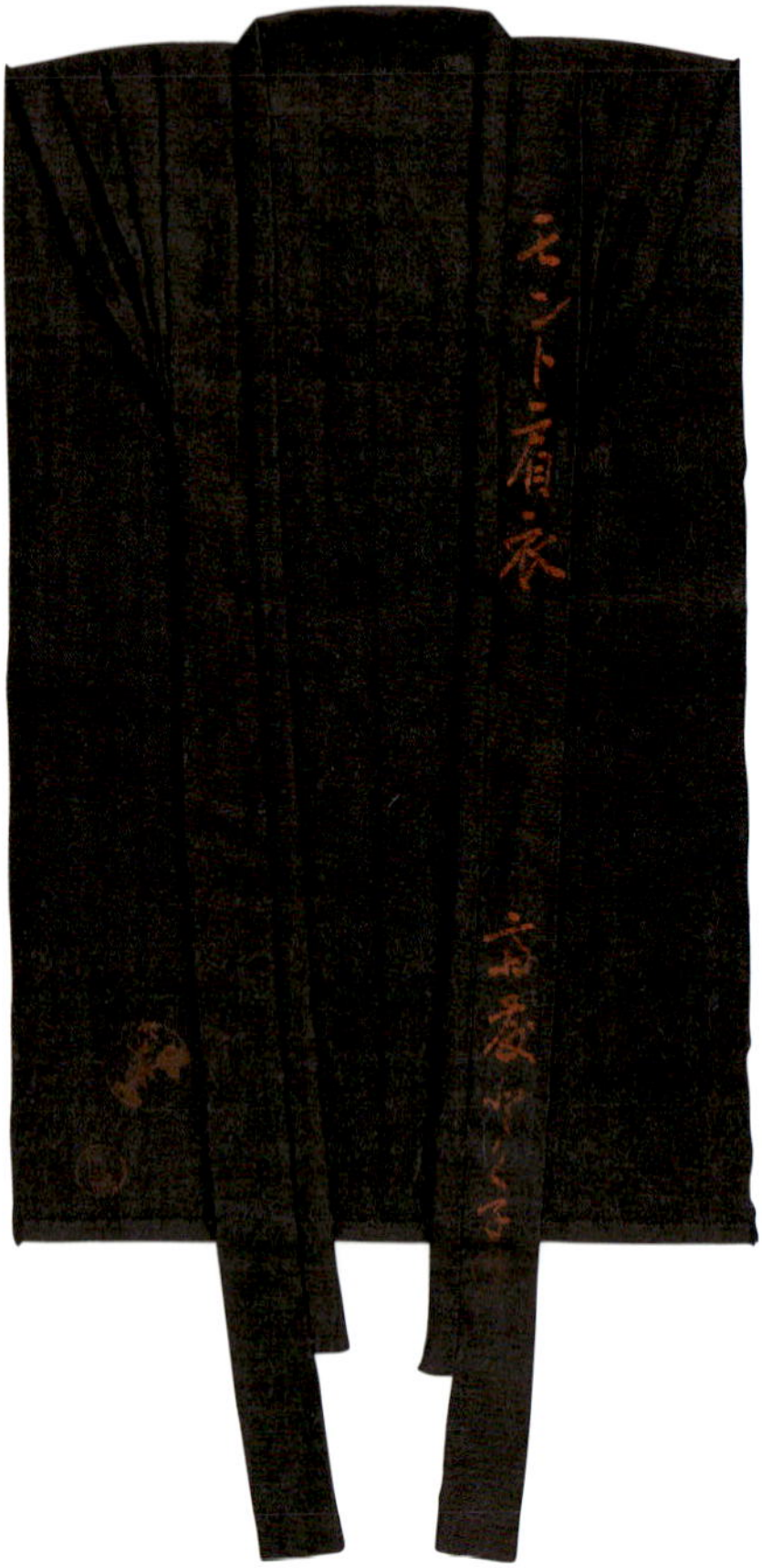

門《もん》徒《と》肩《かた》衣《ぎぬ》
明治30年

門徒帽子《もんとぼうし》／門徒肩衣《もんとかたぎぬ》

『専門教育裁縫全書　高等裁縫及雑の部』(大正14年)によれば、門徒宗(浄土真宗)の信徒が仏寺に参拝する時に着用するとある。

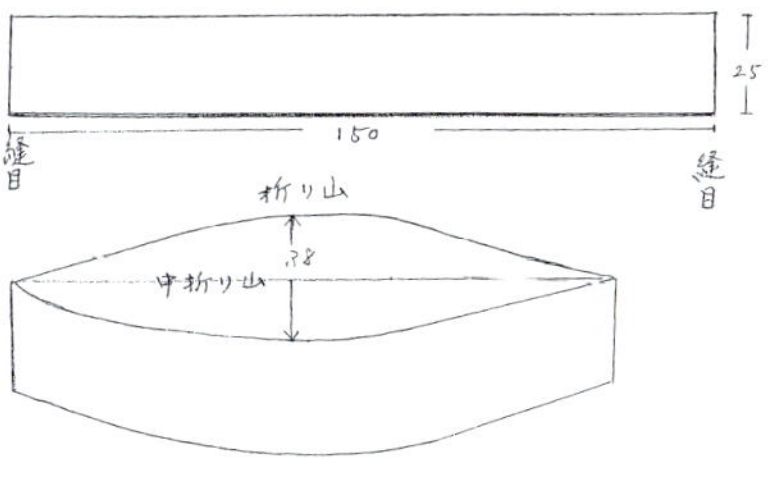

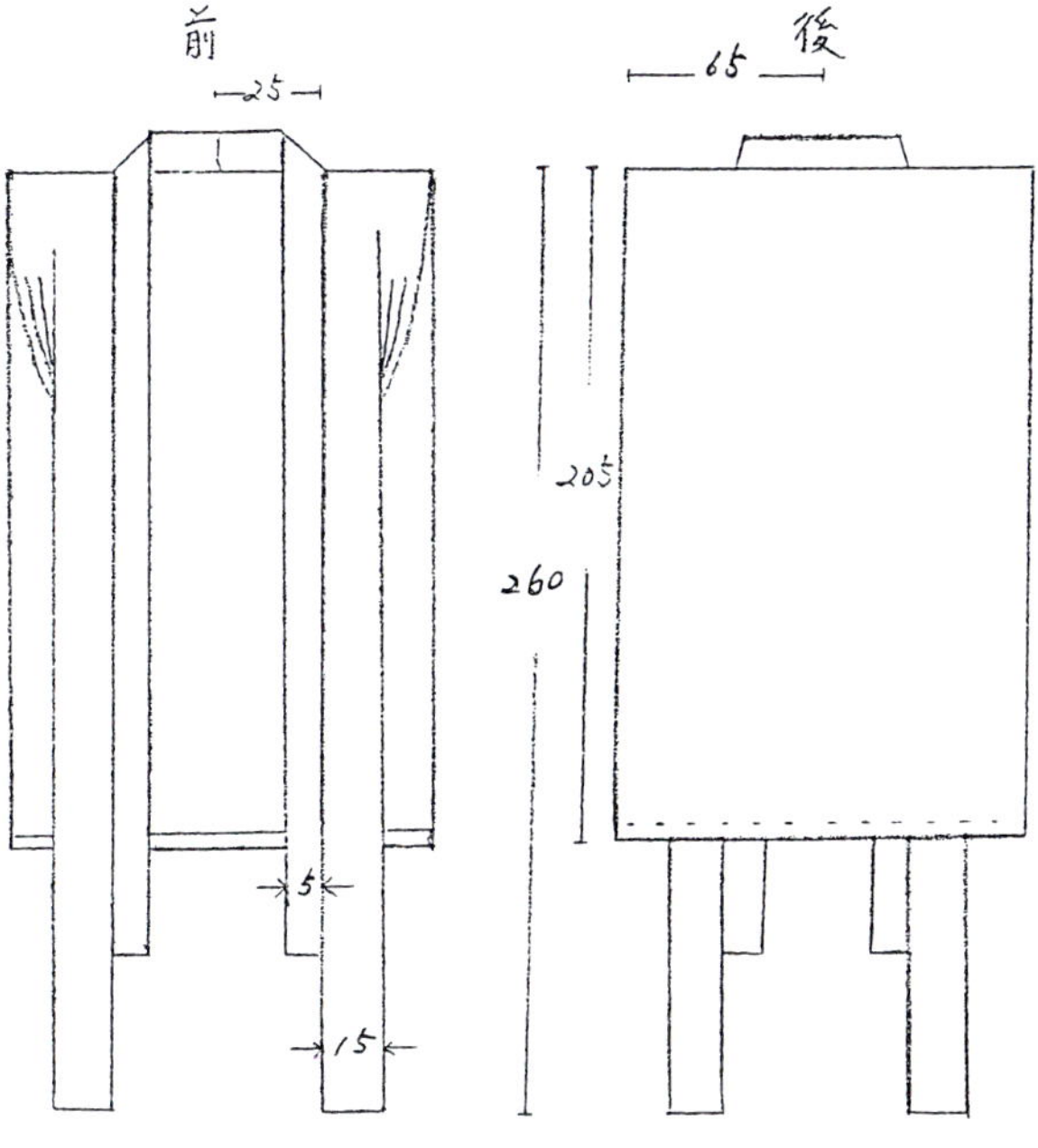

胞衣《えなぎ》 大正11年

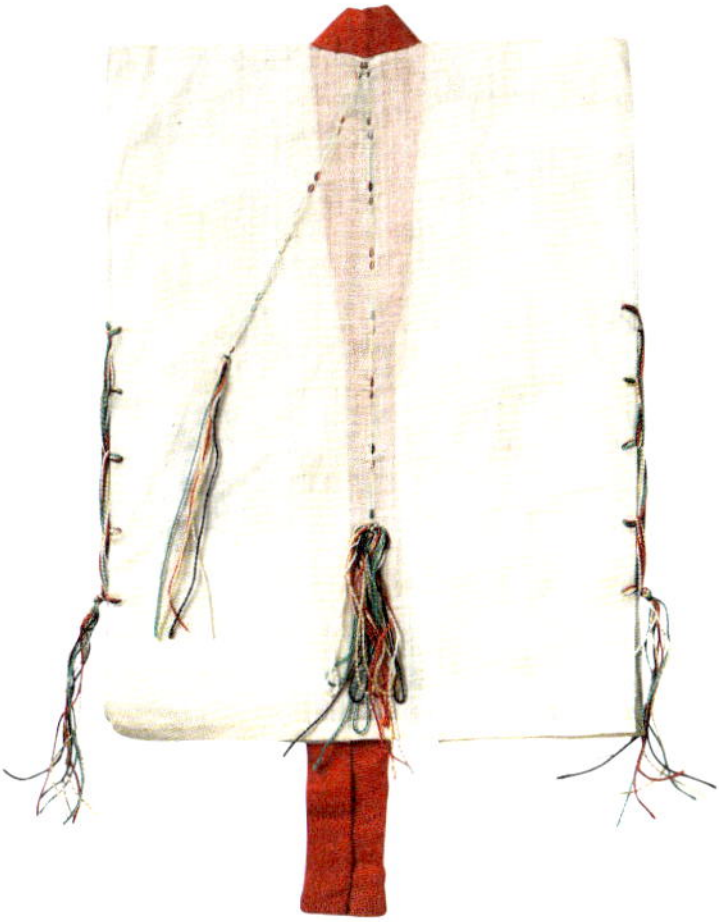

男胞衣《おとこえなぎ》　大正8年

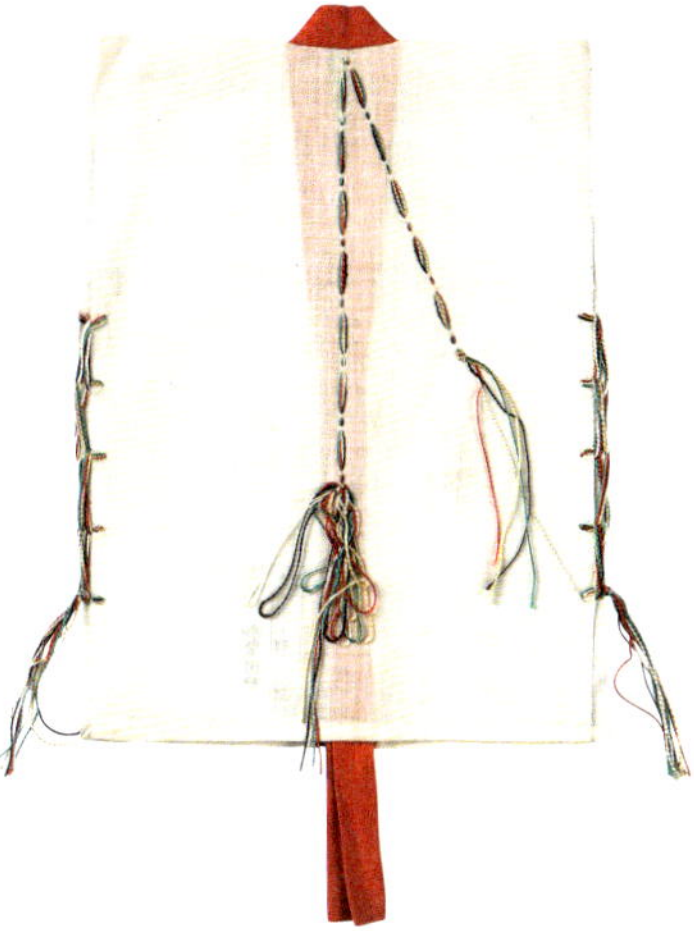

女胞衣《おんなえなぎ》　大正8年

胞衣《えなぎ》

地方や時代によって多少異なるが、生まれた赤子に最初に着せる産着として用いる、お宮参りの際に着物の上に着せ掛ける等の使い方がある。

背中に魔よけの意味を込めて五色の糸で背守りをつける。背守りには様々な種類があるが、裁縫雛形では、二目《ふため》落《おと》し縫いで背の中心に7針、斜めに5針縫われている。「男胞衣」「女胞衣」の区別があるとおり、男女で異なり、女は二目落し縫いの表目で右斜めに、男は裏目で左斜めに縫う。脇も五色の飾り糸で千鳥がけをする。

涎掛《よだれかけ》

涎で衣服が汚れるのを防ぐためのもの。本来は実用品だが、お宮参り等で使われる儀礼用の涎掛は、おもに絹で装飾的に仕立てられた。当時の製作品を見ると、裁縫雛形よりも実物大での作例が多い。

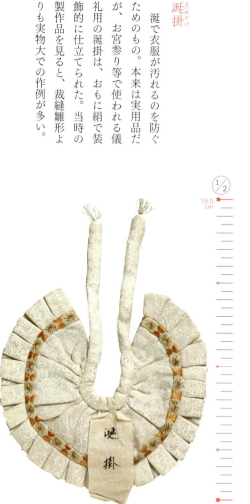

湯揚《ゆあげ》　明治38年

生まれた子を初めて入浴させる産湯の際に用いた。

涎掛《よだれかけ》　明治30年

寝冷不知《ねびえしらず》

子供が寝冷えしないように着せる、オーバーオール型の腹掛。裁縫雛形では、「寝冷不知紐附《ひもつき》」と「寝冷不知釦掛《ぼたんかけ》」が製作されている。

寝冷不知紐附《ねびえしらずひもつき》 大正7年

〈後ろ〉

寝冷不知釦掛《ねびえしらずぼたんかけ》 明治38年

〈後ろ〉

26.5 cm

頭巾《ずきん》

頭巾は、日除《ひよ》け、雨除《あまよ》け、防寒、頭部の保護のほか、顔を隠す等の様々な用途があり、江戸時代に男女とも広く用いられた。明治時代に入り帽子の需要が高まるにつれてすたれていった。

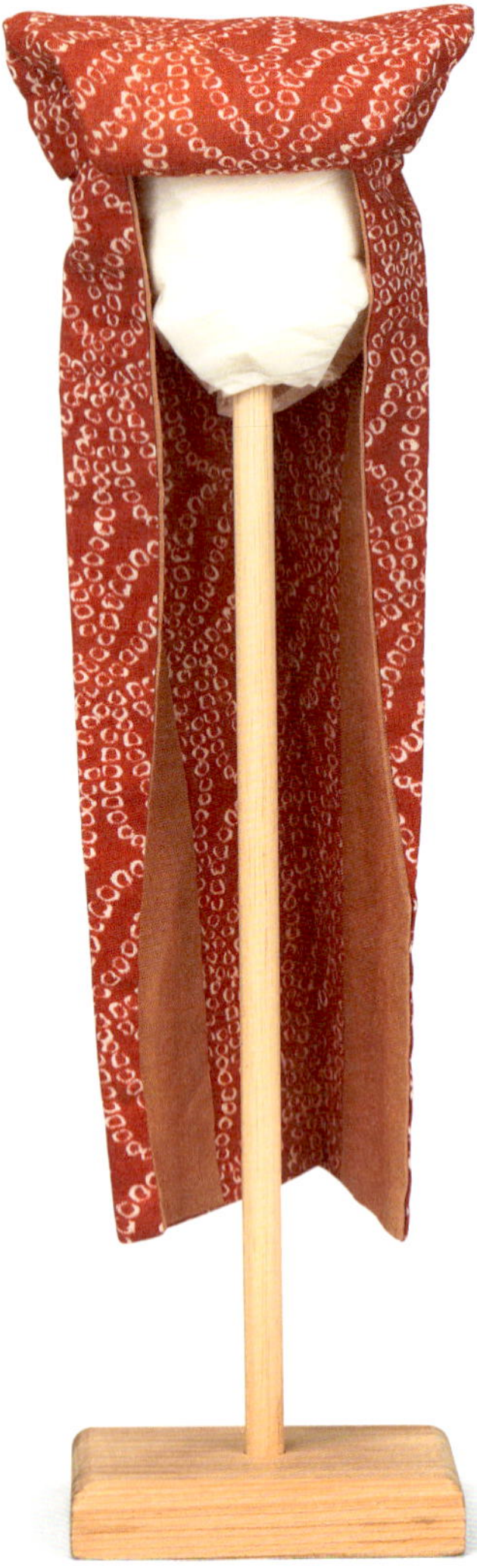

宗十郎《そうじゅうろう》頭巾《ずきん》

歌舞伎役者の沢村《さわむら》宗十郎《そうじゅうろう》にちなむ。四角い筒形の頭巾に「しころ」という長い布が付いている。頭巾の余った部分は、折って額にはさみ込むか、周りを立てて頭頂を凹状にくぼませる。

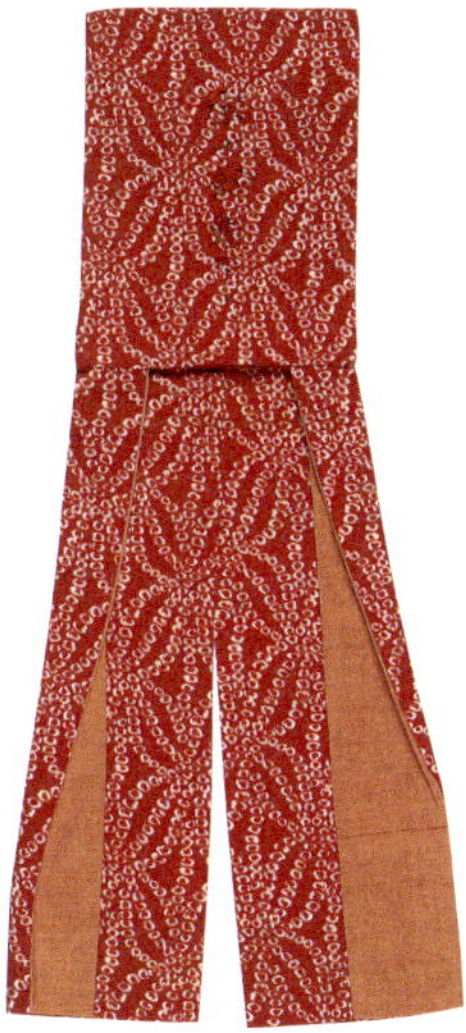

宗十郎《そうじゅうろう》頭巾《ずきん》 明治36年

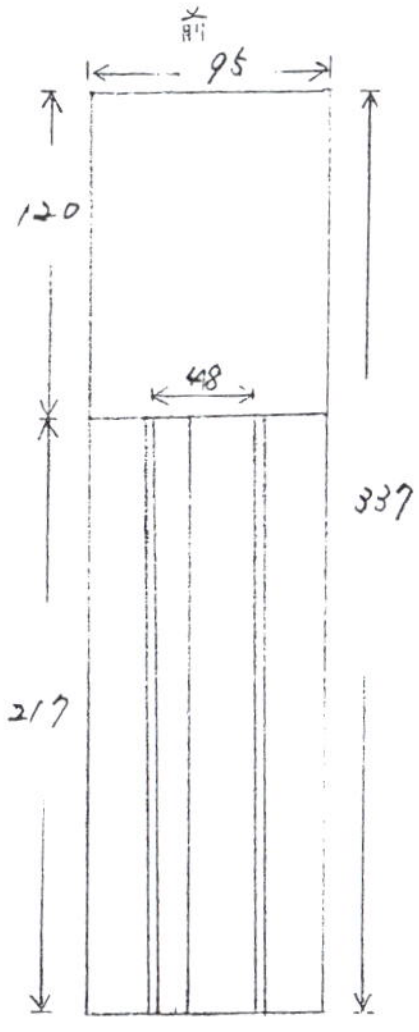

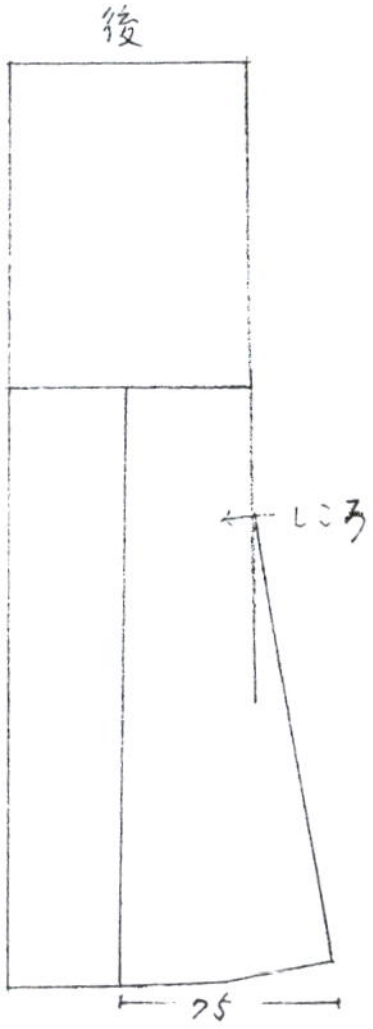

17.0 cm

大《だい》黒《こく》頭《ず》巾《きん》

大黒天が被っている頭巾にちなむ。「焙烙《ほうろく》頭巾」ともいう。丸形の頭巾に「しころ」を付ける。おもに僧侶や老人が用いた。

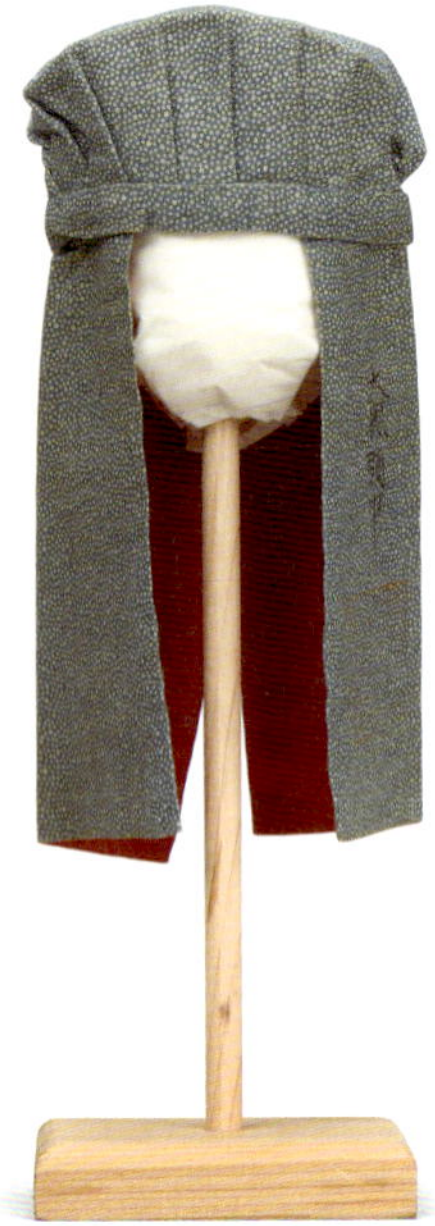

大《だい》黒《こく》頭《ず》巾《きん》　明治36年

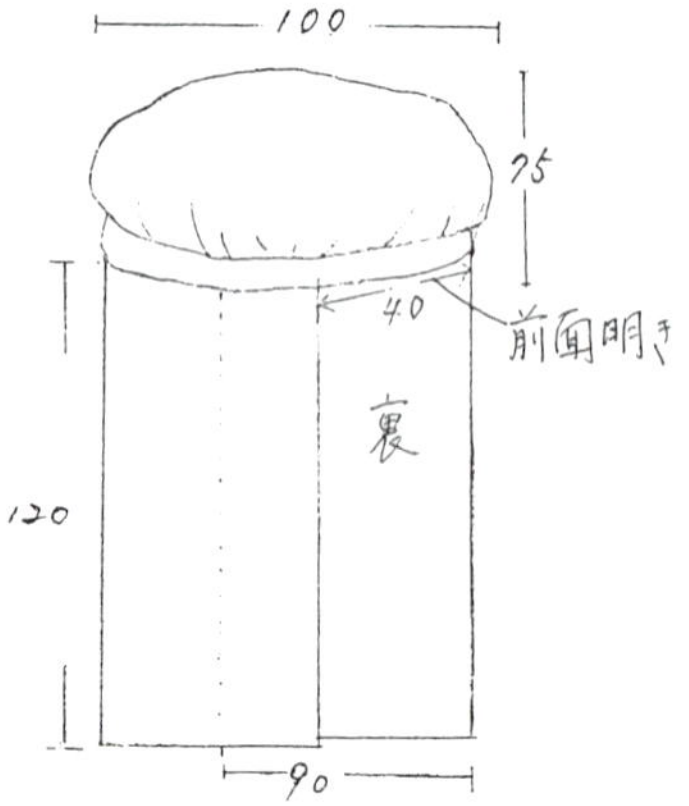

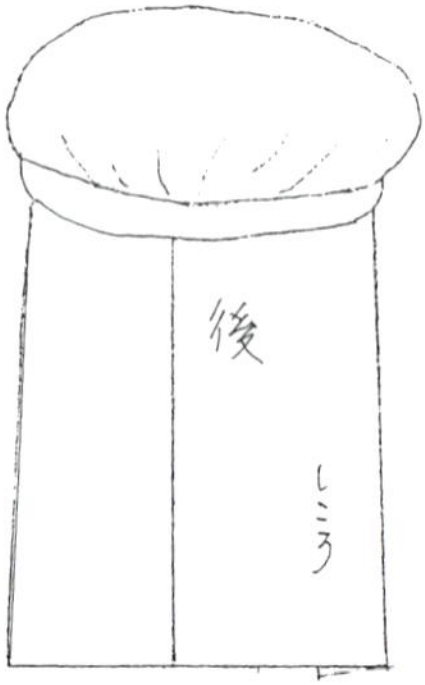

日除頭巾《ひよけずきん》

海釣りの時など、陽射しを遮るものがない環境で日除けとして使用した。

日除頭巾《ひよけずきん》
明治38年

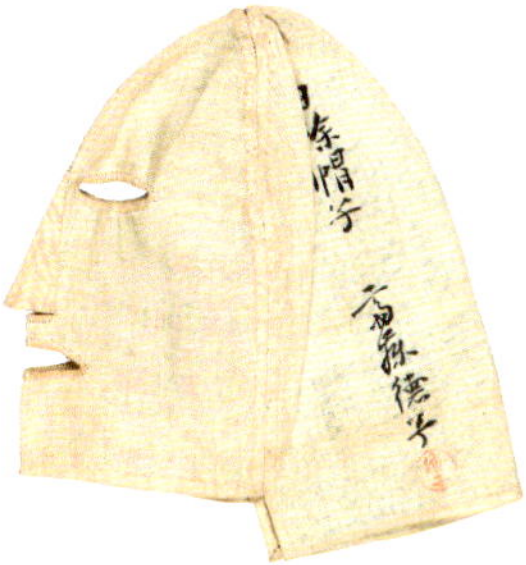

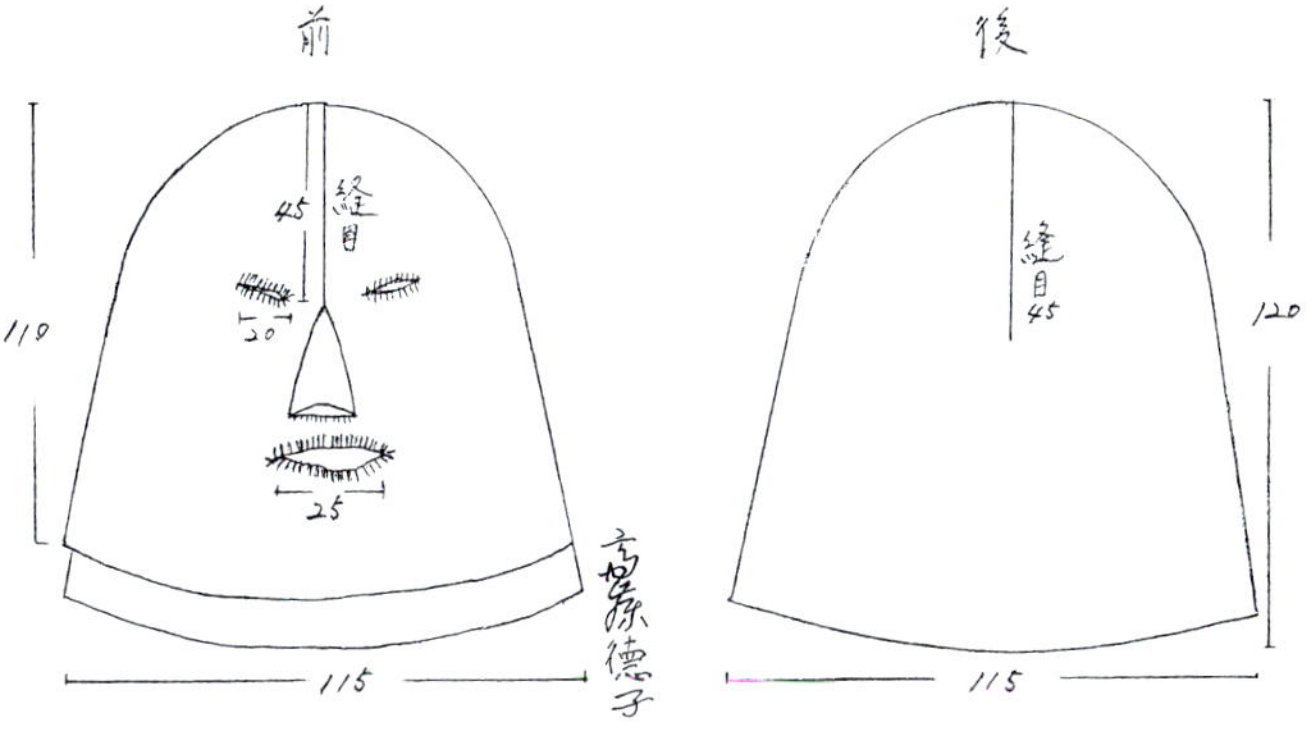

船底《ふなぞこ》頭巾《ずきん》

船の底のような形をした頭巾。中央部を頭に被り、両端の細い部分で口元を覆うなどして、目元だけ出す。江戸時代末期におもに商人の間で流行した。

船底《ふなぞこ》頭巾《ずきん》　明治30年

16.0cm

吉原頭巾《よしわらずきん》　明治38年

17.0cm

山岡頭巾《やまおかずきん》　明治38年

山岡頭巾《やまおかずきん》

長方形の布を二つ折りにして後頭部を縫い合わせた頭巾で、頭から肩までを覆う。のちに楔《くさび》形の襠《まち》(ゆとりを持たせるための足し布)を付けたものも現れた。おもに江戸の武士が用いた。

吉原頭巾《よしわらずきん》

山岡頭巾とほぼ同形だが、頭頂部がより丸く仕立てられている。おもに町人が使用した。

瀬川帽子《せがわぼうし》(蝶形)　明治39年

瀬川帽子《せがわぼうし》　明治38年

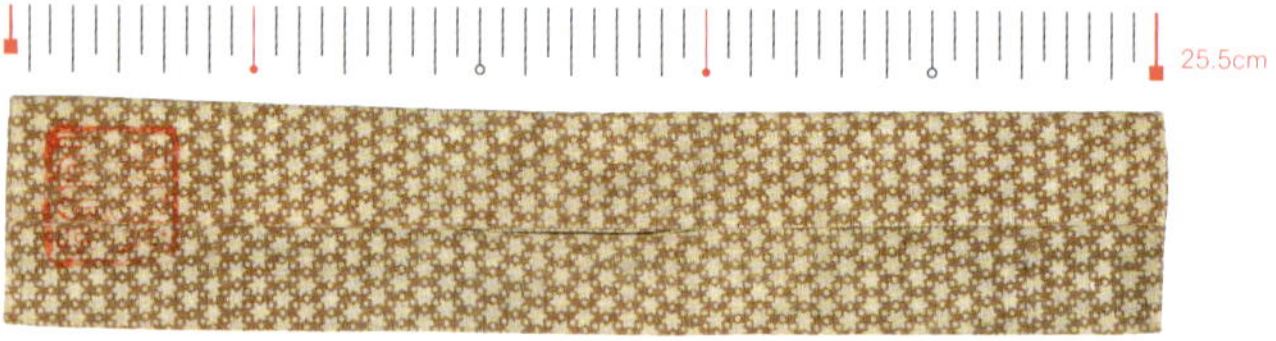

早通頭巾《はやみちずきん》　明治38年

瀬川帽子《せがわぼうし》

婦人用の被《かぶ》り物。享保19(1734)年に歌舞伎役者の初世瀬川菊《せがわきく》之《の》丞《じょう》が、屋敷女中の役で被ったのが最初とされる。

早通頭巾《はやみちずきん》

『渡邊裁縫講義　高等部』(明治43年)によれば「昔道中するとき等に用いたるものなり。」とある。

洋装

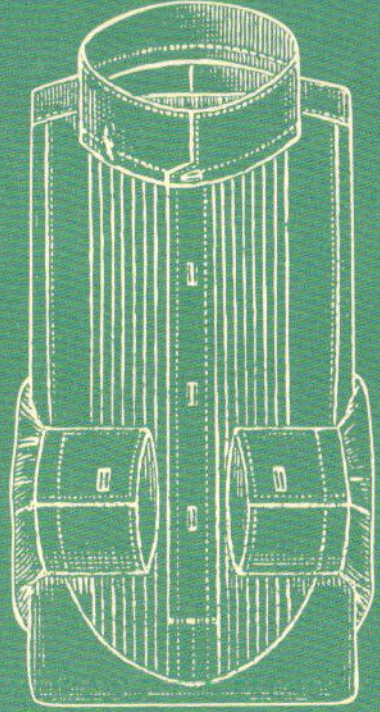

燕尾服《えんびふく》 明治38年

燕《えん》尾《び》服《ふく》

明治5(1872)年の服制で通常礼服に採用され、参賀、儀式、夜会等に用いられた。前丈が短く、後ろの裾は長く先が割れて燕の尾のようになっているためこの名がある。「フルドレスコート」ともいう。

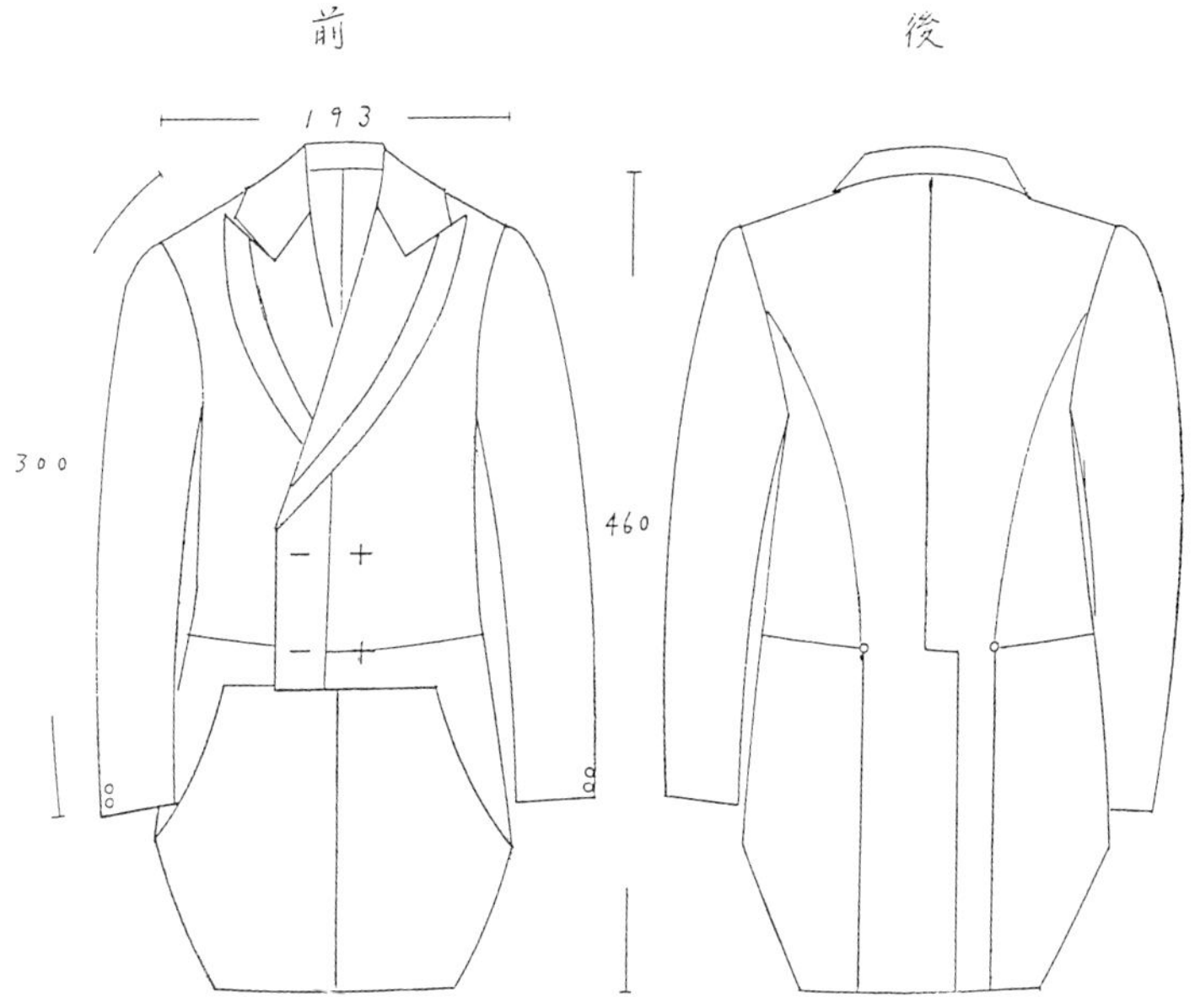

フルドレスヴェスト

燕尾服に合わせて用いられた。

フルドレスヴェスト　明治38年

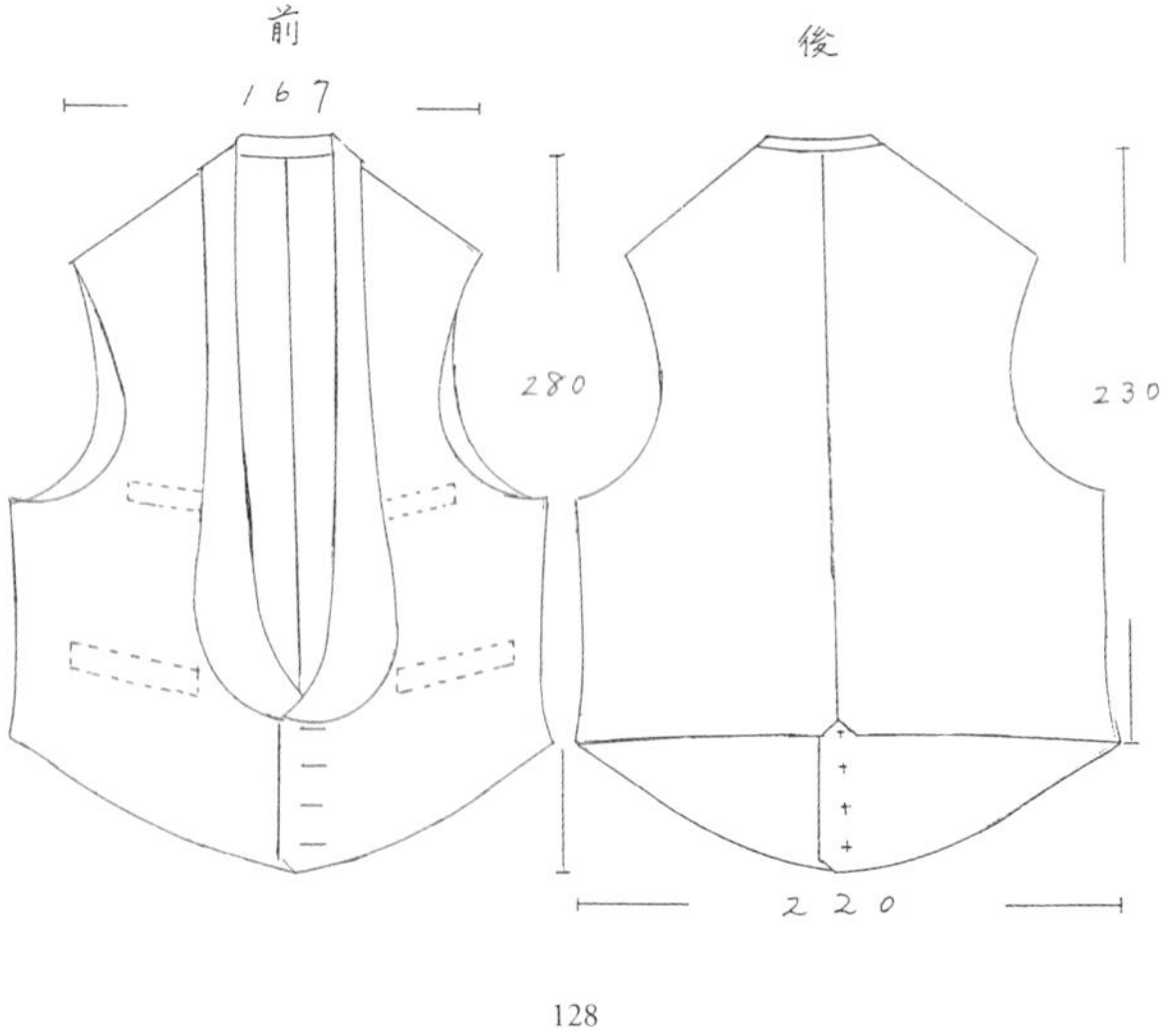

49.0 cm

1/2

フロックコート　明治38年

フロックコート

明治10(1877)年に昼間の略礼服として認められて以来、明治から大正時代を通じて広く用いられ、外出着や事務着としても重宝された。裾は膝丈で、縞のズボンを合わせる。

身体にフィットさせるために仕立ての技術を要し、また、裾が長く多くの生地を使用することから、次第により軽快なモーニングコートや背広にとって代わられた。

モーニングコート　明治38年

モーニングコート

フロックコートの前裾を切り取ったような形をしているため、裁縫雛形製作当時には「カットアウェイフロックコート」とも呼ばれた。フロックコートと背広の中間的な存在で、明治40(１９０７)年頃から徐々に普及した。現在は、昼はモーニングコート、夜は燕尾服が正式礼装となっている。

背広

背広は、幕末に日本にもたらされ、明治時代後半から外出着や通勤着として用いられることが多くなった。フロックコートやモーニングコートに比べてゆったりとした作りで、複雑な仕立ての技術を必要としないため、既製服や古着も流通し、普及に拍車がかかった。本来は、上着、ヴェスト(チョッキ)、ズボンの三つ揃いからなるが、ヴェストを省く場合も多い。

裁縫雛形では、明治33(1900)年の製作品が最も古く、「セビロ」「チョッキ」「ズボン」の墨書がある。「セビロ」は、テーラードカラーではなく、詰襟のような形をしている。その後、渡邉滋がアメリカ留学を終えて帰国し、「新式洋服裁縫」の授業を開始した明治35年以降は、「シングルブレステッドサックコート」「シングルブレステッドヴェスト」「パンツ」の名称で、より本格的な背広一式が製作されるようになった。滋は明治37年に『洋服裁縫教科書 第弐章』の中でヴェストの製作方法を紹介し、大正7〜8(1918〜19)年にかけて『洋服裁縫教科書』(東京裁縫女学校出版部　明治37年)の「上着の部」「中着の部」「ズボンの部」を発行している。

シングルブレステッドサックコート

背広の上着で、打ち合わせはシングル（前のボタンの並びが1列）である。サックコートは、ウエストをしぼらない、ややゆったりしたアメリカ式の上着のこと。

シングルブレステッドサックコート　大正2年

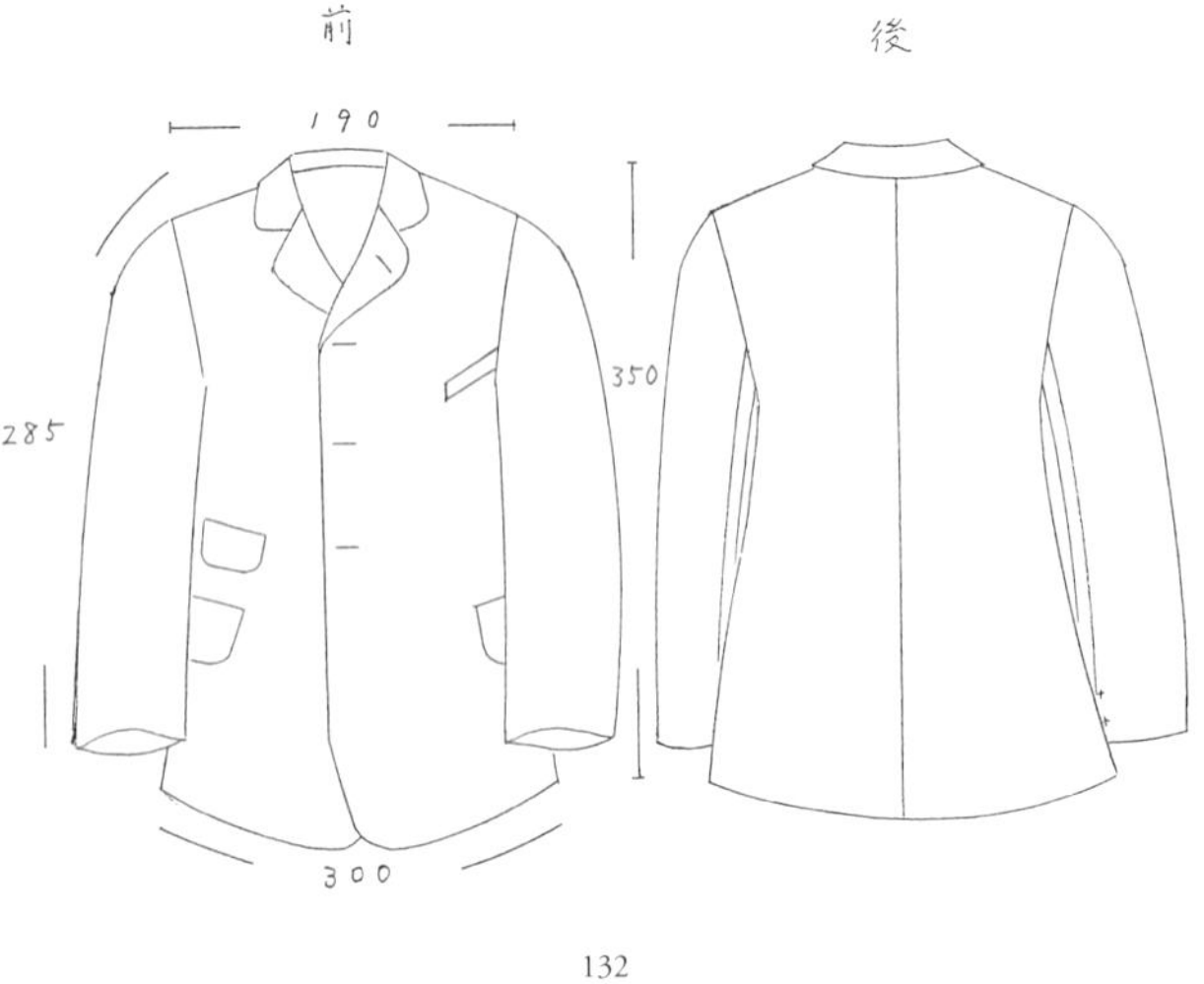

パンツ　大正2年

シングルブレステッドヴェスト　大正2年

靴擦れ布の部分

シングルブレステッドヴェスト

背広のヴェストで、打ち合わせはシングル。裁縫雛形には他にダブル(打ち合わせが深く、前のボタンの並びが2列)のヴェストもある。大正時代末期頃からは左半身のみの作例が見られる。

パンツ

背広のズボン。縮尺1／2でありながら、裾の擦り切れを防ぐ「靴擦れ布」やポケットまで付けられている。

ホワイトシャツ　大正10年

ホワイトシャツ

背広等の下に着るシャツ。明治・大正時代を通じて普及していく中で、「ワイシャツ」と呼ばれるようになった。裁縫雛形を見ると、「普通シャツ」(P.193)がおもに手縫いであるのに対し、ホワイトシャツはほぼミシン縫いである。また、衿や袖が立体的に仕立てられ、より本格的な洋裁の技術が取り入れられている。

本裁《ほんだち》太鼓《たいこ》胴《どう》飾《かざり》シャツ

礼服用のドレスシャツの一種として製作されたと考えられる。胸部に曲線の切り替えがあり、右のカーブが明きになっている。中央に穴かがりをほどこし、紐を通して衿元で結ぶ。

本裁《ほんだち》胸《むね》當《あて》付《つき》飾《かざり》シャツ

礼服用のドレスシャツの一種として製作されたと考えられる。胸部に曲線の切り替えがある。明きは前中央にあり、左右に3個ずつボタン穴が開けられている。

52.0cm

本裁太鼓胴飾《ほんだちたいこどうかざり》シャツ　大正10年

本裁胸當付飾《ほんだちむねあてつきかざり》シャツ　大正8年

手縫いとミシン縫い

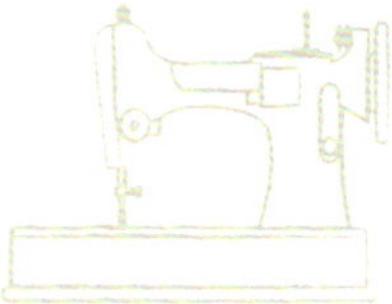

ミシンは、1850年代に欧米で実用化され、日本には幕末に伝わり、洋服や靴の製造に用いられた。明治33（1900）年にシンガーミシンが日本で販売を開始し、需要拡大のため「シンガーミシン裁縫女学院」の開設や、月賦販売を行った。

本学では、明治30年代にはミシンを導入しており、当館所蔵品の中で最も古い明治30年の裁縫雛形に、早くも一部ミシン縫いが見られる。ただし、当時は月2円の授業料の他にミシン使用料として別途20銭かかっている。また、卒業生の話によれば、ミシンの台数が足りない場合は、手縫いの「本返し縫い」で代用したという。

ミシンは基本的に洋裁で使用されるものであり、裁縫雛形を見てもほぼ洋服での使用に限られる。ミシンの使い方を練習するには、通常の雛形のサイズ（縮尺約1／3）よりも大きい方が適当だったようで、ミシン縫いの雛形は縮尺1／2のものが多い。通常の雛形のサイズで製作された洋服は、ミシン縫いの場合もあるが、大半は手縫いによる。一見ミシン縫いのようだが、裏を見ると糸が半目ずつ重なっていて、本返し縫いであることが分かる。ミシン目に見えるように細かく丁寧に縫われた本返し縫いは、実物大で製作する際はミシンを使用することを意味していると考えられる。

女子半袖シャツ(P.194)部分　(表)

(裏)

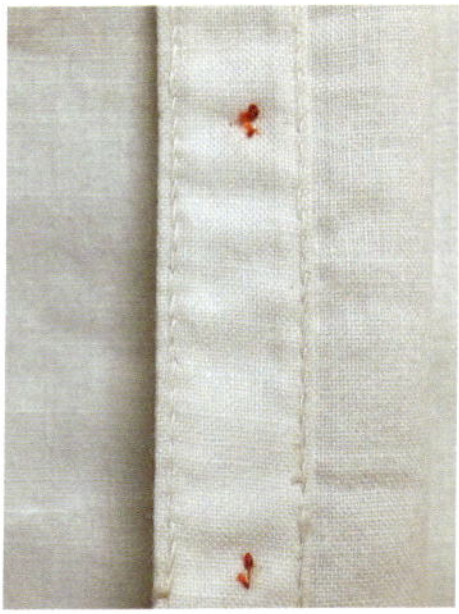

表から見るとミシン目のようだが、裏は縫い目が半分ずつ重なっていて、
手縫いで「本返し縫い」をしていることがわかる。

ミシン実習の様子
明治40年　高等師範科ミシン教室

子供洋服《こどもようふく》　明治38年

子供洋服《こどもようふく》

幕末の開国以降日本にもたらされた洋服は、和服よりも合理的で機能性に優れると考えられた。特に、成長過程にある子供には、動きやすく、洗濯しやすい等の理由から、洋服の着用が推奨された。明治時代に上流階級の子供が晴れ着や外出着として身につけていた洋服は、大正・昭和時代を通じて都市部を中心に広まっていく。

この子供洋服は、和服と洋服の要素をあわせ持ち、洋装化への過渡期にあることを感じさせる。袖と身頃《みごろ》は、洋裁の技術を使って立体的になるように仕立てられている。一方、襞《ひだ》のはいったスカートは袴のようでもあり、ウエストや袖口には折形《おりがた》や折紙を思わせる装飾がほどこされ、平面的で和服のような趣がある。

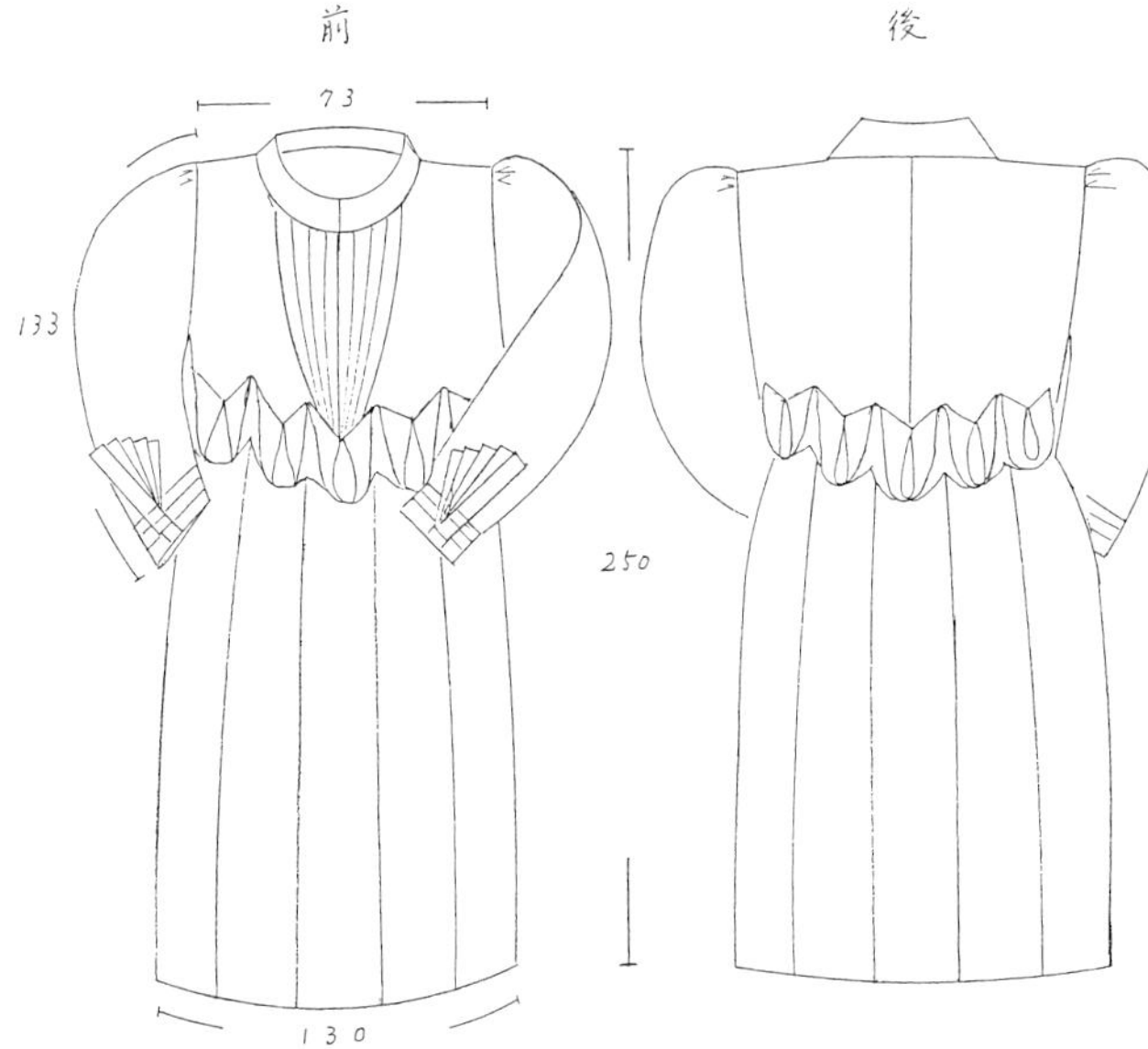

22.5 cm

1/2

女簡單服《おんなかんたんふく》　明治38年

女簡單服《おんなかんたんふく》

「簡單服」という名称で、明治38（1905）年頃からワンピース型の子供服の裁縫雛形が製作されている。この裁縫雛形には「嬰児《えいじ》簡單《かんたん》洋服《ようふく》」と墨書がある。同年に製作された子供洋服(P.138)よりも洋服らしく見えるが、おそらく、切り替え線やダーツ等の裁断テクニックではなく、ピンタックやギャザーによって立体を構成している点が、洋服としては「簡単」とみなされたのであろう。スタンドカラー、首元や胸元の大きなフリル、膨らんだ袖等は、明治30年代末から40年代にかけての子供服によく見られるデザインである。

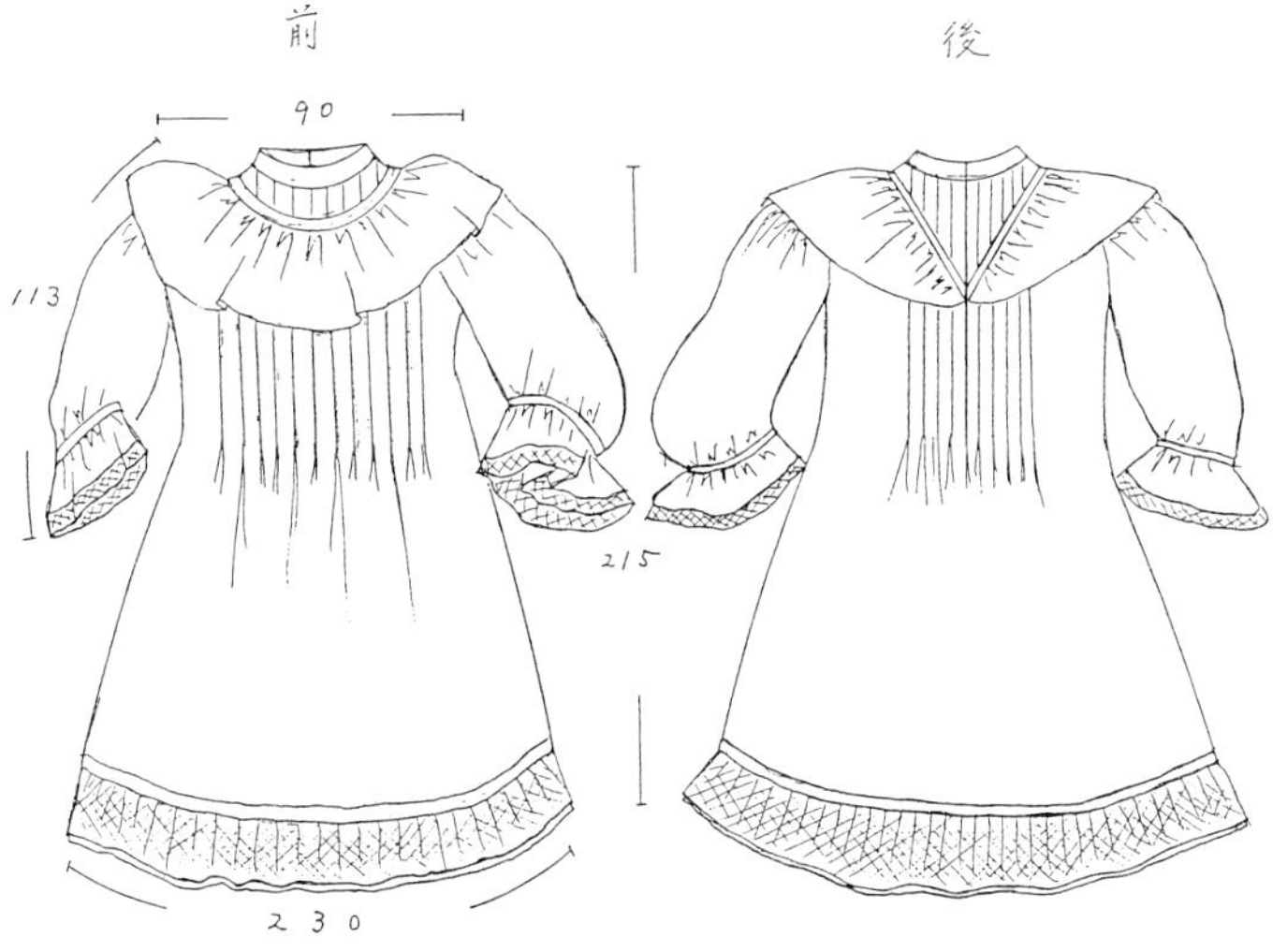

女簡單服《おんなかんたんふく》　明治41年

女簡單服《おんなかんたんふく》

前後の身頃《みごろ》にタックが取ってあり、ウエストを締め付けず、スカートがたっぷりと広がるようになっている。後ろ明きのボタン留め。これには「簡單服」と墨書があるが、同年に別の学生が作った同形の裁縫雛形には「一、二歳女児服《じょじふく》」と墨書があり、簡単服と女児服の区別が厳密ではなかったことがうかがい知れる。

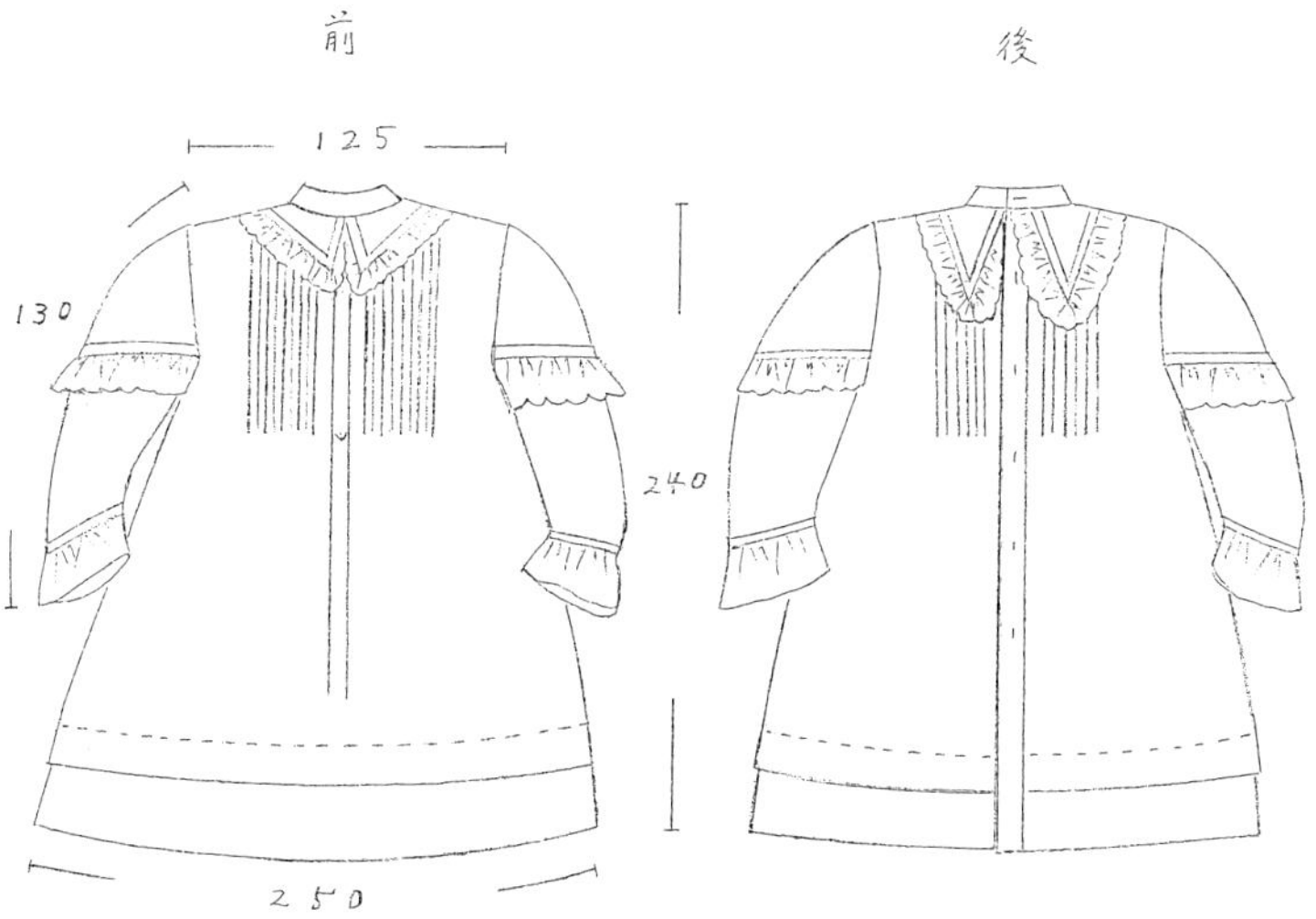

27.5 cm

1/2

男簡単服《おとこかんたんふく》

男児用の服で、この下にズボンをはくか、幼児はズボンなしでワンピース風に着用した。裁縫雛形の中で、男児用の簡単服が登場するのは大正6（1917）年からである。

男簡単服《おとこかんたんふく》　大正9年

女簡單服《おんなかんたんふく》

大正時代初期を過ぎた頃から、欧米の婦人服の流行がローウエストで直線的なシルエットへと変化した影響を受けて、子供服も装飾の少ないシンプルなデザインへと移行していく。裁縫雛形では、大正4（1915）年頃からこの傾向が現れる。ローウエストで、衿、カフス、ベルトを身頃と別布で仕立てる等、色や柄の対比を活かしたデザインが特徴的である。

女簡單服《おんなかんたんふく》　大正9年

江戸仕込みの辰五郎、アメリカ帰りの滋

―洋服裁縫をめぐって―

渡邉辰五郎が明治元（１８６８）年に開いた仕立屋には、「江戸でも珍しい洋服裁縫」という触れ込みで、紳士服の注文が殺到したという。辰五郎がどこで洋服の仕立てを身につけたのか定かではないが、おそらく日本橋での仕立屋奉公時代、洋服に触れる機会が少なからずあったに違いない。

改良服の考案で知られる辰五郎であるが、早くから洋服の仕立てを身につけていた。当館所蔵の最も古い裁縫雛形は明治30（１８９７）年製作のものだが、そこには子供洋服や海水浴着等の洋服が含まれている。

とりわけ、辰五郎の洋服に対する高い意識を物語るのは、長男の滋《しげる》をアメリカの裁縫学校に留学させたことであろう。

渡邉滋は、明治33（１９００）年に24歳でアメリカに渡り、シカゴのストーン裁縫学校、マクダウェル裁縫学校で学んでいる。その後ヨーロッパで服装文化の視察をし、明治35年に帰国すると、ただちに洋服裁縫科主任として「新式洋服裁縫」を教えはじめた。翌年から3年間は、夏に1か月の洋裁科講習を開いた。裁縫雛形からも、明治38年頃から、洋裁のレベルが飛躍的に向上していることが見て取れる。

滋は、インチ尺による製図法を取り入れ、授業では製図用のチョー

クの削り方まで指導したという。著書『洋服裁縫教科書』(東京裁縫女学校出版部　明治37年)では、例えば「Waist《ウェイスト》(腰囲)」のように、用語は英語表記で、カタカナを振り、日本語での言い方をカッコ書きで添えており、本格的な洋服文化の紹介という意味でも注目される。

一方で、滋は「渡邊式改良袴」(P.48)のように、欧米滞在で得た知見を、当時の日本の状況にあわせ、袴という形で取り入れた。時代のゆく先を読み、理想を抱きながら、裁縫という実学を基盤にして現実と向き合う態度は、辰五郎と滋の共通点といえる。

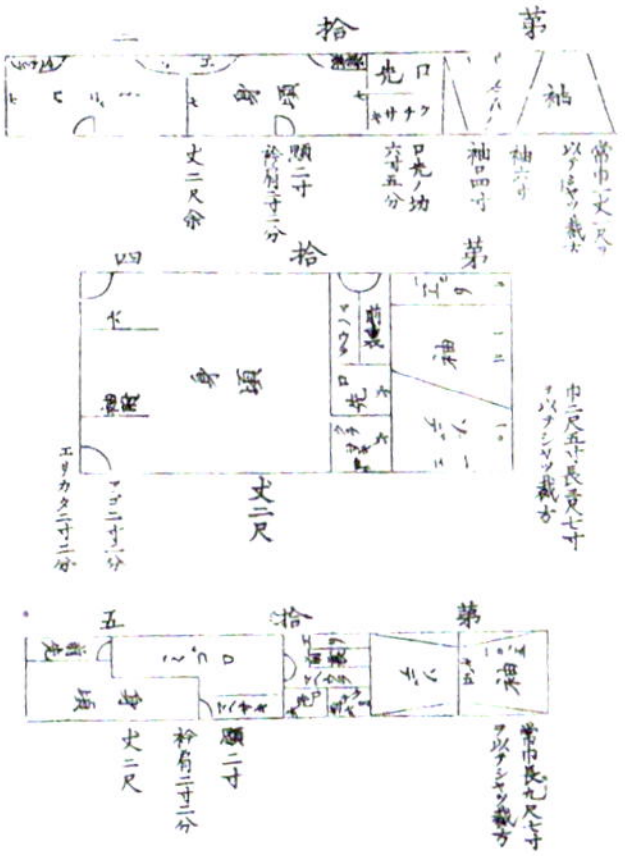

渡邊辰五郎『普通裁縫教授書』下巻　石川治兵衛発行　明治13年
男物の普通シャツの裁方図。和裁のように、布に直接しるしを付け、ほぼ直線で裁断する。

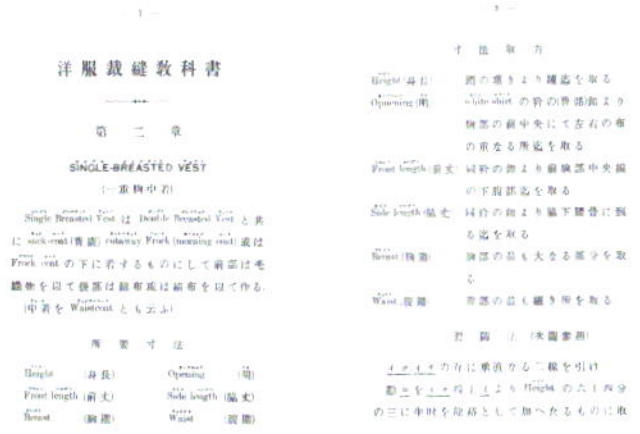

— 1 —

洋服裁縫教科書

第二章

SINGLE-BREASTED VEST

(一重胸中着)

Single Breasted Vest は Double Breasted Vest と共に sack-coat(背広) cutaway Frock (morning coat) 又は Frock coat の下に着するものにして前部は毛織物を以て後部は綿布或は絹布を以て作る。(中着を Waistcoat とも云ふ)

所要寸法

Height	(身長)	Opening	(開)
Front length	(前丈)	Side length	(脇丈)
Breast	(胸囲)	Waist	(腰囲)

— 2 —

寸法取方

Height(身長)	[illegible]
Opening(開)	white shirt の衿の(背部)釦より [illegible]
Front length(前丈)	[illegible]
Side length(脇丈)	[illegible]
Breast(胸囲)	[illegible]
Waist(腰囲)	[illegible]

製図法(本図参照)

[illegible]

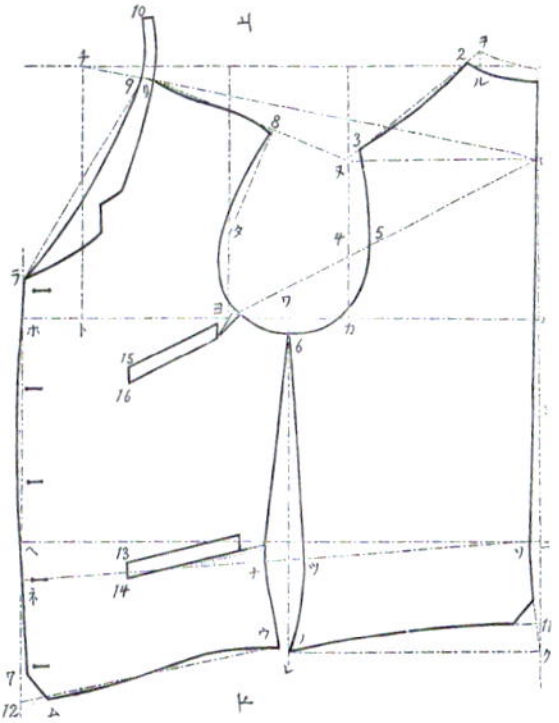

渡邊滋『洋服裁縫教科書　第貳章』　東京裁縫女学校出版部　明治37年
シングルブレステッドヴェストの製図。補助線を引きながら製図し、これをもとに型紙を作成する。

小《こ》裁《だち》運動《うんどう》シャツ・ヅボン　大正9年

水兵形運動《すいへいがたうんどう》シャツ
大正9年

小裁運動《こだちうんどう》シャツ
明治41年

小裁運動《こだちうんどう》シャツ・ヅボン

洋服は和服よりも動きやすいことから、運動する時の服装には比較的早く洋服が取り入れられた。

裁縫雛形では、明治30年代から昭和時代初期まで「運動シャツ」と「運動ズボン」が製作されている。セーラーカラーの「水兵形運動シャツ」の他、胸にポケットがあるもの、胸元にジグザグの線が2本入ったものなど、いくつかバリエーションがある。

洋裁に不慣れな日本人でも仕立てやすいように、直線裁ちが多く和裁に近い方法で製作されている。「小裁《こだち》」という子供用を意味する語も、和裁の用語からきている。

水兵服《すいへいふく》・ヅボン　大正9年

水兵服《すいへいふく》・ヅボン

水兵服は、その名のとおり元は水兵の服で、19世紀半ばに英国のエドワード皇太子が着た姿が可愛らしいと評判になり、子供服に取り入れられるようになった。裁縫雛形では「水兵服」または「セーラースコート」の名称で製作されている。明治時代の教授細目によれば、実物大の型紙を製図した後に、1/2縮尺で裁縫雛形を製作しており、本格的な洋服裁縫に位置づけられる。

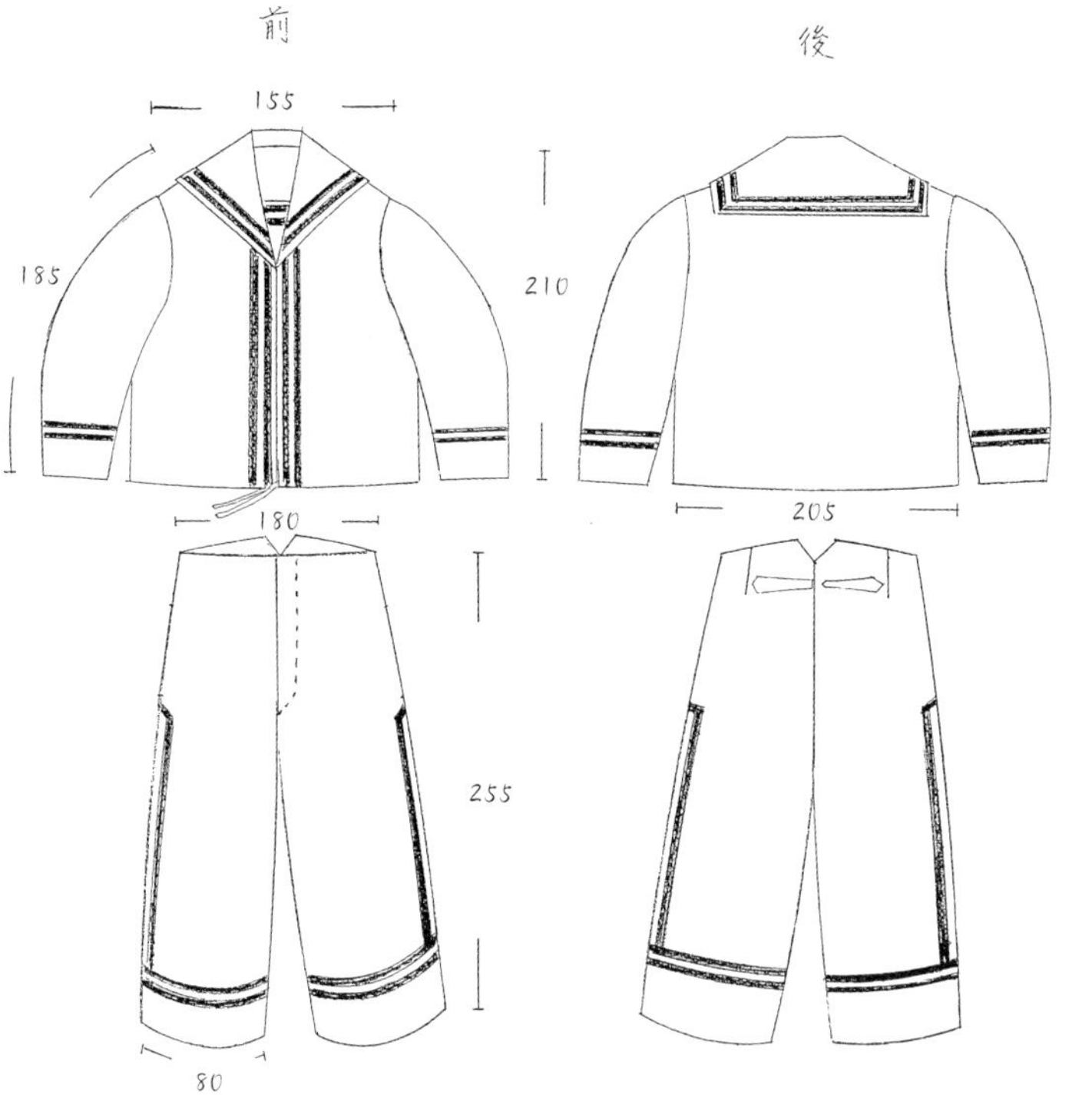

學校外套《がっこうがいとう》・フード　大正9年

學校外套《がっこうがいとう》・フード

ステンカラーで、ダブルの打ち合わせ。左右の腰にポケットの位置が糸じるしで示されている。フードはボタンでコートに装着する。明治時代の教授細目には「小中学校制服上着及び外套」とあり、小中学校の通学用として作られたことが分かる。

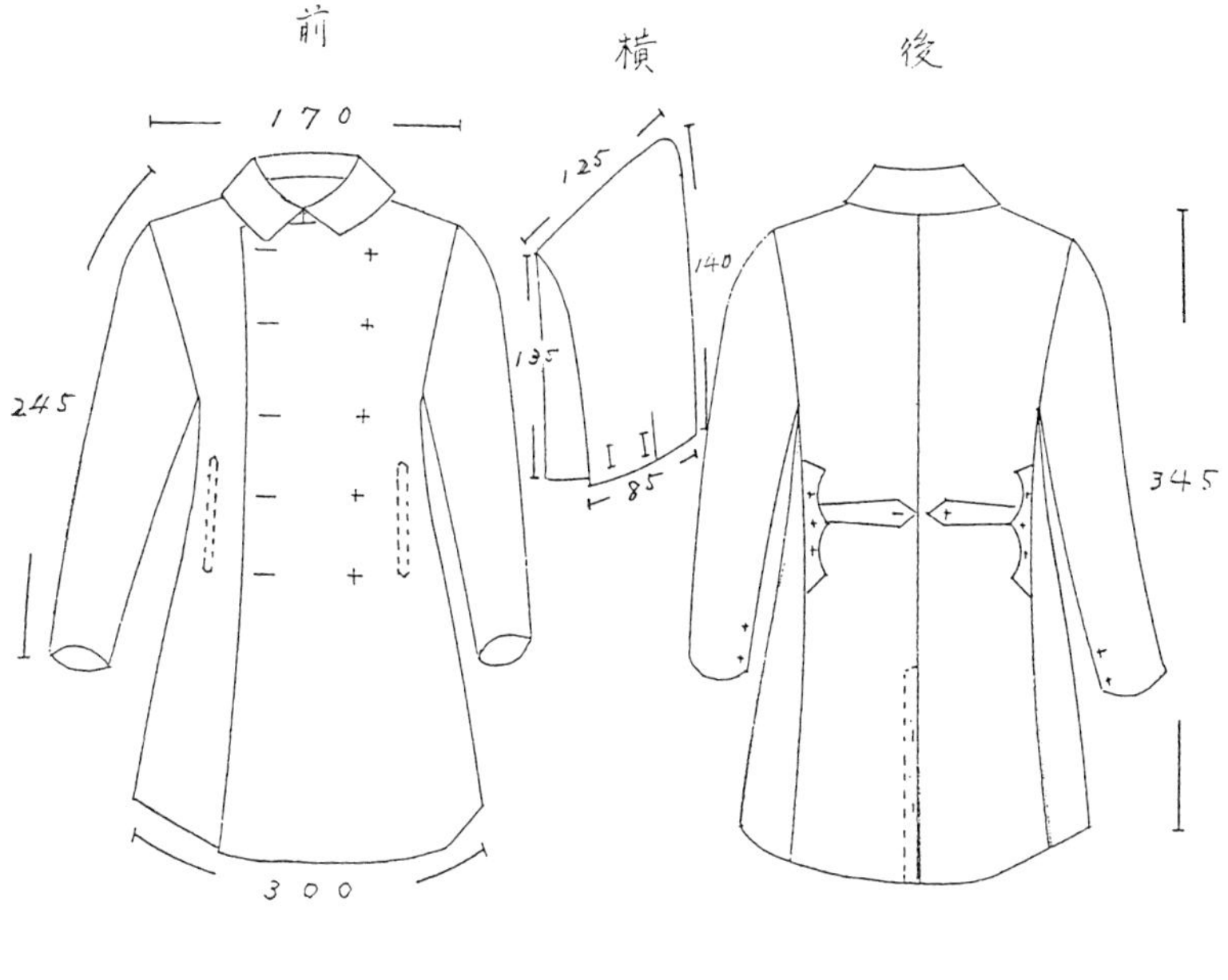

31.0
cm

1/2

前開きの部分

學校制服《がっこうせいふく》　大正2年

學校制服《がっこうせいふく》

前開きで、下前に持ち出し分があり、表からは突き合わせのように見える。鈎《かぎ》フックを付ける位置が糸じるしで示されている。

スタンドカラーでボタンが無く、テープで縁取りされたこのようなタイプの学生服は、海軍士官の制服を模したもので、明治12(1879)年に学習院の男子制服に取り入れられた。

「水兵服・ヅボン」(P.150)や「學校外套」(P.152)と同様、明治時代の教授細目に「小中学校制服上着」の名称で登場し、実物大の製図と1/2縮尺の裁縫雛形製作が課せられている。

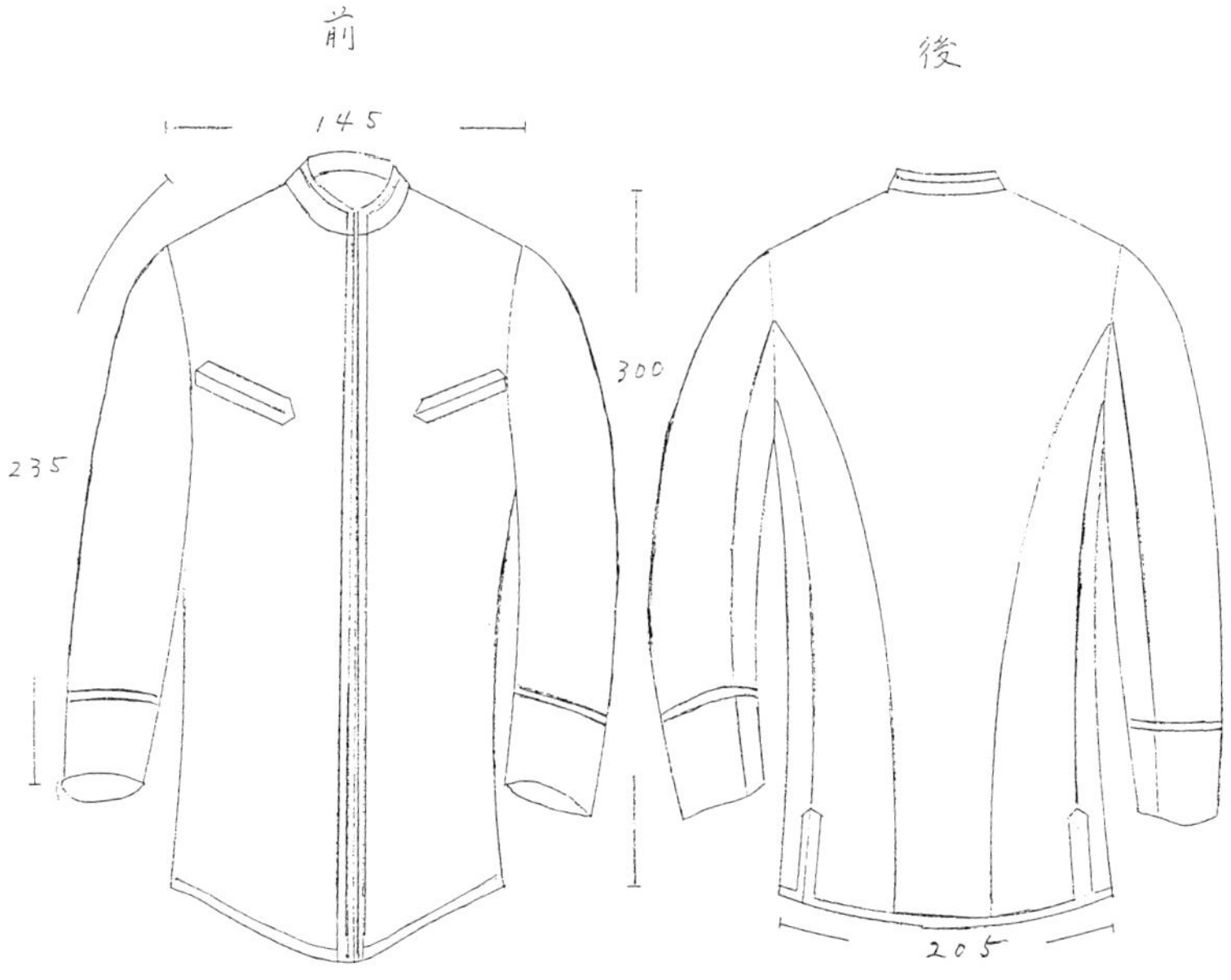

婦人服《ふじんふく》　明治38年

婦人服《ふじんふく》

ボディス(上衣)とスカートの二部式。女性の洋装は、明治16〜20(1883〜87)年頃までのいわゆる「鹿鳴館《ろくめいかん》時代」に、上流階級の儀礼や社交の場で花開いた。当時欧米で流行していた、後ろ腰を膨らませる「バスル・スタイル」のドレスが取り入れられ、「鹿鳴館スタイル」として流行した。バスル・スタイルの全盛期は1870〜80年代であり、この裁縫雛形が製作された明治38(1905)年には、流行は次のスタイルに移っていた。つまり、当時の流行そのものというよりは、少し前の時代の婦人服の作り方を学び、標本のような形で残す意味合いが大きかったと考えられる。

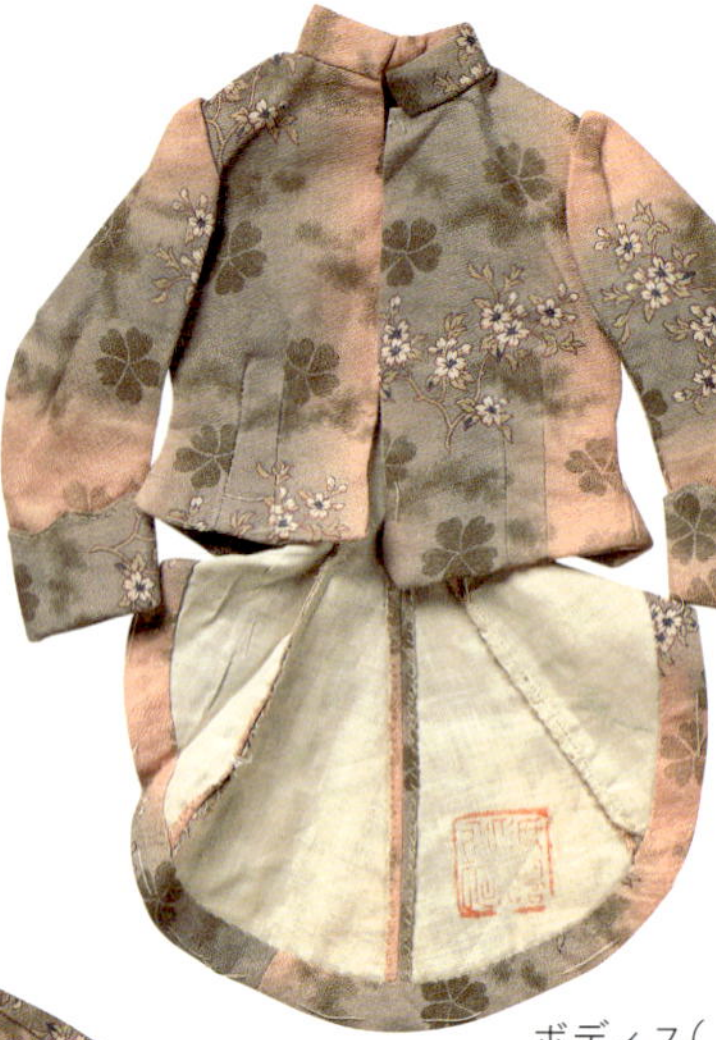

ボディス(上衣)

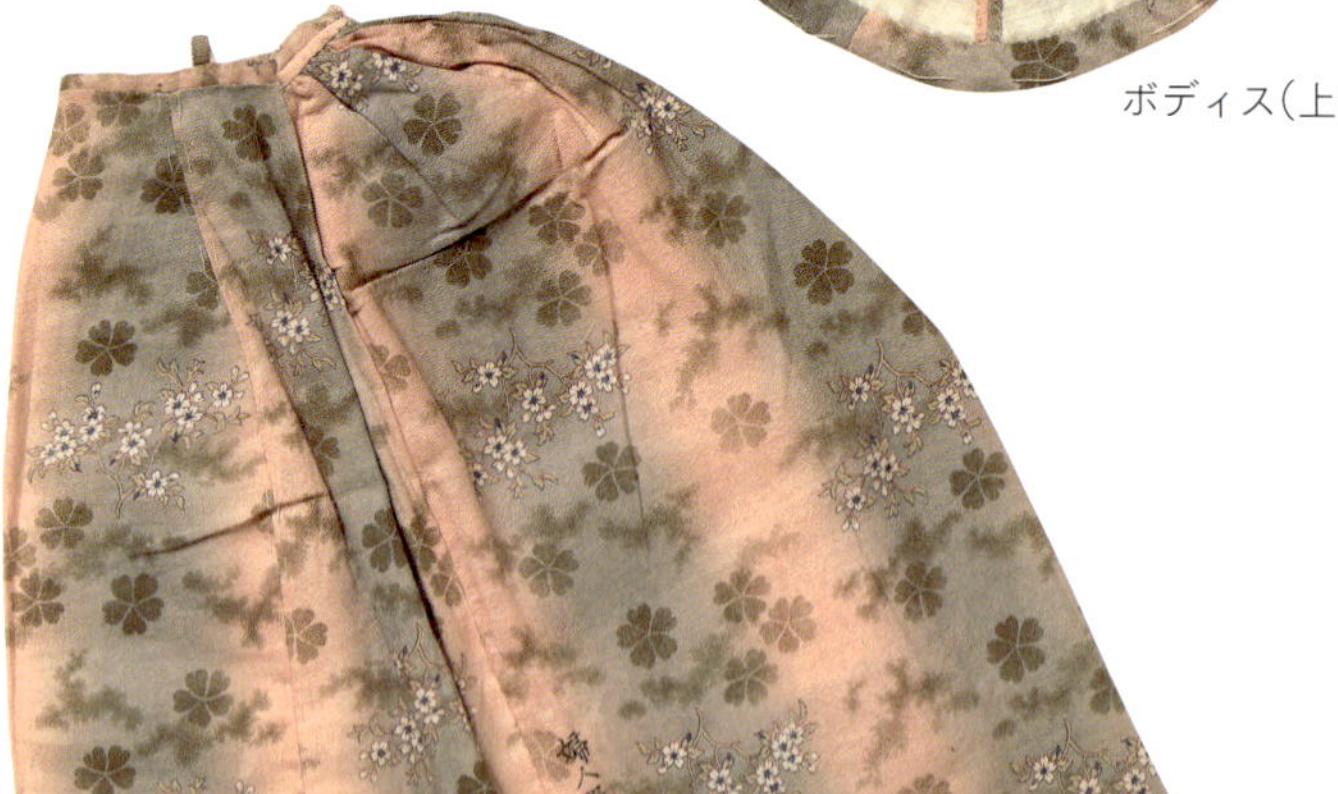

スカート

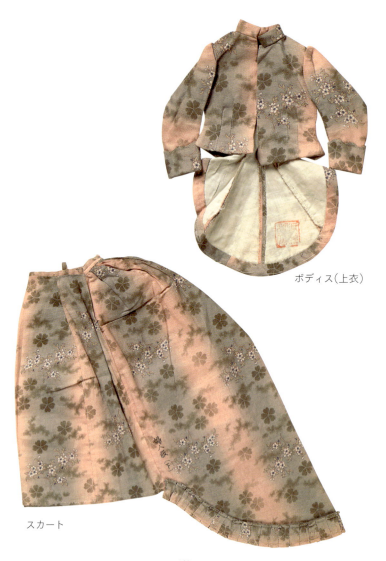

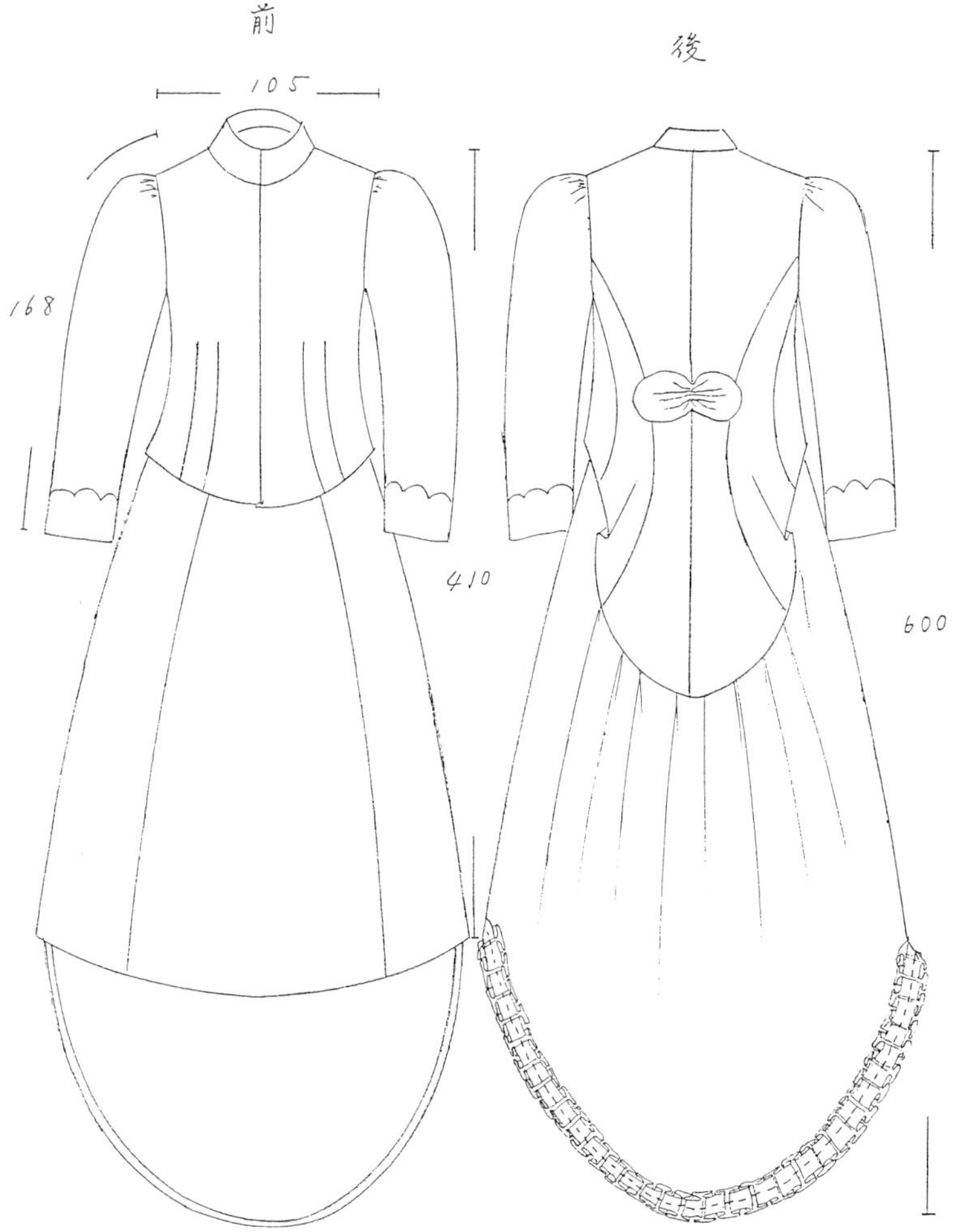
前
後
105
168
410
600

シャートウェイスト／スリーゴワードコステュームスカート

渡邉辰五郎の長男・滋がアメリカ留学から戻り、本学で「新式洋服裁縫」の指導を開始したのは明治35（1902）年。以後本格的な洋裁教育が行われていたことが、裁縫雛形からもうかがえる。特に女性の衣服については、欧米の流行を反映したブラウスやジャケット、スカートが明治37年頃から製作されている。この時期、欧米では、ウエストを細く締め、バストとヒップを張り出させた「S字型シルエット」が流行し、レースやフリルで装飾されたふんわりとしたブラウスと、朝顔の花をふせたような形状のフレアスカートといった組み合わせが人気を博した。

シャートウェイストは、衿とカフスのついたワイシャツ型のブラウスのこと。ハイネックで、袖山と袖口にギャザーがたっぷり入った長袖のブラウスは、1900年代の女性の装いに多く見られる。明治時代の教授細目にはShirt Waistと英語表記が添えられている。

スリーゴワードコステュームスカートは3枚接《は》ぎのフレアスカートで、後ろに襞《ひだ》があり、やや裾をひくようになっている。すべて明治時代に製作されている。教授細目にThree Gored Costume Skirtと記載されている。

76.5
cm

1/2

シャートウェイスト　明治41年

スリーゴワードコステュームスカート　明治41年

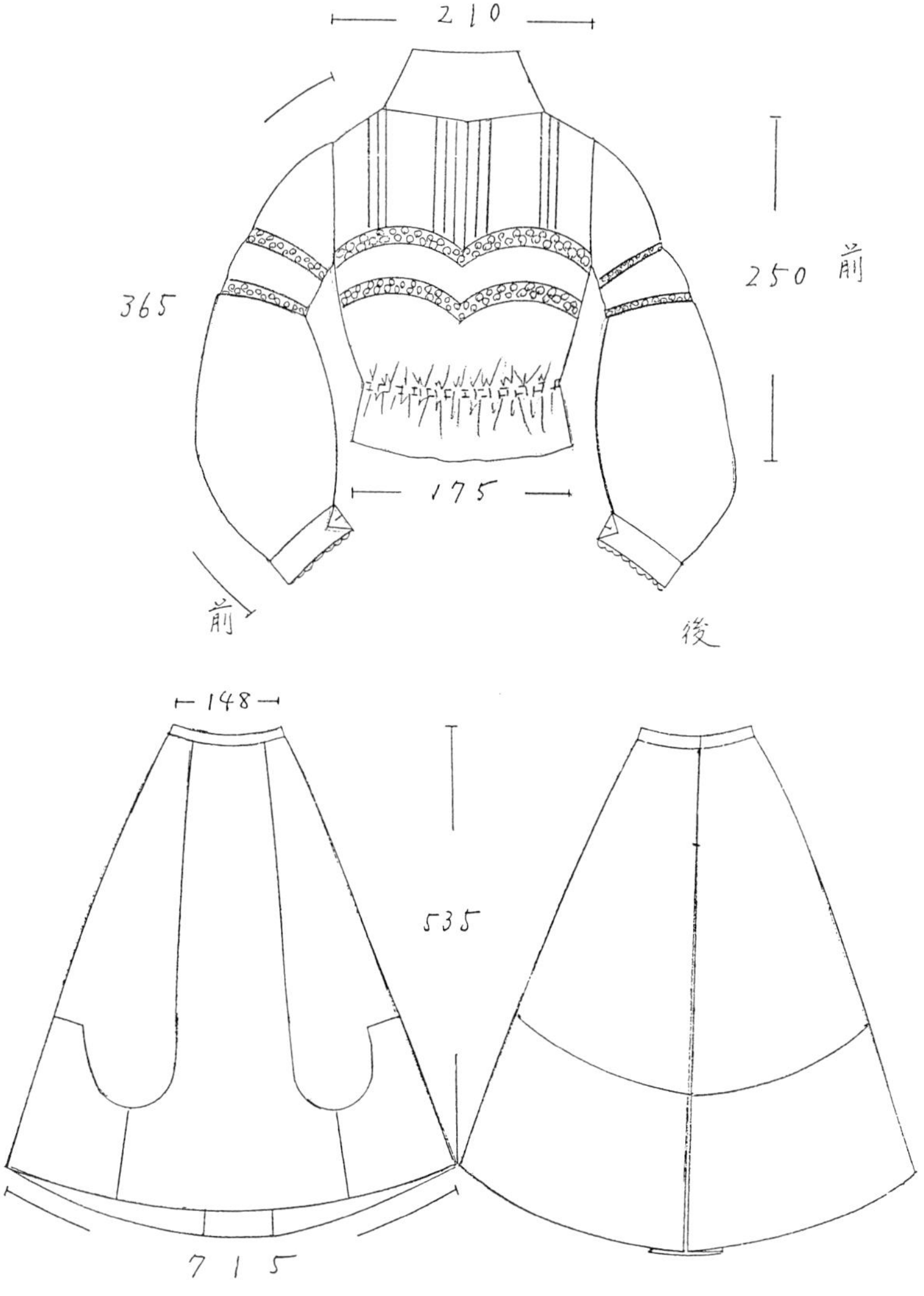

210
365
250
前
175
前
後
148
535
715

スリーゴワードスカート

3枚接《は》ぎのフレアスカートで、スリーゴワードコスチュームスカートよりやや簡素である。墨書では「スカート」と書かれている例が多く、一般的なスカートとして製作されたものと思われる。すべて大正時代に製作されている。

スリーゴワードスカート　大正11年

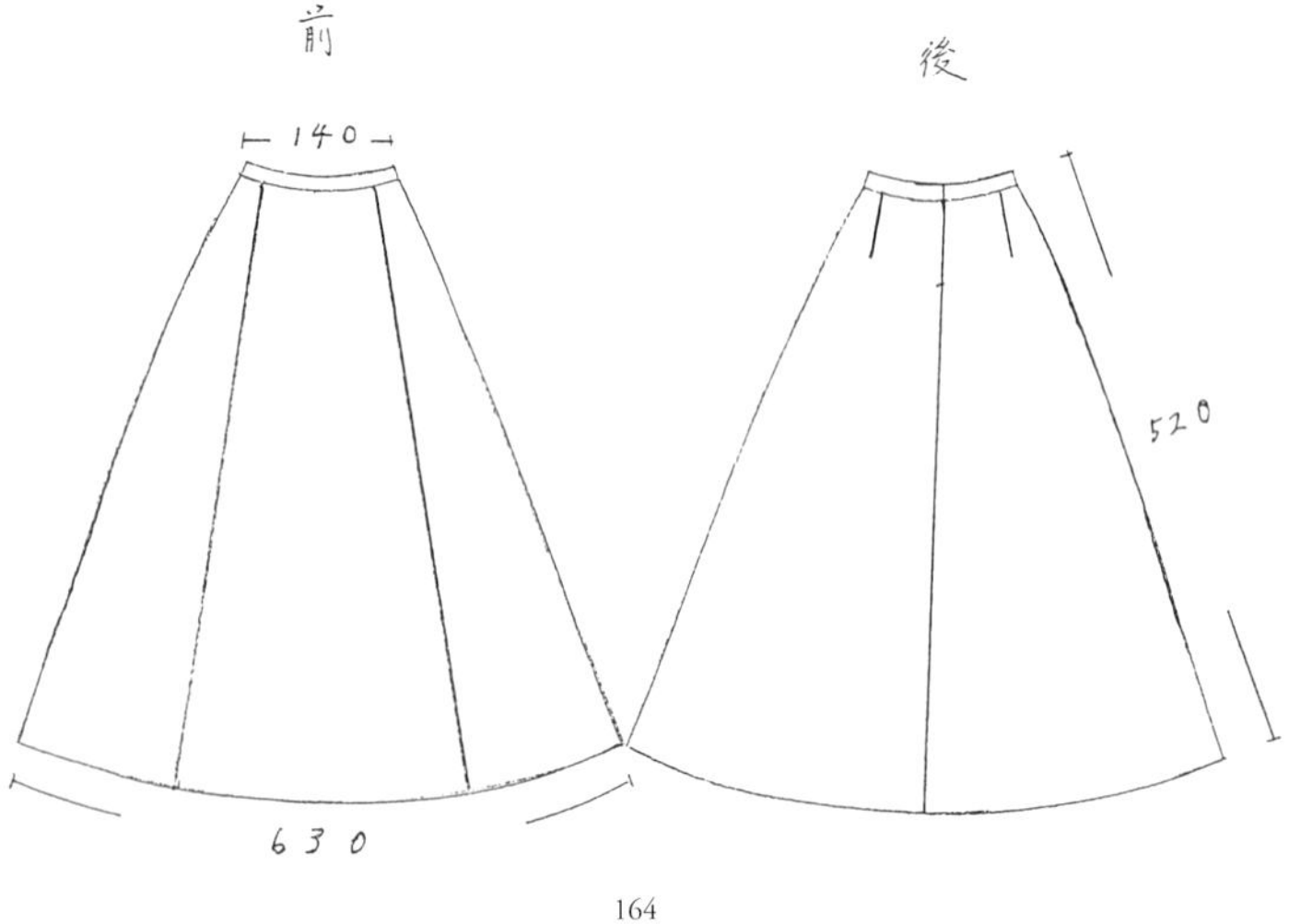

60.0cm

1/2

ゼレイニーデイスカート

雨の日用で、比較的丈が短いスカート。教授細目にThe Rainy day Skirtと記載されている。

ゼレイニーデイスカート　明治38年

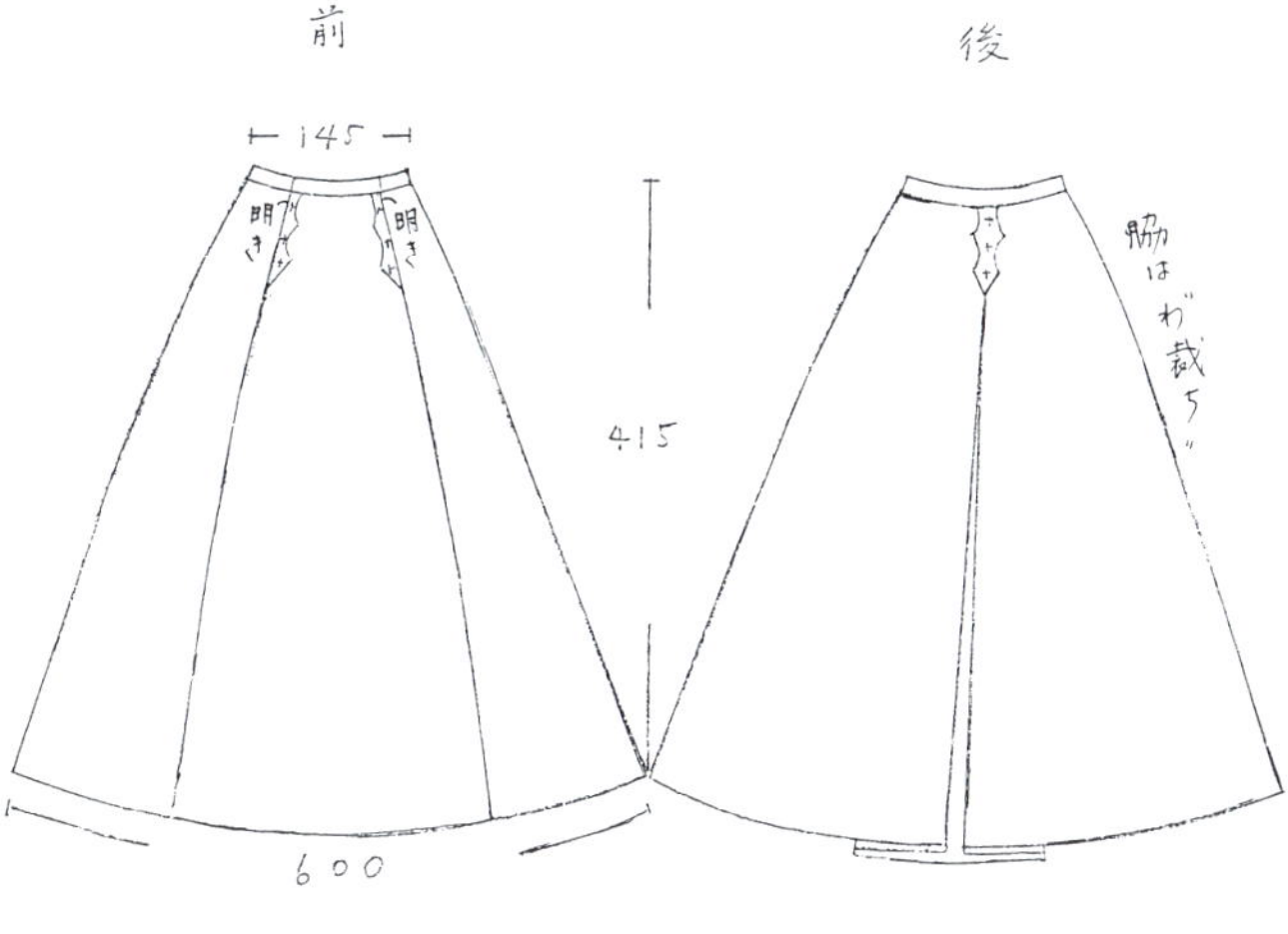

スリーゴワードコスチュームスカート　明治38年

婦人用のジャケット

19世紀後半になると、欧米では女性の社会進出が徐々にはじまり、戸外での活動やスポーツをする機会も増え、より活動的な服装が求められた。1890年代頃から、男性のファッション・アイテムであったジャケットが女性の間で流行し、ブラウスやスカートとあわせて用いられた。この流行を反映して、裁縫雛形でも女性用のジャケットが製作されている。

イトンヂァケット

丈が短く、ラペル(衿の折り返し)が幅広いジャケット。イギリスの名門イートン校の制服にちなんでこの名がある。教授細目にEton Jacketと記載されている。

25.5 cm

1/2

イトンヂァケット　明治38年

31.5 cm

1/2

シングルブレステッドジャケット　明治38年

シングルブレステッドジャケット

打ち合わせがシングルのジャケット。この裁縫雛形はボタンの見えない比翼仕立てになっている。後ろに左右2本ずつ切り替え線があり、ウエストが絞られている。教授細目にSingle Breasted Jacketと記載されている。

ダブルブレステッドバスク

打ち合わせがダブルで、丈が短く、身体に密着するように仕立てられたジャケット。バスクとは、衣服のウエスト以下に付く「垂れ」、あるいはバスク地方の伝統衣装に由来する女性用の胴着を意味する。裁縫雛形のバスクは、裾線や袖口が花びらのように曲線を描いているのが特徴である。教授細目にDouble Breasted Basqueと記載されている。

27.0
cm
1/2

ダブルブレステッドバスク　明治38年

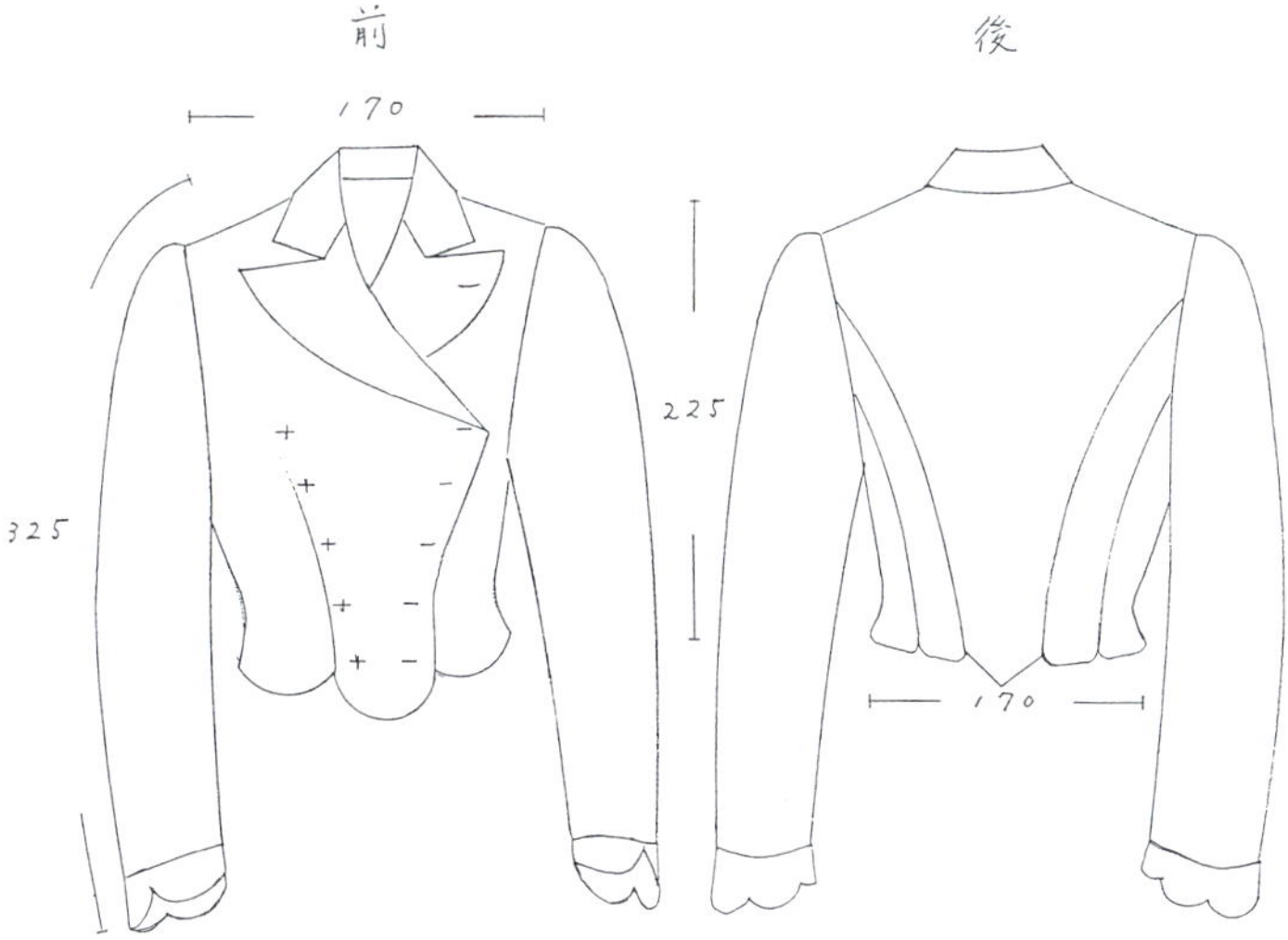

インバーネス　明治38年

インバーネス

袖無しの外套《がいとう》にケープを付けたような形状の、男性用オーバーコート。明治時代に日本にもたらされると、和服の上にも着られるように袖ぐりが大きくなり、「とんび」「二重回し」等の名称で広まった。教授細目にはInverness Coatと記載されている。

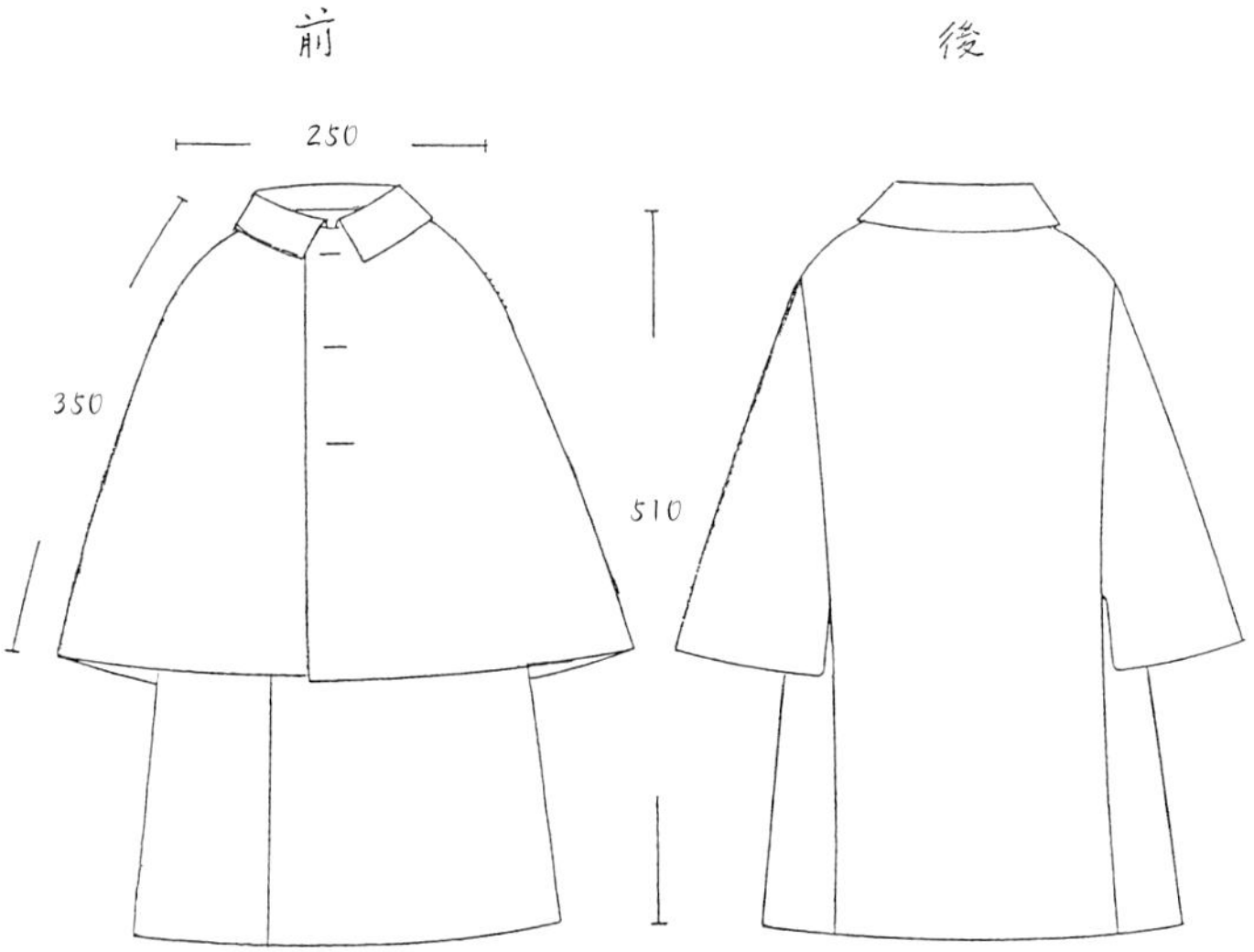

ハーフサークルケープ　大正7年

ハーフサークルケープ

半円の布地で仕立てたケープ。大正から昭和時代前期にかけて子供用の外衣として広く用いられた。明治時代の教授細目では「女服(婦人服)」のひとつに挙げられているが、大正時代になると子供用の作例が多くなる。基本的な形態は、フラットカラー、比翼仕立ての前明きで、胸の左右に手出し口が付いている。フードが付く場合もある。

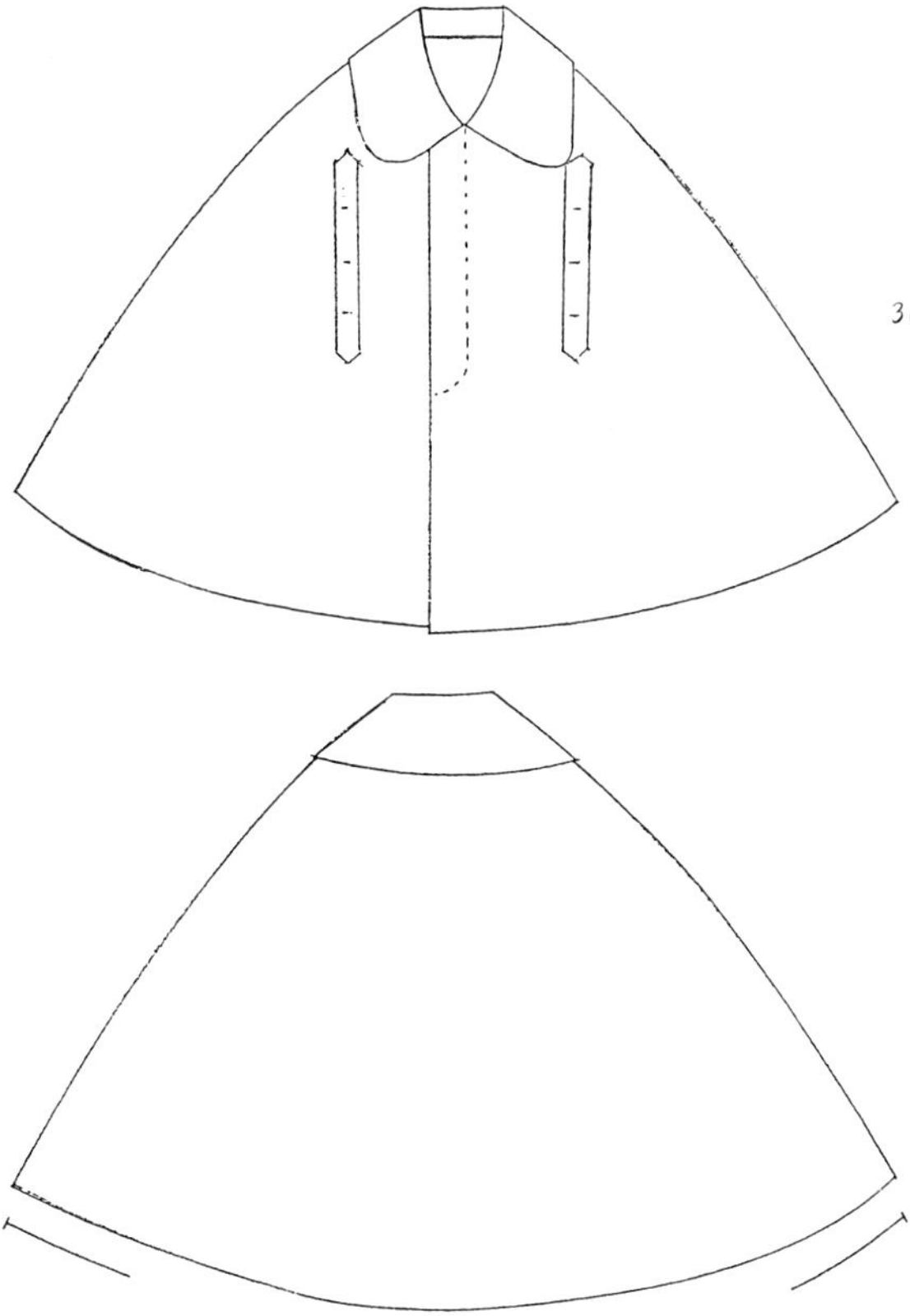

665

ボックスヲバーコート

直線的なシルエットのコート。もとは馬車の御者が着た厚地ラシャのコートをいう。この裁縫雛形は女物で、袖山のギャザーやカフス等に、イトンヂャケット(P.167)やシングルブレステッドヂャケット(P.168)との類似性が見られる。「Box Overcoat」と墨書がある。

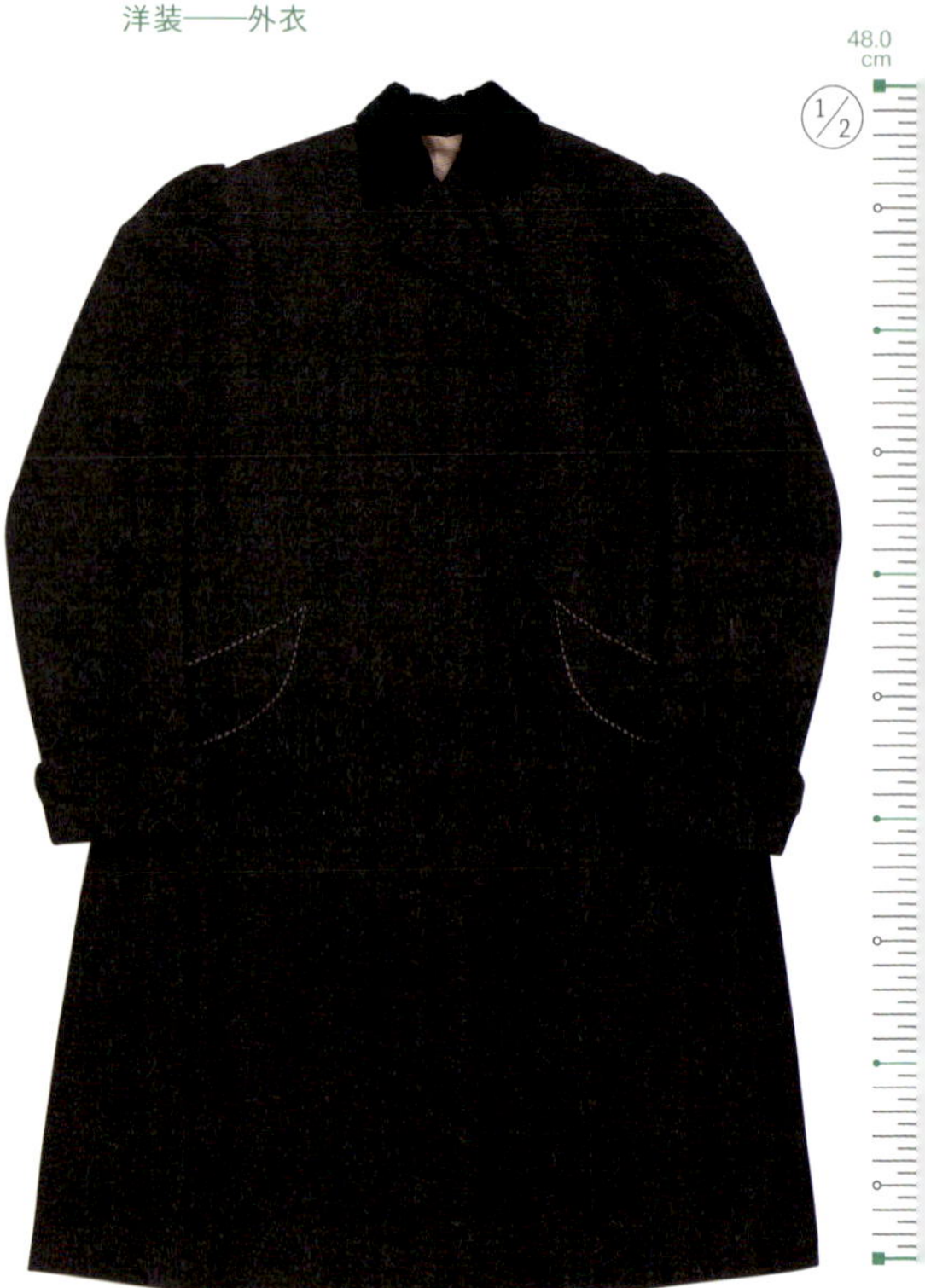

ボックスヲバーコート　明治38年

48.0
cm

1/2

ダブルブレステッドヲヴァーコート

打ち合わせがダブルの男物のオーバーコート。ゆるやかに身体に沿うように仕立てられ、裾は少し広がっている。

ダブルブレステッドヲヴァーコート　明治41年

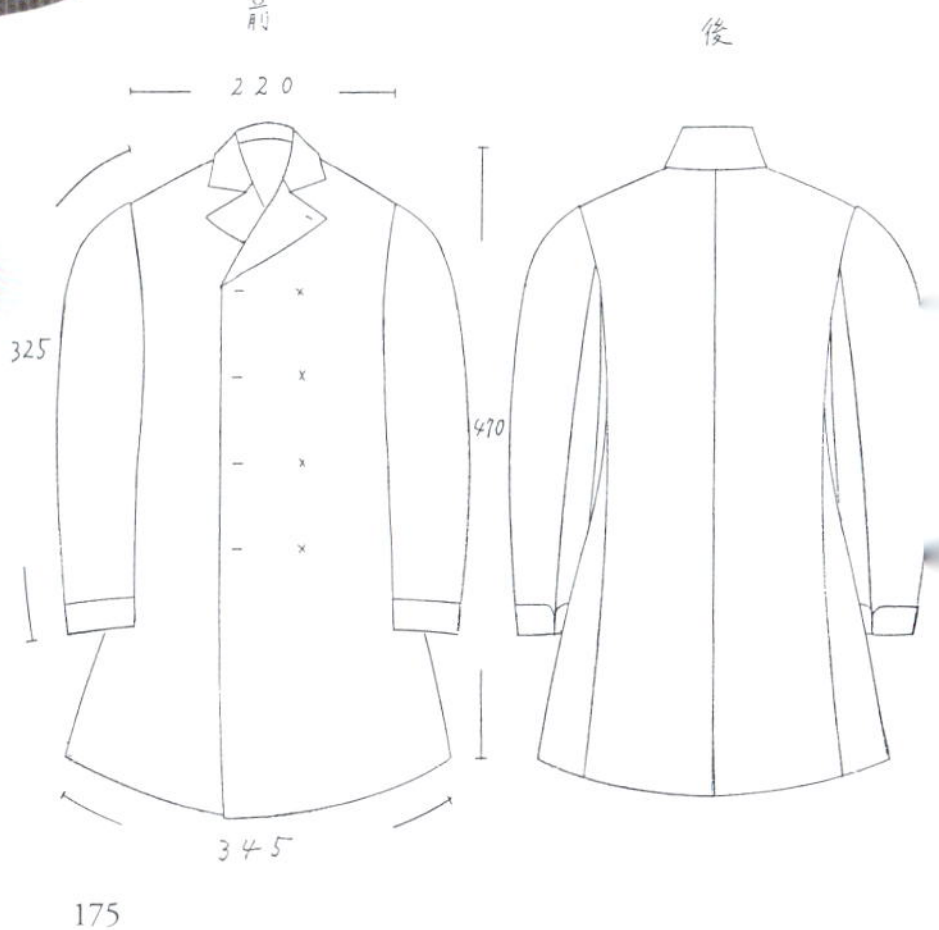

看護服《かんごふく》・帽子《ぼうし》

日本における看護師養成は、明治17(1884)年頃から始まり、当時女性が活躍できる数少ない職業のひとつと

44.5 cm

看護服《かんごふく》・帽子《ぼうし》 大正4年

して定着した。

　裁縫雛形では、看護服・帽子は明治34～大正11（1901～22）年にかけて製作されている。帽子に赤十字のマークがあることから、日本赤十字社の看護服に基づいていることが分かる。明治25年頃に定められた日本赤十字社の看護服は、襞《ひだ》を取った高い帽子と、袖山の膨らんだ白いワンピースを基本とし、スカート丈や帽子の高さに多少の変化はあるが、昭和16年頃まで用いられた。

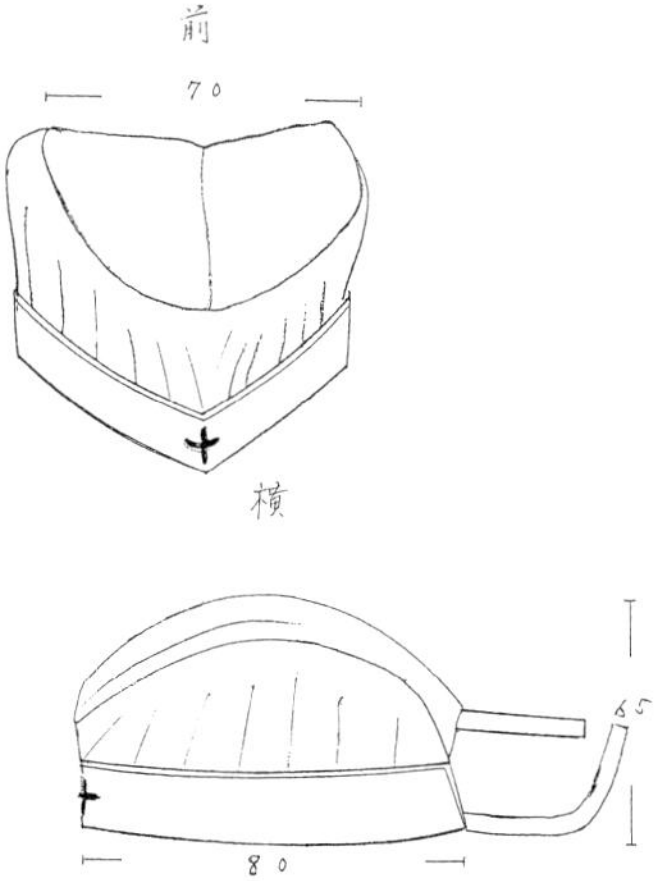

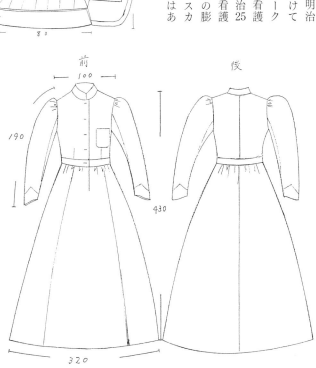

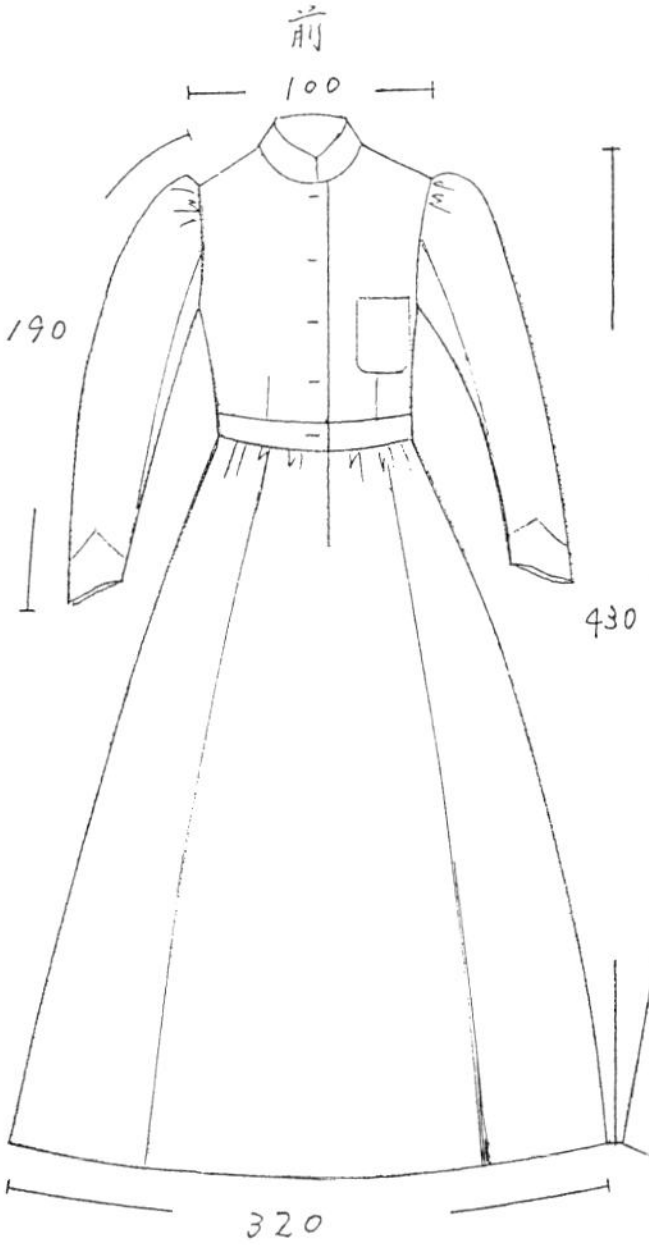

37.0 cm

消毒衣《しょうどくい》

明治38年

消毒衣《しょうどくい》

明治時代にはコレラや赤痢等の伝染病が流行し、その予防と対策が急務とされた。日本赤十字社の記録によれば、当時の授業に「伝染病室実習」があり、その際に消毒衣を用いるとある。また、消毒衣は助産師や結髪師等、清潔さが必要とされ、かつ服を汚す可能性の多い仕事にも用いられた。

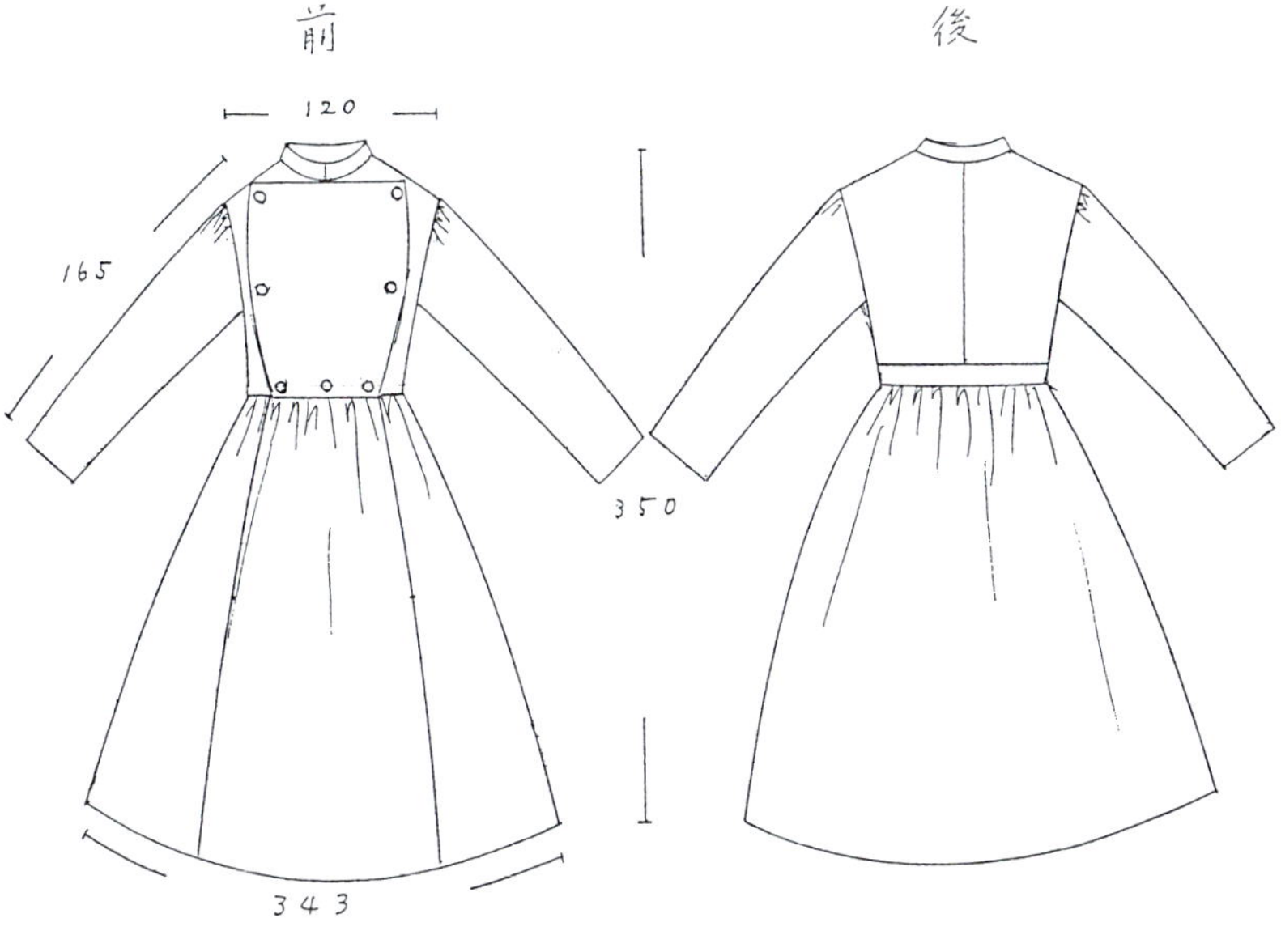

手術《しゅじゅつ》衣《い》（甲）

昭和3年

手術衣《しゅじゅつい》

手術衣は、手術のほか診療の際にも用いられた。明治時代には「医師ノ手術衣」という名称で、甲・乙・丙の3種が製作されている。大正から昭和時代には、後ろを紐で結ぶ甲型と、現在の白衣のような前明きの乙型の2種が製作されている。

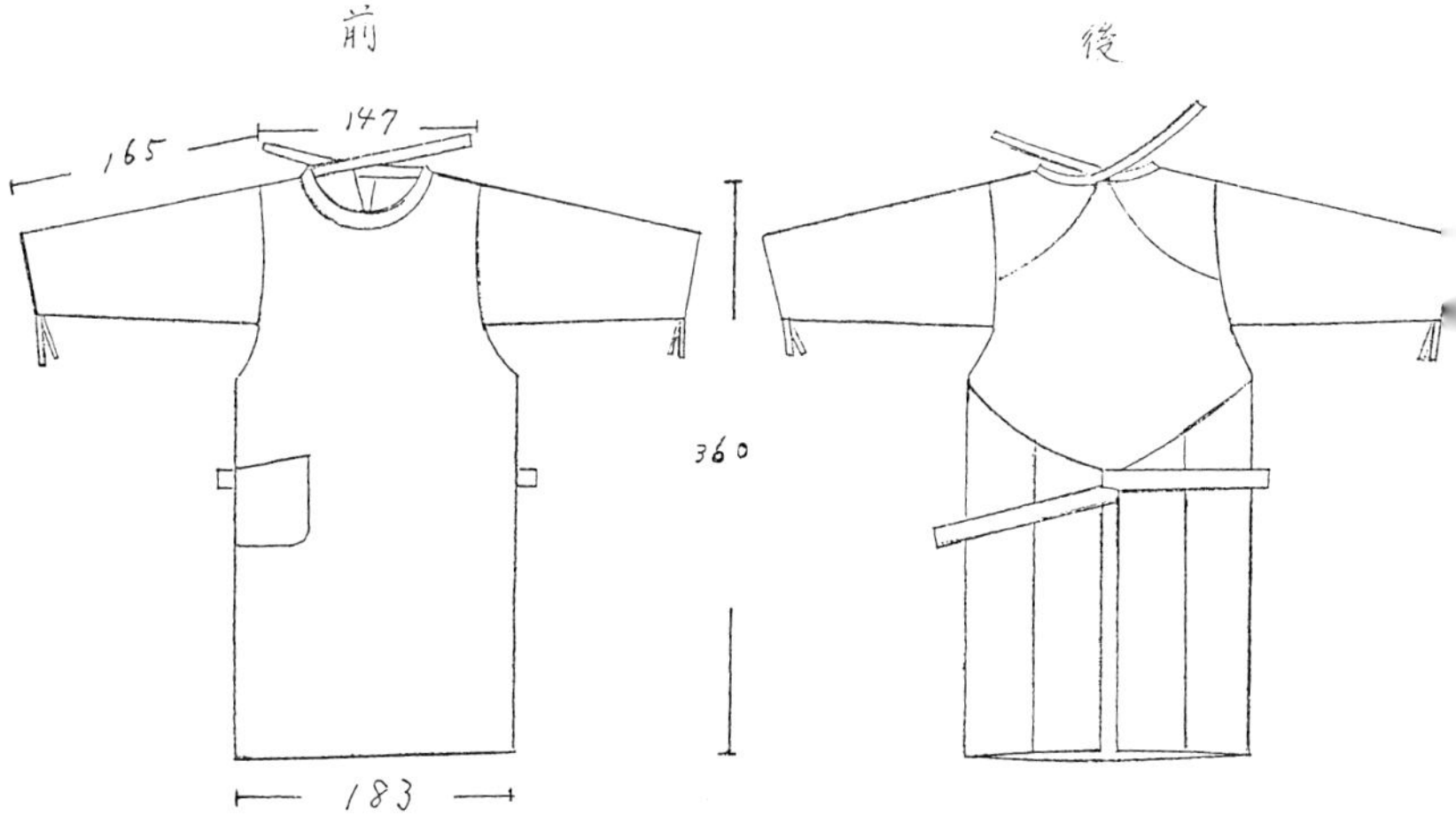

39.0 cm

手術衣《しゅじゅつい》(乙)
昭和3年

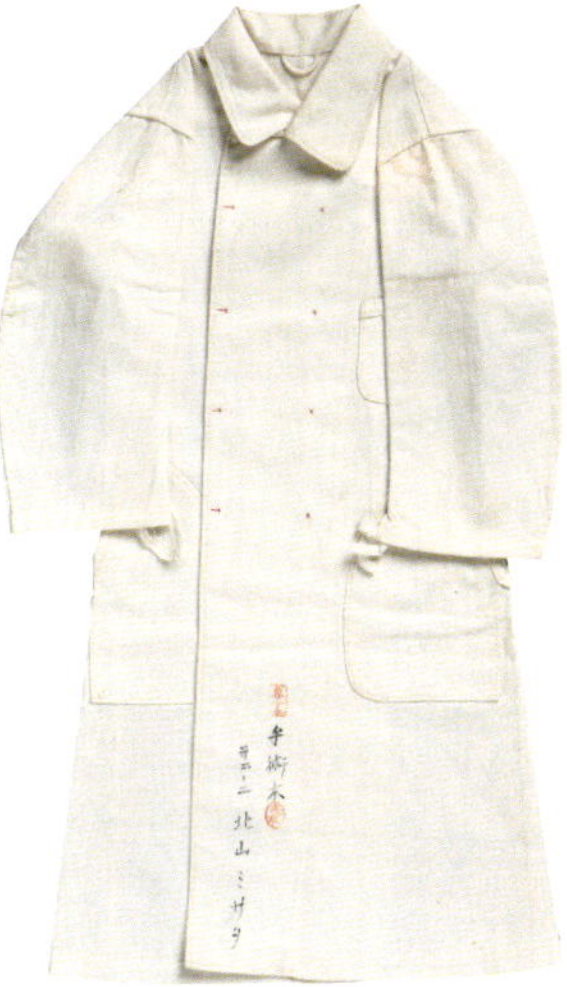
手術衣
北山ミサヲ

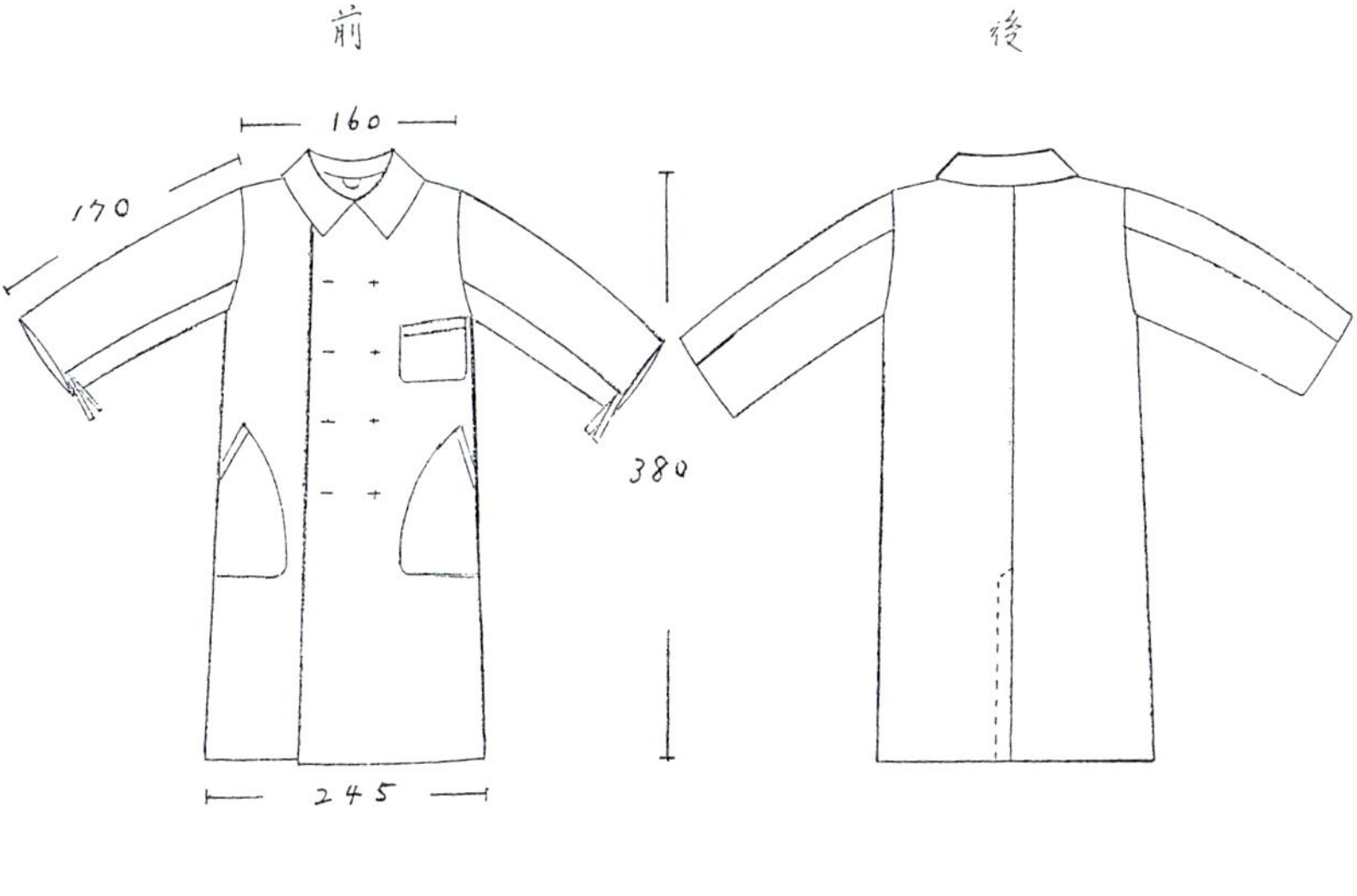
前
後
160
170
380
245

本裁《ほんだち》男物《おとこもの》海水浴《かいすいよく》着《ぎ》　明治42年

本裁《ほんだち》男物《おとこもの》海水浴着《かいすいよくぎ》／本裁《ほんだち》女物《おんなもの》海水浴着《かいすいよくぎ》

明治時代に「海水浴は健康増進に効果的」という欧米の知識と習慣がもたらされ、各地に海水浴場が開かれると、西洋式の海水浴着も用いられるようになった。

この裁縫雛形は大人用の海水浴着で、男物は上下がつながった形、女物はその上にスカートが縫い付けられている。基本的に衿はセーラーカラーで、スタンドカラーのものもある。

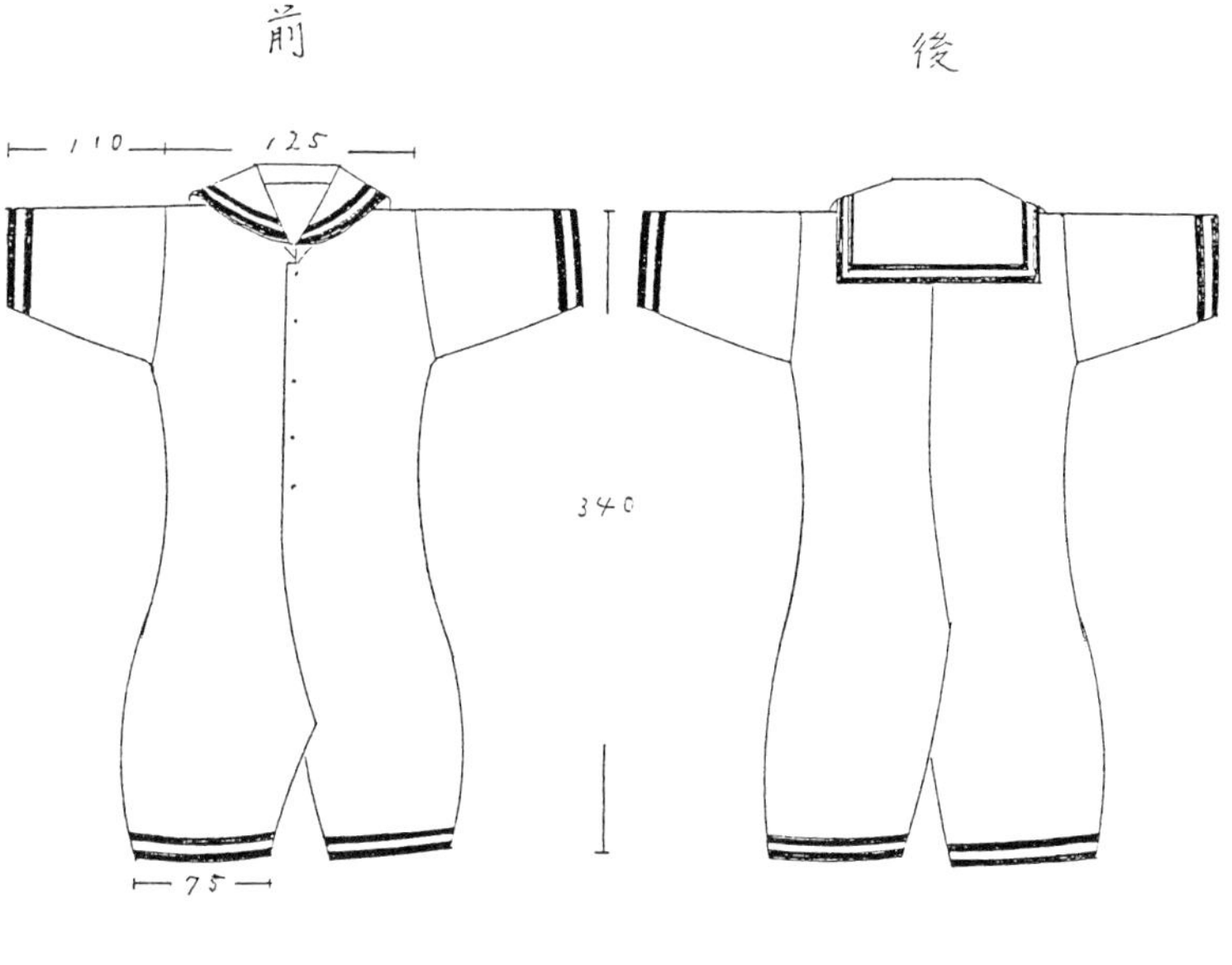

本裁《ほんだち》女物《おんなもの》海水浴着《かいすいよくぎ》　大正6年

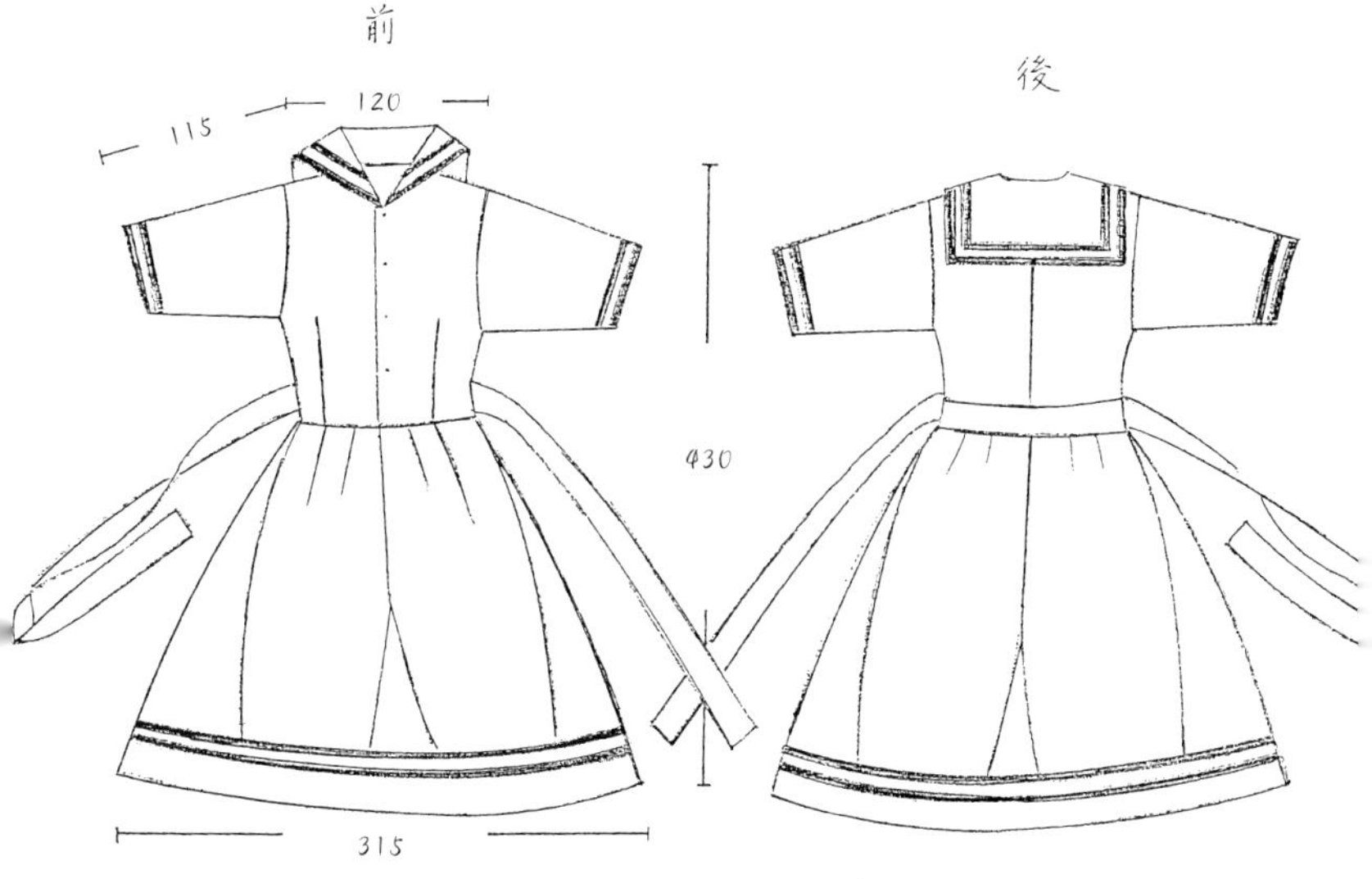
前
後
120
115
430
315

本裁《ほんだち》西洋《せいよう》寝間着《ねまき》　明治43年

小裁《こだち》西洋《せいよう》寝間着《ねまき》　明治43年

西洋《せいよう》寝間着《ねまき》

寝間着は就寝時に着る衣服のことで、明治時代に西洋からシャツ型の男性用寝間着がもたらされた。本裁西洋寝間着は普通シャツ（P.193）とほぼ同形だが、丈が長く、ワンピースのように着る。ウエストの辺りがやや曲線で仕立てられている。

小裁西洋寝間着は子供用で、寝冷えしないように上下がつながっている。

大人料理前掛《おとなりょうりまえかけ》　明治43年

大人料理前掛《おとなりょうりまえかけ》

いわゆる割烹着《かっぽうぎ》で、和服姿で活動しやすいように、袖は和服の袖が収まる程度の大きさに仕立てられ、袖口は狭くなっている。発祥には諸説あるが、明治時代後期には現在の割烹着の形に定着したと考えられ、明治41(1908)年発行の『渡邊先生遺稿 新裁縫教科書』にも製作方法が掲載されている。料理する時だけでなく、女性医師や結髪師の仕事着としても用いられた。

子供物西洋前掛《こどもものせいようまえかけ》（釦掛《ぼたんがけ》）　明治41年

子供物西洋前掛《こどもものせいようまえかけ》

まだ洋服が高価だった明治30年代頃、子供たちに少しでも洋服気分を味わわせようと、着物の上に西洋風の前掛（エプロン）を付けることが流行した。よそゆき着として用いられることも多く、フリルやレースをあしらった装飾的なデザインが目立つ。裁縫雛形では、「襷掛《たすきがけ》」と「釦掛《ぼたんがけ》」の2種類が製作されている。

子供物西洋前掛《こどもものせいようまえかけ》（襷掛《たすきがけ》） 明治42年

下着

当館所蔵の裁縫雛形の中で最も製作点数が多いのは、洋装の下着類である。特にシャツとズボン下は、明治・大正・昭和すべての時代に見られ、いわば「基本アイテム」として大多数の学生が製作したと考えられる。このことは、シャツやズボン下が和装の下着としても用いられ、洋装のアイテムの中では比較的早く普及したことを反映している。洋裁に不慣れな日本人でも仕立てることができるように、和裁に近い製作方法がとられている。

これに対し、女性の下着は洋服と一式で身につけるものとされたため、普段着としては普及しなかった。裁縫雛形には「シミーズ」「ドロワース」「ペティコート」があり、本格的な洋装と同じく縮尺1／2で製作されたものが多い。

一般に、下着は汚れや消耗が激しいため、実物が完全な状態で後世に残ることは稀である。裁縫雛形は、当時の下着の全体像や構成、縫製の仕方などがわかる貴重な資料となっている。

本裁《ほんだち》普通《ふつう》シャツ　大正7年

大人用のシャツ。おもに下着として用いられる。直線裁ちが多く、和裁に近い方法で製作されている。「本裁」という大人用を意味する語も、和裁の用語からきている。

大人《おとな》太鼓胴《たいこどう》シャツ　昭和3年

大人用のシャツ。明きが曲線になっていて、明き止まりにハート形の力布(補強のためにあてる布)が付いている。

女子《じょし》半袖《はんそで》シャツ　大正9年

婦人用のシャツ。通常婦人の洋服は右身頃が上になる打ち合わせだが、これは左身頃が上になっており、和服の影響と考えられる。

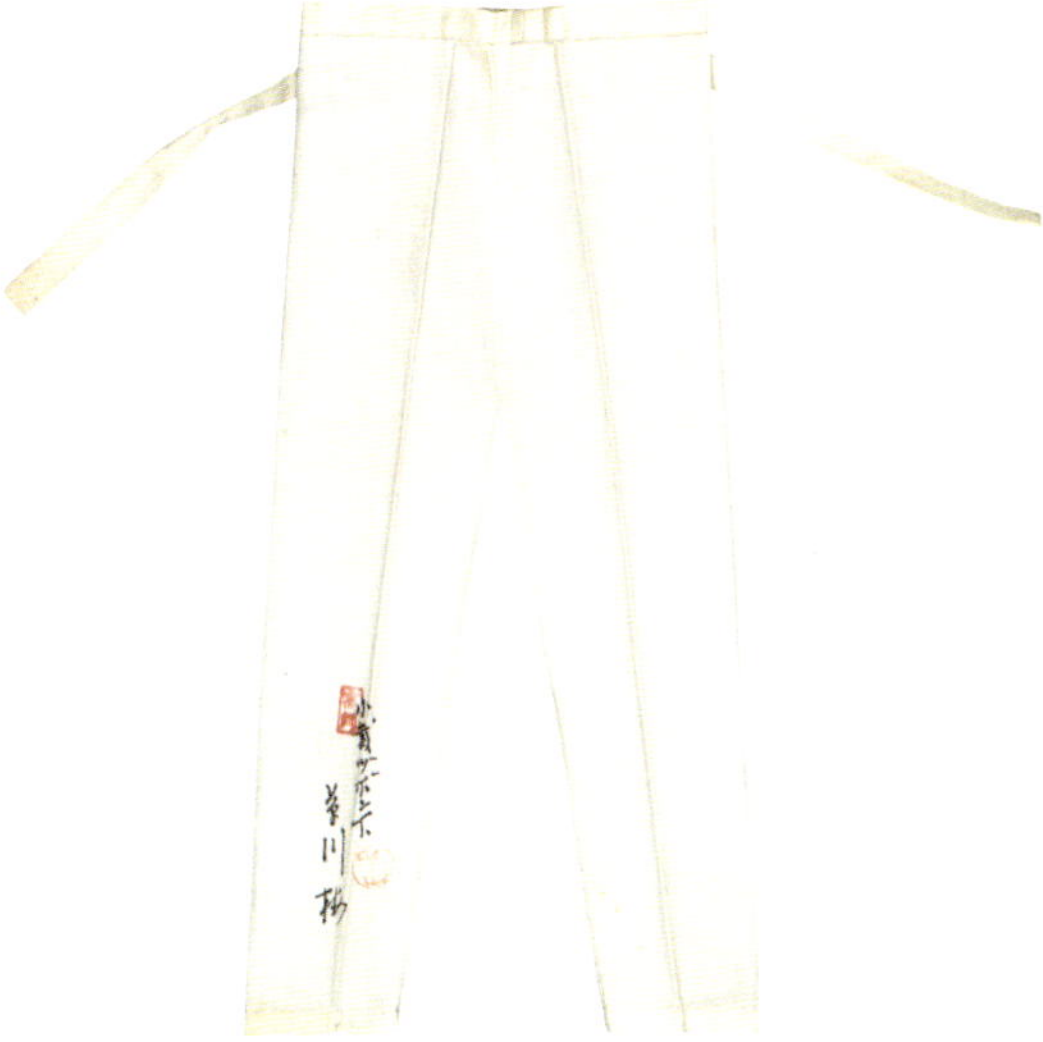

小裁《こだち》普通《ふつう》シャツ／小裁《こだち》紐付《ひもつき》ズボン下《した》　大正7年

子供用のシャツとズボン下。

本裁紐付《ほんだちひもつき》ズボン下《した》　大正9年
腰部の紐は右側が長く、胴を一回りして左の紐と結んで着装する。

本裁胯上股引仕立《ほんだちまたがみももひきじたて》ズボン下《した》　昭和4年
股上が股引《ももひき》（P. 92）のような仕立てになっている。

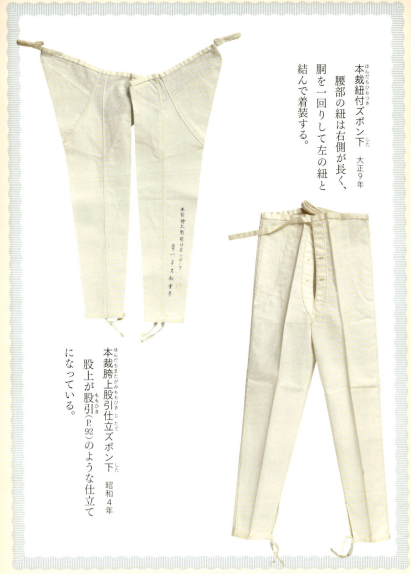

大人《おとな》腰廻《こしまわり》付《つき》ズボン下《した》(甲)

大正14年

胴の部分に腰廻布が付き、ボタンを留める位置によって寸法が調節できるようになっている。

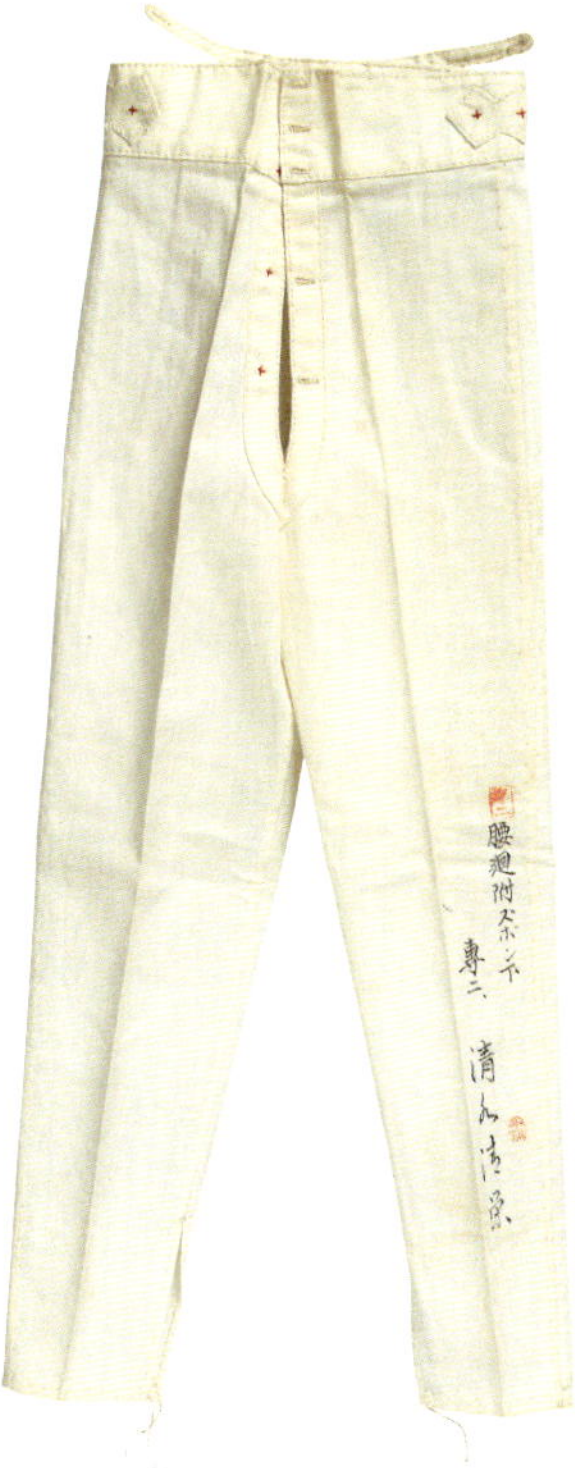

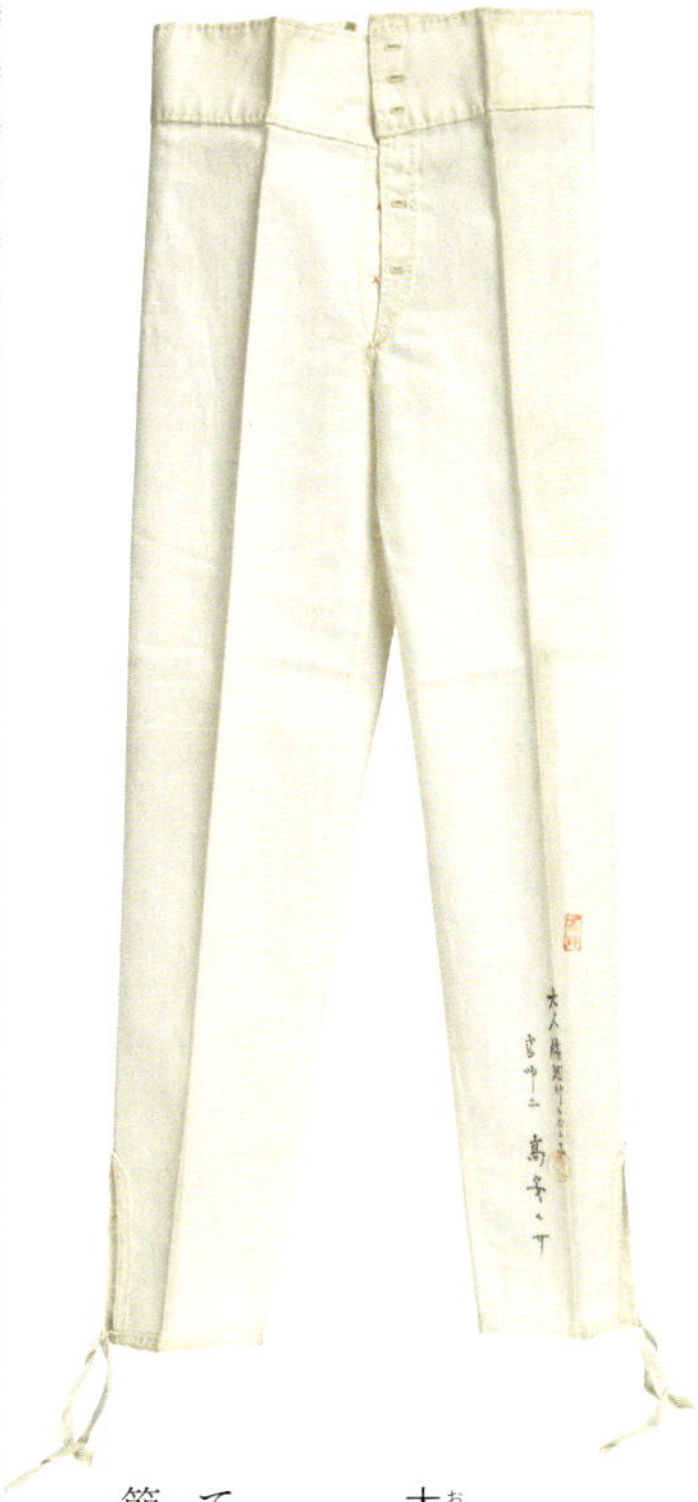

大人《おとな》腰廻《こしまわり》付《つき》ズボン下《した》(乙)

大正9年

胴部の後ろ中心に紐が通してあり、腰まわりの寸法が調節できるようになっている。

男猿股《おとこさるまた》 明治42年

男性用の丈の短い下ばき。裁縫雛形では和装に分類されるが、「西洋ふんどし」とも呼ばれ、洋装の際に用いられることが多かった。

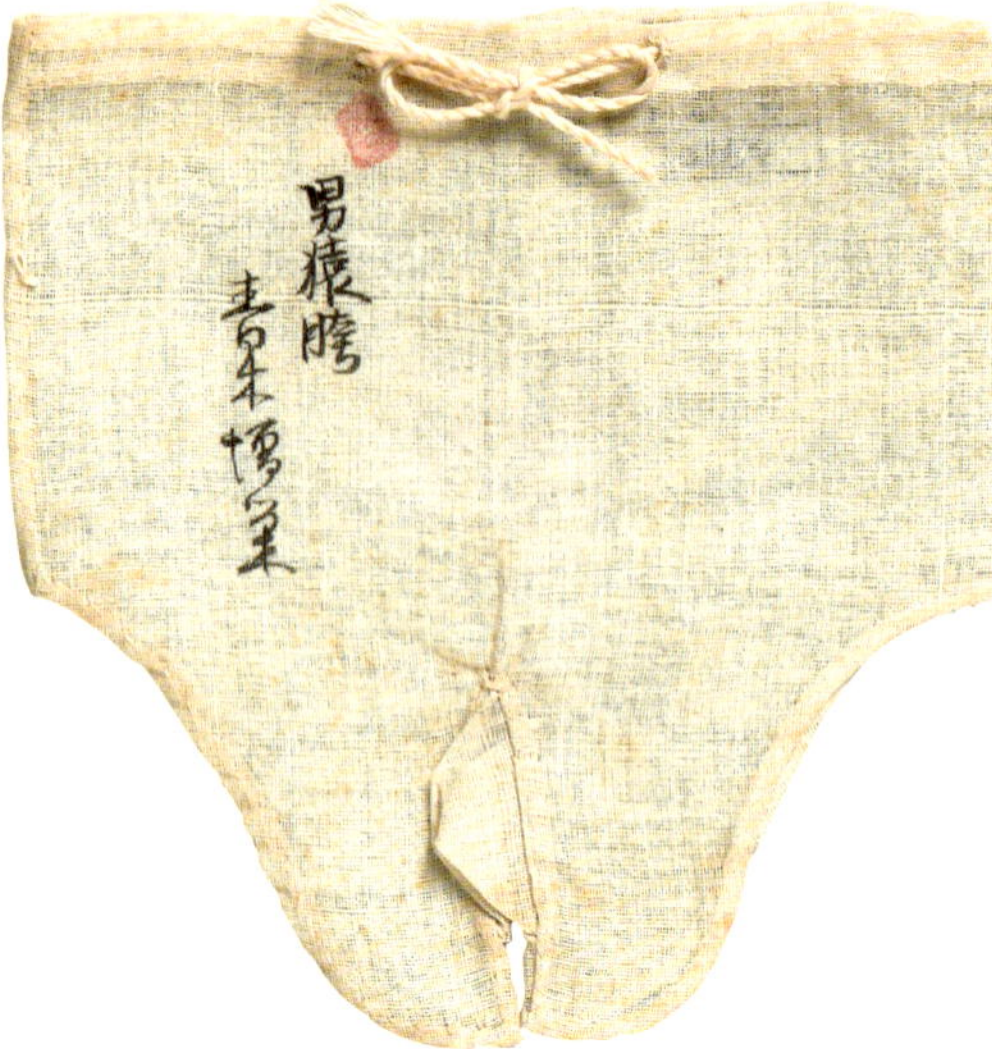

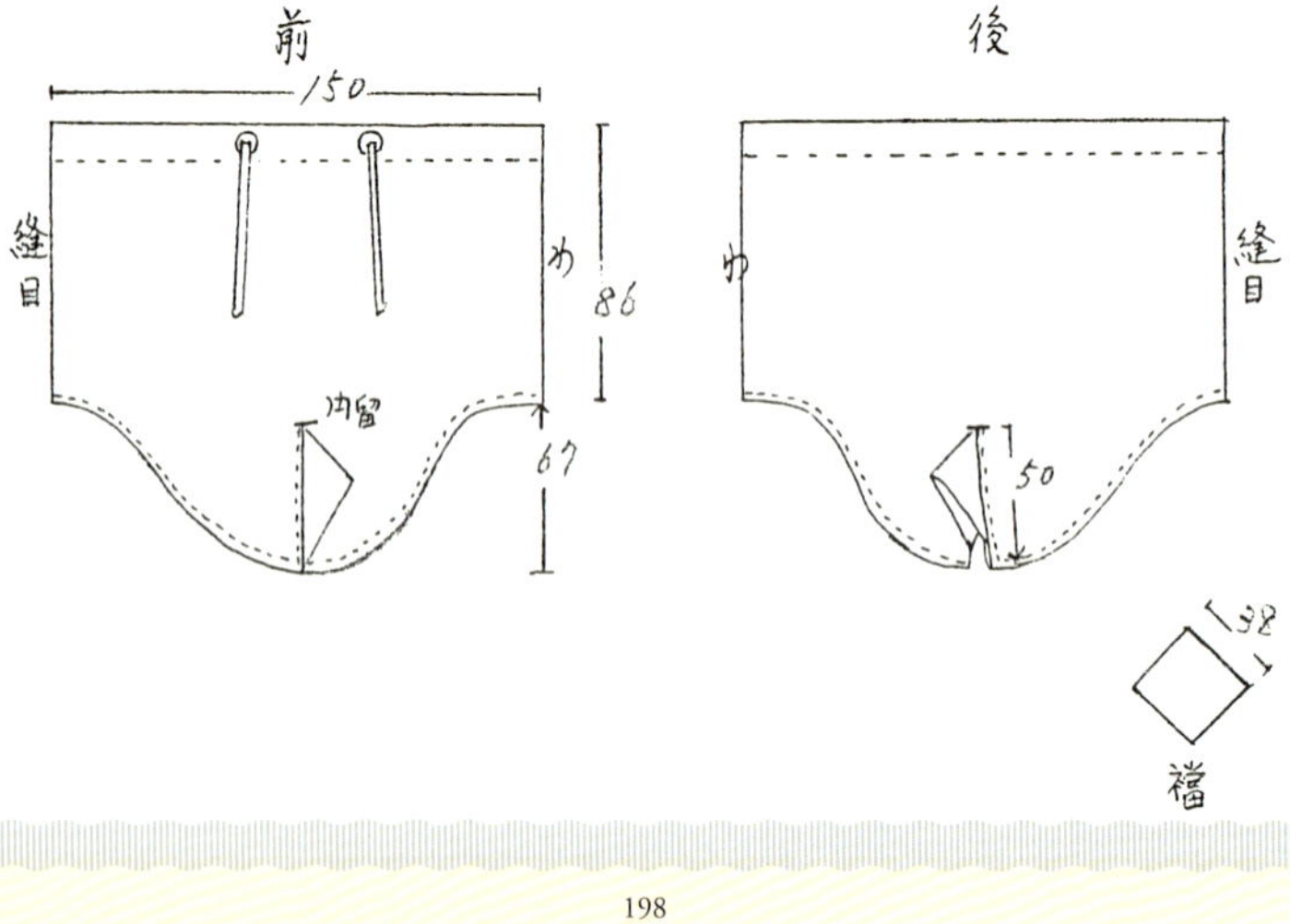

女猿股《おんなさるまた》　明治36年

女性用の下ばき。「女股引」（P.87）と同様に、従来の和装の下ばきである腰巻《こしまき》に代わるものとして、男性用下着である猿股の着用が奨励された。

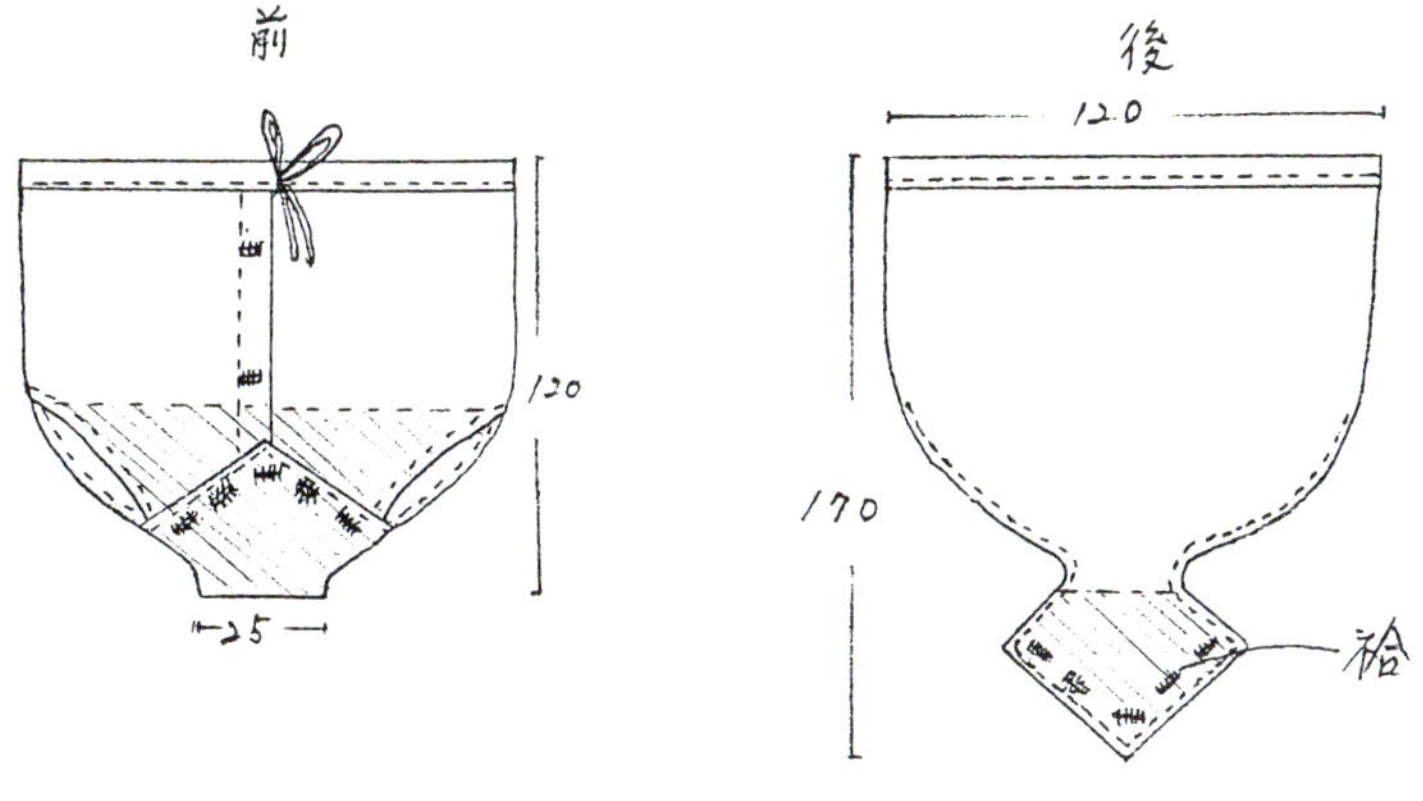

シミーズ　大正9年
肩紐のあるワンピース型の女性用下着。

ドロワース　大正9年
ゆったりとしたズボン状の女性用下着。日本ではなまって「ズロース」と呼ばれ、昭和初期以降徐々に一般化した。

ペティコート　明治38年
スカートの下に着けるアンダースカート。

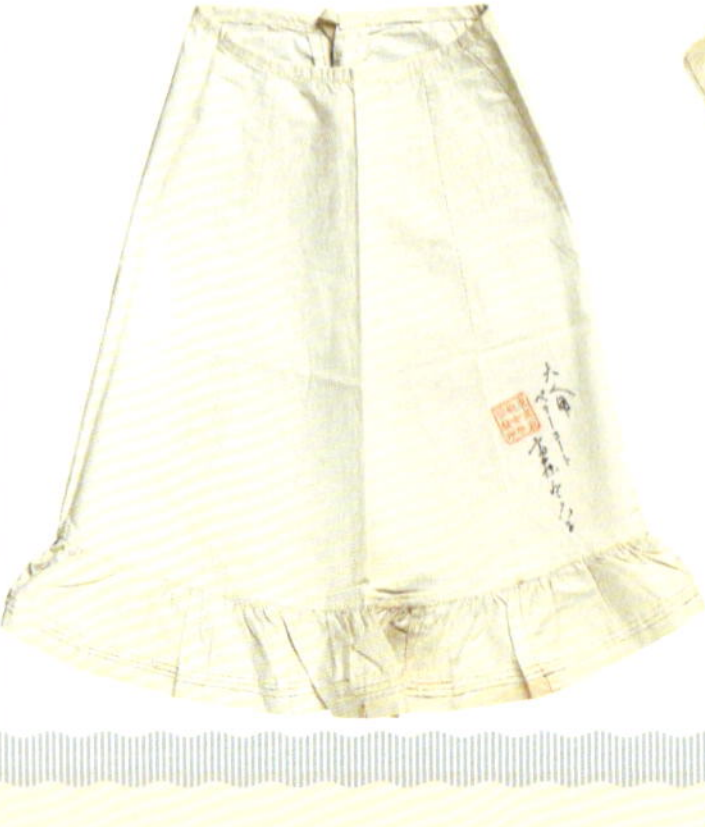

帽子

明治時代以降の洋装化の流れの中で、帽子、傘、靴といった西洋の小物は、洋服そのものよりも取り入れやすく、和装とあわせて用いられることで普及していった。特に男性の被るシルクハットや山高帽は、洋装はもとより、和装姿で被ることも多く、紳士の装いに欠かせないものとなった。

裁縫雛形では、おもに子供用や婦人用の帽子が製作されている。基本的な形は同じだが、リボンや造花等を使った装飾に製作者の好みが表れている。縮尺1／2のものが多い。

大黒帽子《だいこくぼうし》

大黒頭巾（P.120）のしころを取ったような形状で、現在では還暦祝いやお宮参りの衣装として用いられることがある。生地や装飾によって、子供や婦人向けにもなり、特に明治・大正時代は子供が洋服にあわせてベレー帽のように被ることが多かった。裁縫雛形では、造花やリボンで飾られた、少女向けのものが目立つ。

1/2
15.0cm

大黒帽子《だいこくぼうし》　大正9年

嬰兒帽子《えいじぼうし》

頭頂部から後頭部と両頬を覆うボンネット型のベビー帽子。墨書には「夏帽子」とあり、夏用であることが分かる。シャーリングした(襞《ひだ》を寄せた)テープ状の布や造花、レースで装飾されている。

嬰兒帽子《えいじぼうし》　大正11年

雪帽子《ゆきぼうし》

ボンネット型の子供用帽子。裁縫雛形では、夏用の帽子が白い木綿地で製作されるのに対し、雪帽子はやや厚手で温かみのある色の生地が使われることが多い。

雪帽子《ゆきぼうし》　大正11年

夏帽子《なつぼうし》

女児用の夏向けの帽子。クラウン（頭に被る部分）は格子状に縫い合わせ立体に形作られている。クラウンとブリム（つば）の間にリボンと造花の装飾がある。

14.0 cm

1/2

夏帽子《なつぼうし》　大正4年

日覆帽子《ひおおいぼうし》

強い日差しをさえぎるため、学生帽子のクラウンに被せて使用する。

8.0 cm

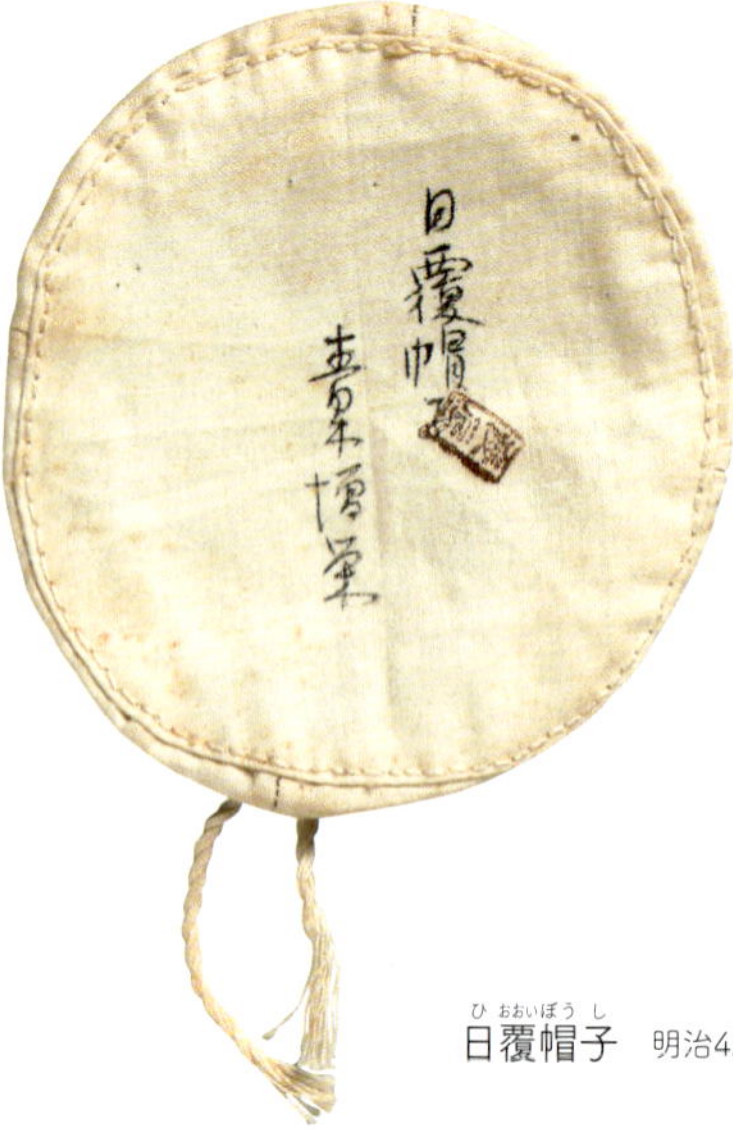

日覆帽子《ひおおいぼうし》　明治42年

有職類

袍《ほう》 大正7年

束帯《そくたい》

平安時代以降の朝服(朝廷に出仕するときに着る正式の服装)。天皇以下の文官武官が朝廷の公事で着用した。裁縫雛形では、束帯のうち、袍《ほう》、下襲《したがさね》、裾《きょ》、單《ひとえ》、衵《あこめ》、表袴《うえのはかま》、下袴《したのはかま》、襪《しとうず》が製作されている。

束帯(着装)

袍《ほう》

束帯等で一番表に着る盤領《あげくび》(丸い衿)の上衣。「うえのきぬ」ともいう。文官用の両腋《りょうわき》が縫い合わされている「縫腋《ほうえき》の袍」と、武官用の腋が縫い合わされていない「闕腋《けってき》の袍」がある。縫腋の袍には、裾に「襴《らん》」という横布が付く。裁縫雛形ではどちらも製作されている。これは縫腋の袍である。

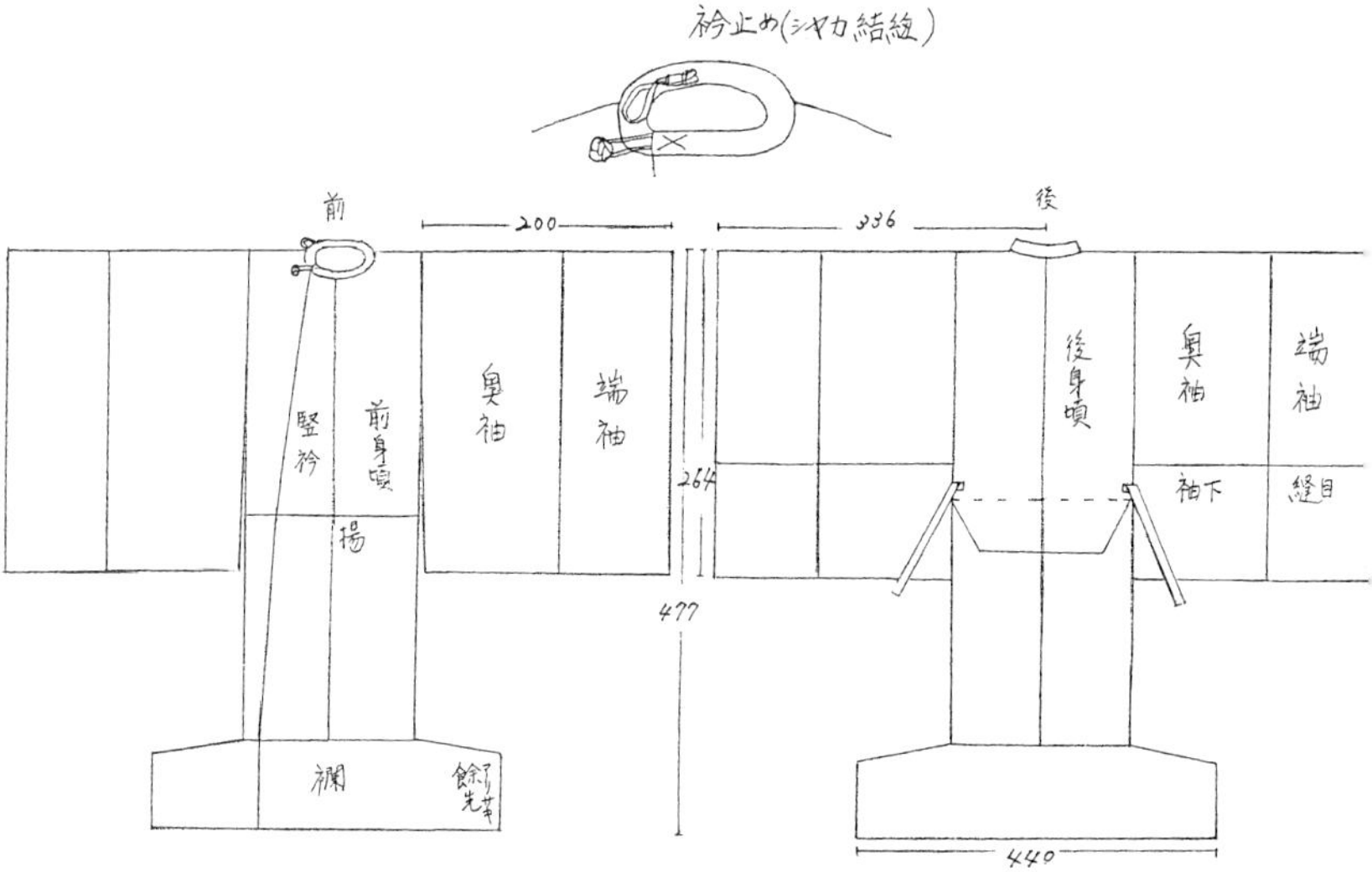

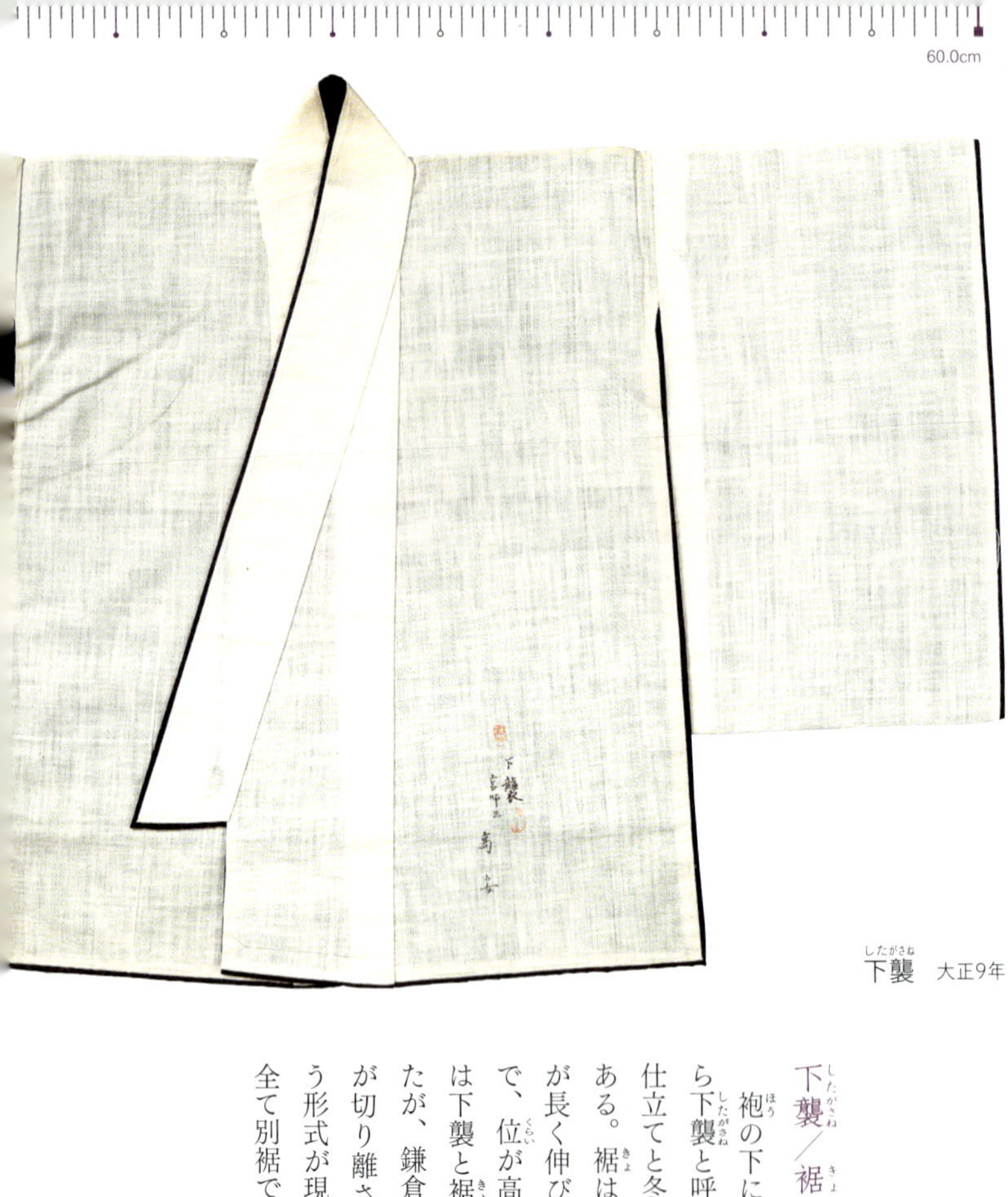

下襲《したがさね》　大正9年

下襲《したがさね》／裾《きょ》

袍《ほう》の下に重ねて着ることから下襲《したがさね》と呼ばれる。夏用の単仕立てと冬用の袷仕立てとがある。裾《きょ》は、下襲の後ろの裾《すそ》が長く伸びている部分のことで、位《くらい》が高いほど長い。もとは下襲と裾《きょ》は一体のものだったが、鎌倉時代には下襲と裾《きょ》が切り離された「別裾《べっきょ》」という形式が現れた。裁縫雛形は全て別裾である。

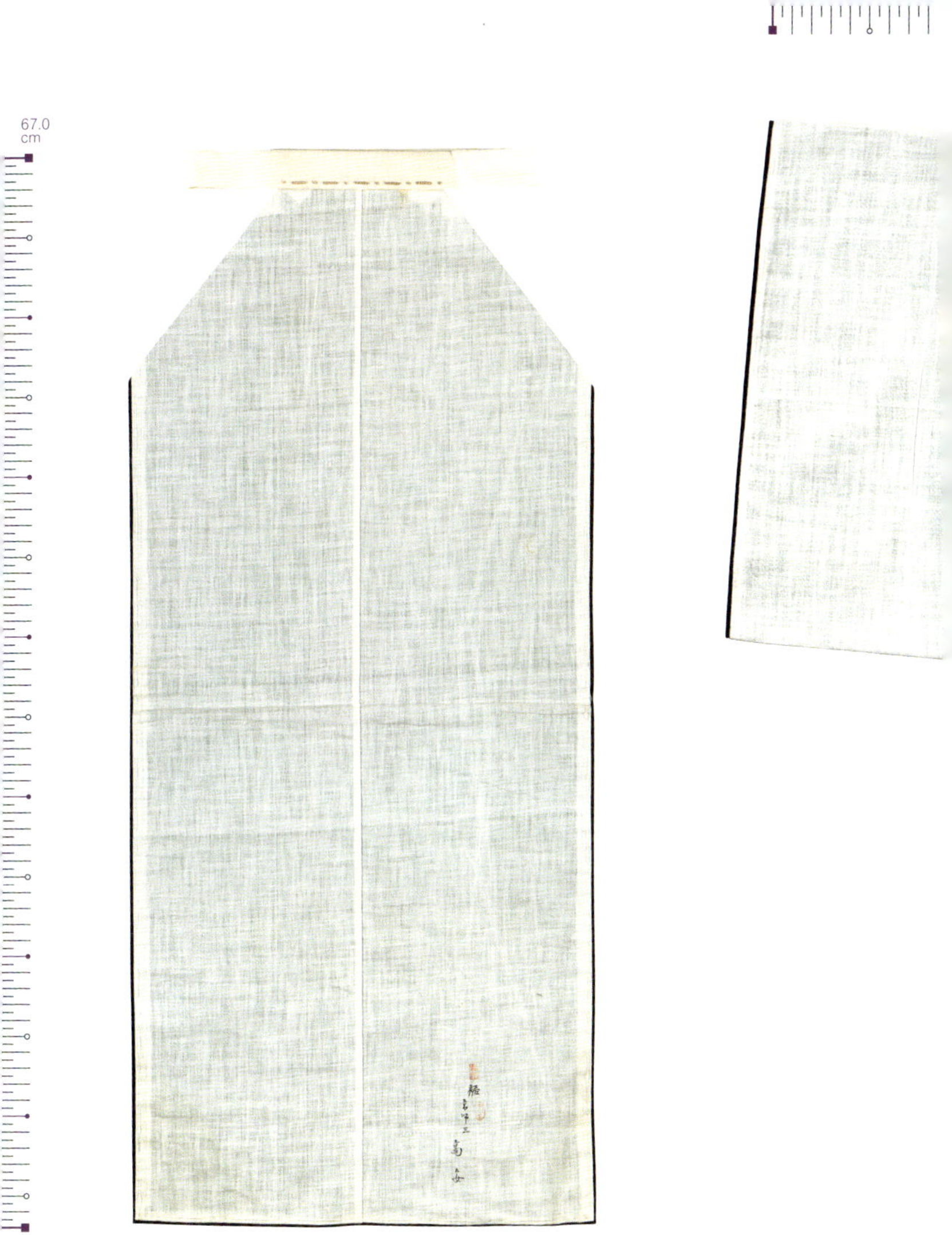

裾《きょ》　大正9年

61.0cm

袙《あこめ》 明治38年

袙《あこめ》

「袙」とも書き、單《ひとえ》と下襲の間に着るもので、間に込めることからこの名が付いたといわれる。單と同形であるが、季節によって裏地をつけて袷仕立てや綿入にする。

57.0cm

單《ひとえ》　大正8年

單《ひとえ》

名前のとおり、裏地を付けない単仕立ての上衣。色は原則として紅を用いる。衵《あこめ》とほぼ同形である。

表袴《うえのはかま》

白袴ともいう。表地は白、裏地は紅で、裾《すそ》は裏地が少し見えるように仕立てられている。

表袴《うえのはかま》　大正8年

下袴《したのはかま》

表袴の下に着用する袴。裾《すそ》が大きく開いていることから大口《おおくち》ともいう。

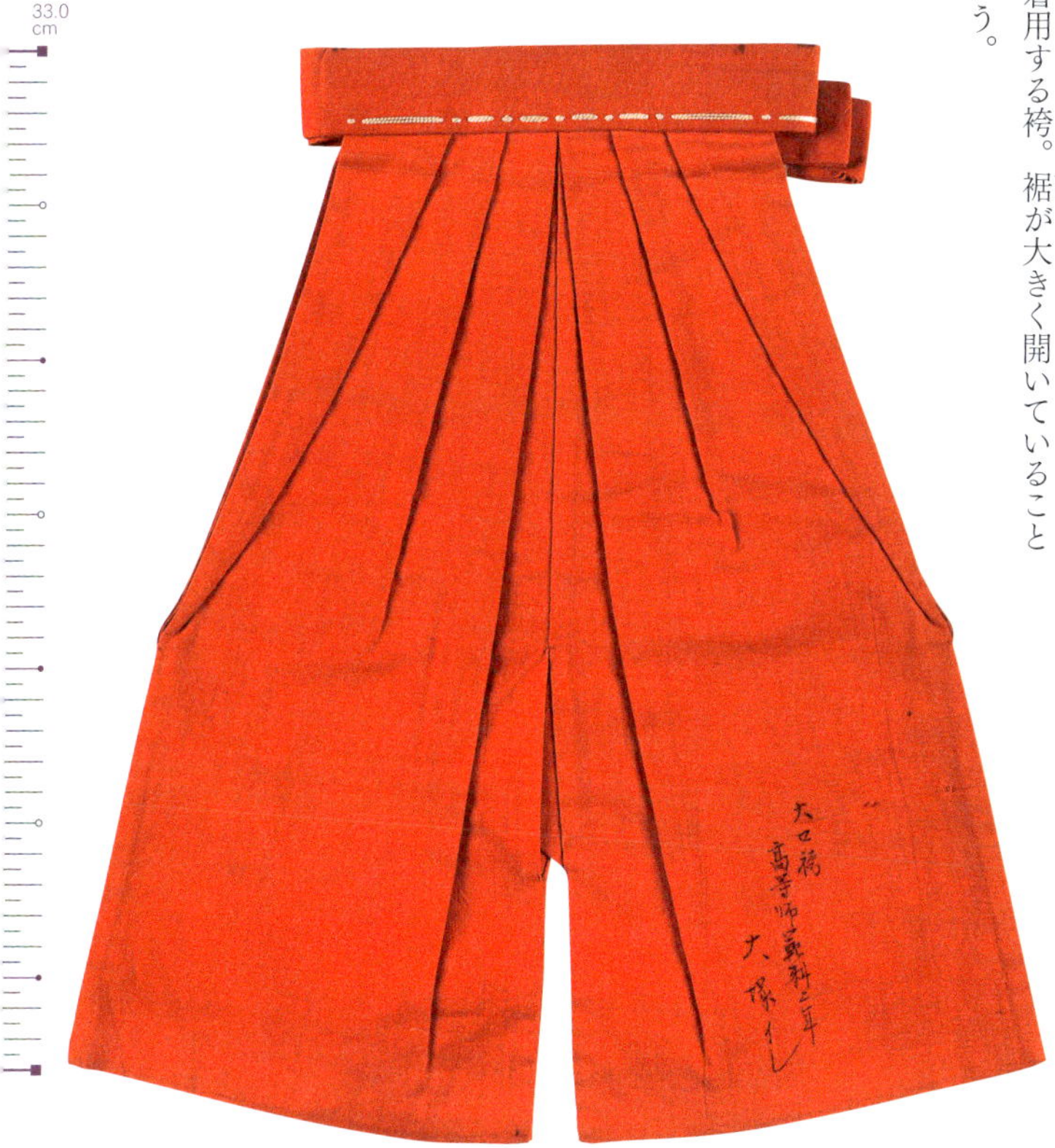

下袴《したのはかま》　大正8年

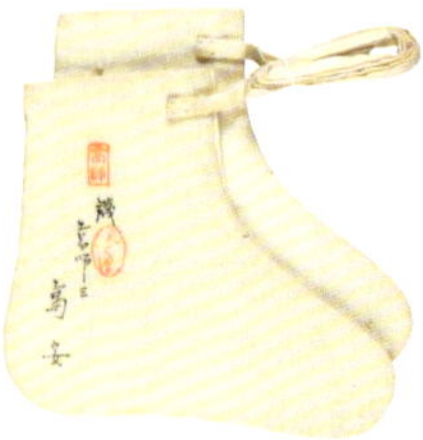

襪《しとうず》　大正9年

小袖《こそで》　大正8年

小袖《こそで》

袖口が小さい衣服のことで、現在の着物の原形。打《うち》着《き》(P.219)や五衣《いつつぎぬ》(P.220)などの袖口が大きく開いた衣服を指す「大袖《おおそで》」に対する言葉。平安時代には貴族が装束の下着として用い、鎌倉・室町時代には次第に表着化した。裁縫雛形では、装束の下に着る「白《しろ》小《こ》袖《そで》」として、男物と女物の両方が製作されている。

襪《しとうず》

下沓《したぐつ》(足袋《たび》)の意味だが、親指の部分は分かれていない。位や性別に関係なく同形である。

五衣・唐衣・裳（着装）

五衣《いつつぎぬ》・唐衣《からぎぬ》・裳《も》

俗に「十二単」の名で知られる。男性の束帯に対応する、公家女性の晴れの装い。中宮以下、高位の女官も身に着けたことから「女房装束」とも呼ばれる。

裁縫雛形では、五衣《いつつぎぬ》・唐《から》衣《ぎぬ》・裳《も》のうち、唐衣《からぎぬ》、表着《うわぎ》、打着《うちき》、五衣《いつつぎぬ》、單《ひとえ》、裳《も》、緋《ひ》ノ《の》本《ほん》長袴《ながばかま》が製作されている。

唐衣《からぎぬ》　明治38年

唐衣《からぎぬ》

五衣《いつつぎぬ》・唐衣《からぎぬ》・裳《も》の一番表に着る丈の短い上衣。衿《えり》が外に折れるのが特徴で、首の後ろの三角形の部分を「髪《かみ》置《お》き」という。

裳《も》

飛鳥時代に用いられたスカートのような「裙《うわも》」がもとになって、次第に前の部分が短くなり、平安時代には後方だけを覆う装飾的な衣装になった。唐衣と裳はセットになっていて、裳の腰部分に付けられた「小腰《こごし》」という紐は、唐衣と共布で作られている。

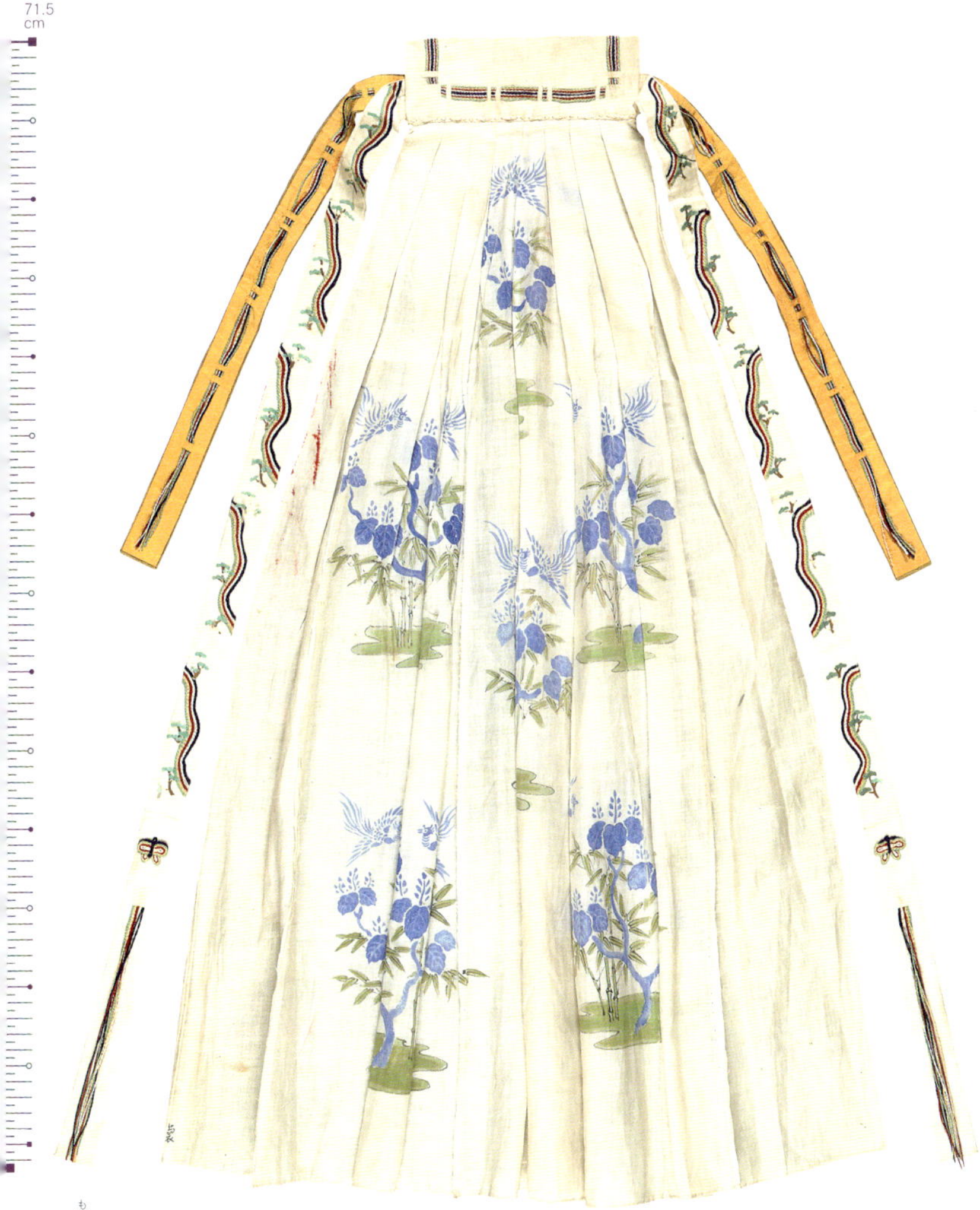

裳《も》　明治38年

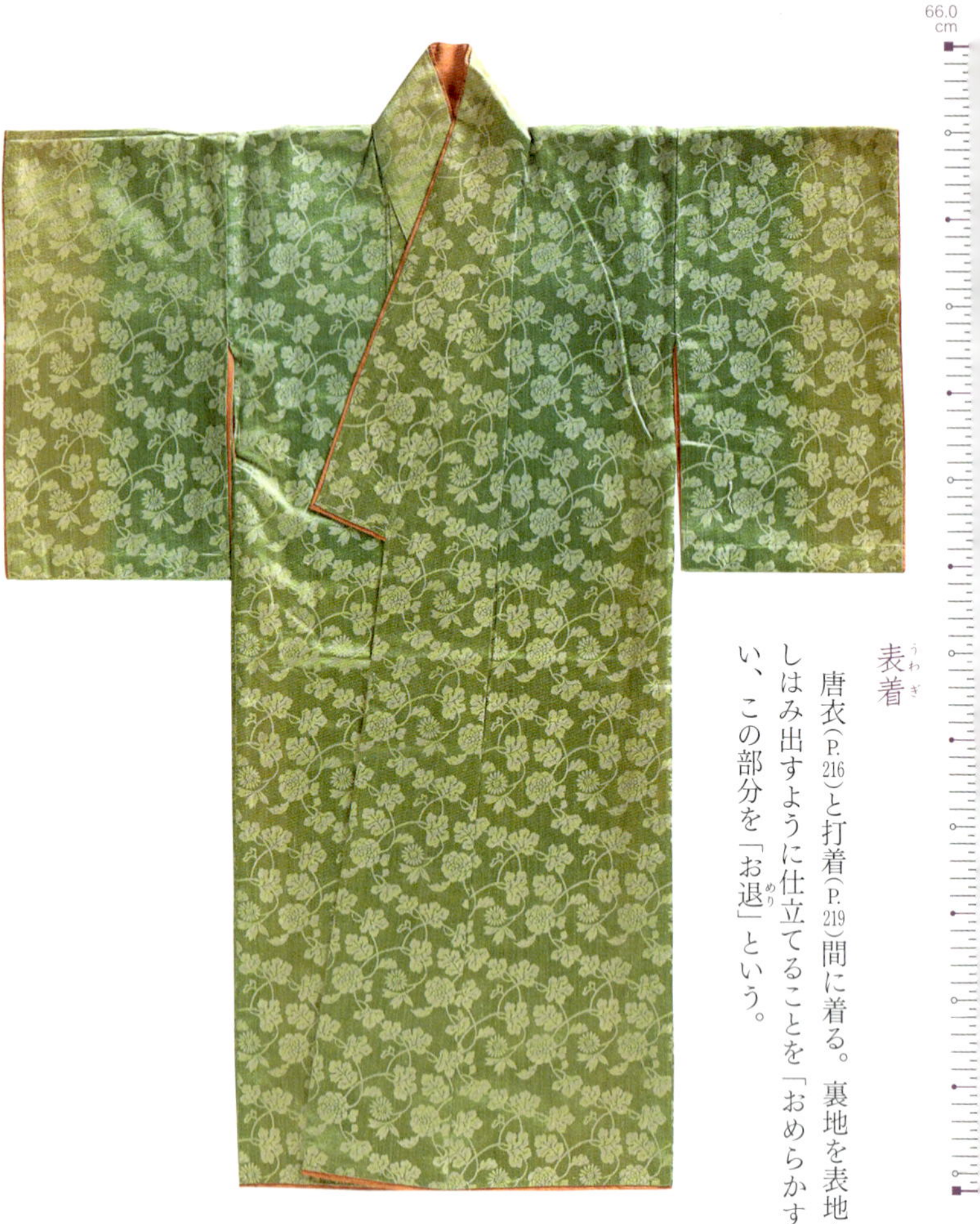

表着《うわぎ》 大正7年

表着《うわぎ》

唐衣(P.216)と打着(P.219)間に着る。裏地を表地から少しはみ出すように仕立てることを「おめらかす」といい、この部分を「お退《めり》」という。

打着《うちき》　大正9年

打着《うちき》

表着（P.218）と五衣（P.220）の間に着る。打って（叩いて）布目をつめ、光沢を出したことからこの名がある。

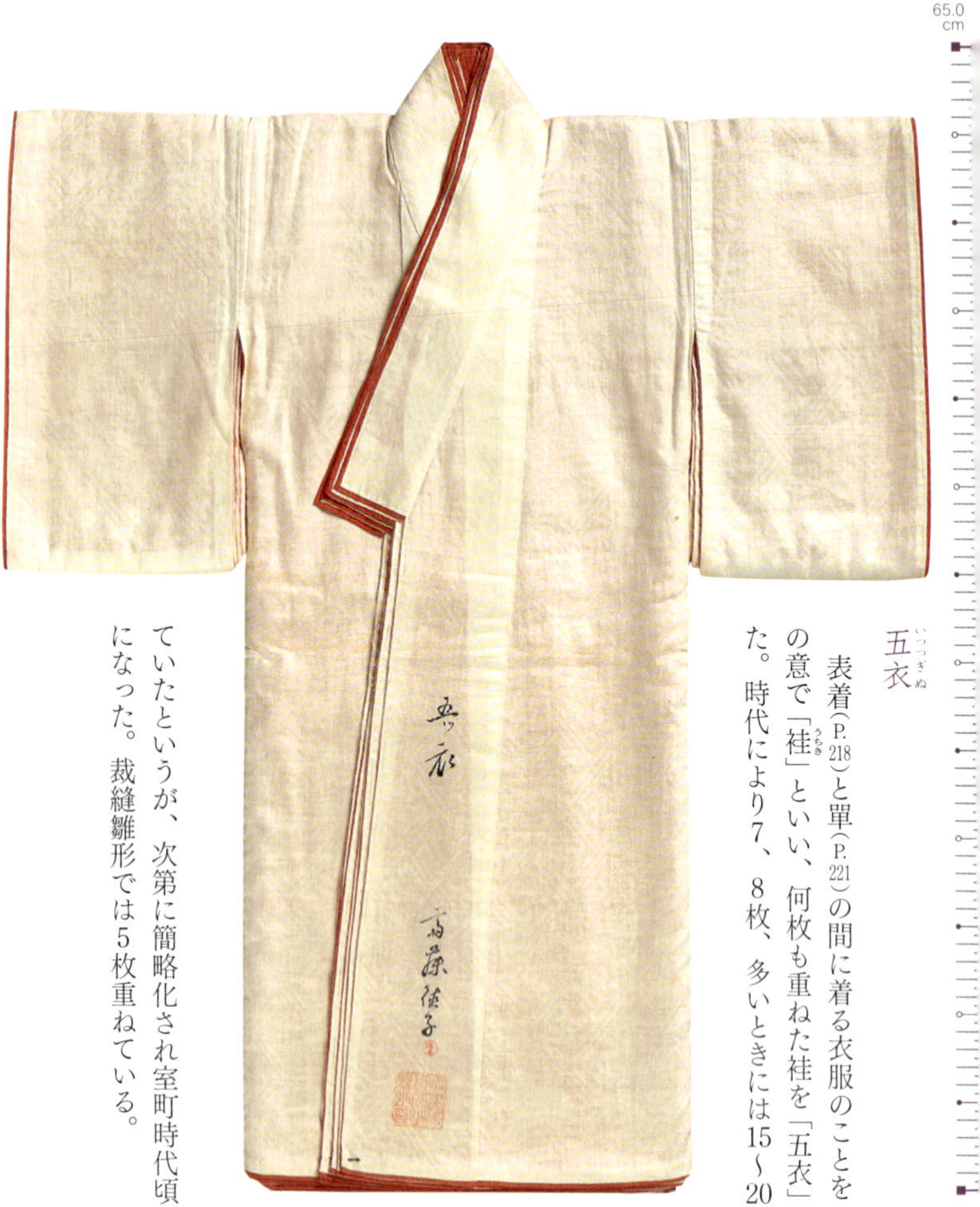

五衣《いつつぎぬ》

表着（P.218）と單（P.221）の間に着る衣服のことを「内着」の意で「袿《うちき》」といい、何枚も重ねた袿を「五衣」と称した。時代により7、8枚、多いときには15～20枚重ねていたというが、次第に簡略化され室町時代頃に5枚になった。裁縫雛形では5枚重ねている。

五衣《いつつぎぬ》　明治38年

69.0 cm

單《ひとえ》　大正9年

單《ひとえ》

五衣（P.220）の下に着る。五衣よりも大きく仕立て、着装したときに袖口や裾から見えるようにする。

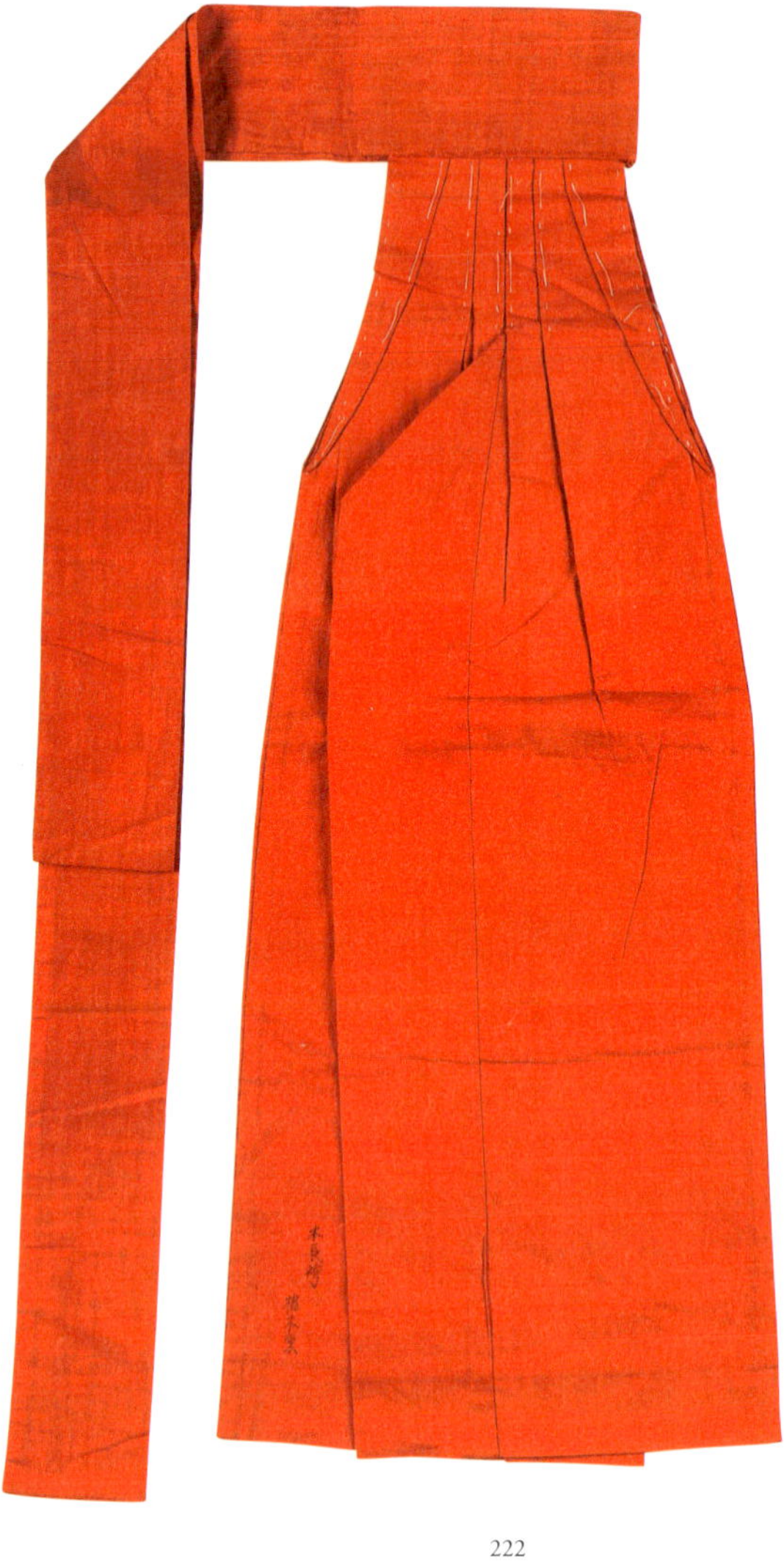

71.0 cm

緋《ひ》ノ《の》本《ほん》長袴《ながばかま》

丈の長い袴で、裾を後ろに引くようにしてはく。現代では、既婚女性は紅、未婚者は濃色《こきいろ》(濃い紫色)の袴を身につける。

緋《ひ》ノ《の》本《ほん》長袴《ながばかま》　大正4年

袿袴《けいこ》(着装)

袿袴《けいこ》

袿《うちき》に、丈の短い切袴《きりばかま》をつけた姿を袿袴という。明治17(1884)年に、華族婦人や女官が宮中での儀式等に参列する際の服として定められた。外出時は、袿の裾《すそ》をたくし上げ、沓《くつ》を履く。沓は洋式の靴を取り入れたもので、切袴と同じ生地を用いる。

小袿《こうちき》
大正7年

小袿《こうちき》

小袿は、唐衣を用いない準正装の際に一番表に着る衣服。表地と「お退《めり》」の間に「中倍《なかべ》」という別の布が付けられ、三重に見えるように仕立てられている。もとは袿《うちき》よりひと回り小さかったが、明治時代以降に袿の丈が短くなり、小袿の方が大きいという逆転現象が起きた。裁縫雛形では「袿」と「小袿」の明確な区別は見られず、切袴と一緒に製作される例が多いことから、「袿袴」の一部として作られたものと考えられる。

36.0 cm

切袴《きりばかま》　大正8年

切袴《きりばかま》

長袴に対して、丈の短い、足首までの長さの袴をいう。

大直衣《おおのうし》　明治38年

大直衣《おおのうし》

もとは公家男性の私的な平常着であり、直衣《のうし》姿での参内《さんだい》を許されたのは天皇の許可を得た高位の貴族等ごくわずかな人々に限られていた。形や寸法は「袍《ほう》」(P.206)とほぼ同じだが、袍は位階《いかい》によって色や文様が定められていたのに対し、直衣は特に制約がなく、このことから「直《ただ》の衣《きぬ》」の名がある。

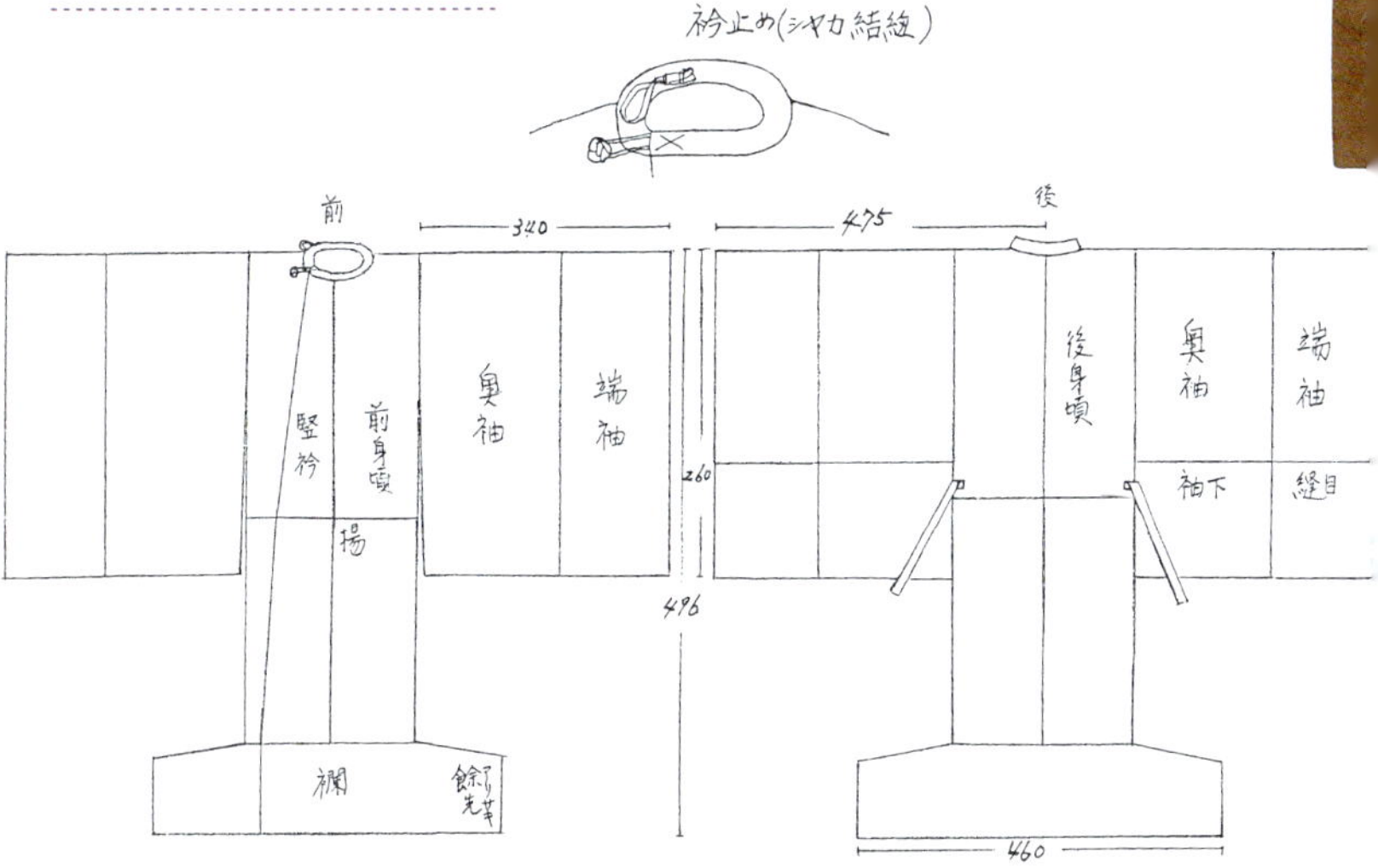

小直衣《このうし》 明治38年

小直衣《このうし》

狩衣《かりぎぬ》（P.230）の裾に、袍《ほう》（P.206）や大直衣《おおのうし》（P.226）のように「襴《らん》」をつけたもので、狩衣の軽快さを残しつつ、より格式のある装束として考案された。平安時代末期から用いられ、近世には公家が日常着とした。

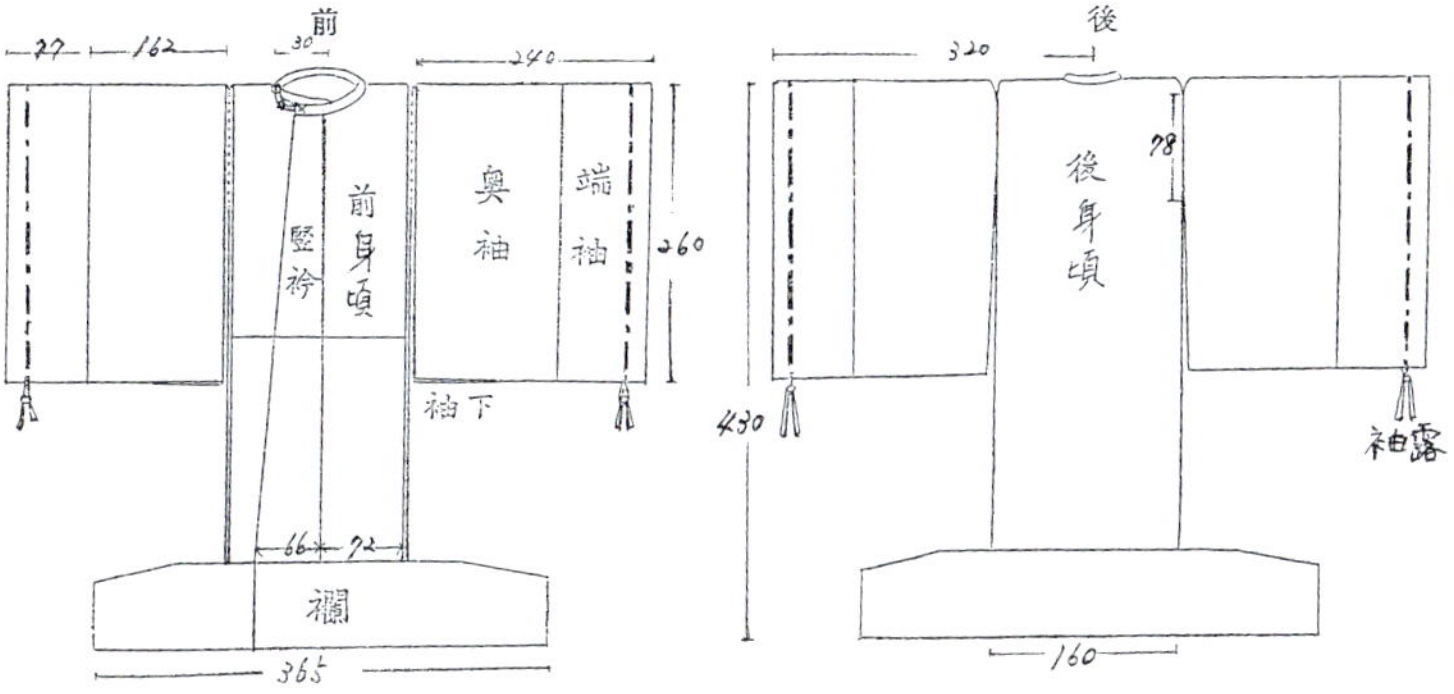

狩衣《かりぎぬ》 明治38年

狩衣《かりぎぬ》

平安時代初期に、公家男性が日常着や鷹狩り等の野外での活動に用いた。両脇が縫われていないため動きやすく、袖端の「袖括《そでくくり》」を絞って活動性を確保することができる。時代とともにフォーマル化し、江戸時代には礼服として着用された。現在では神職の一般的な装束になっている。

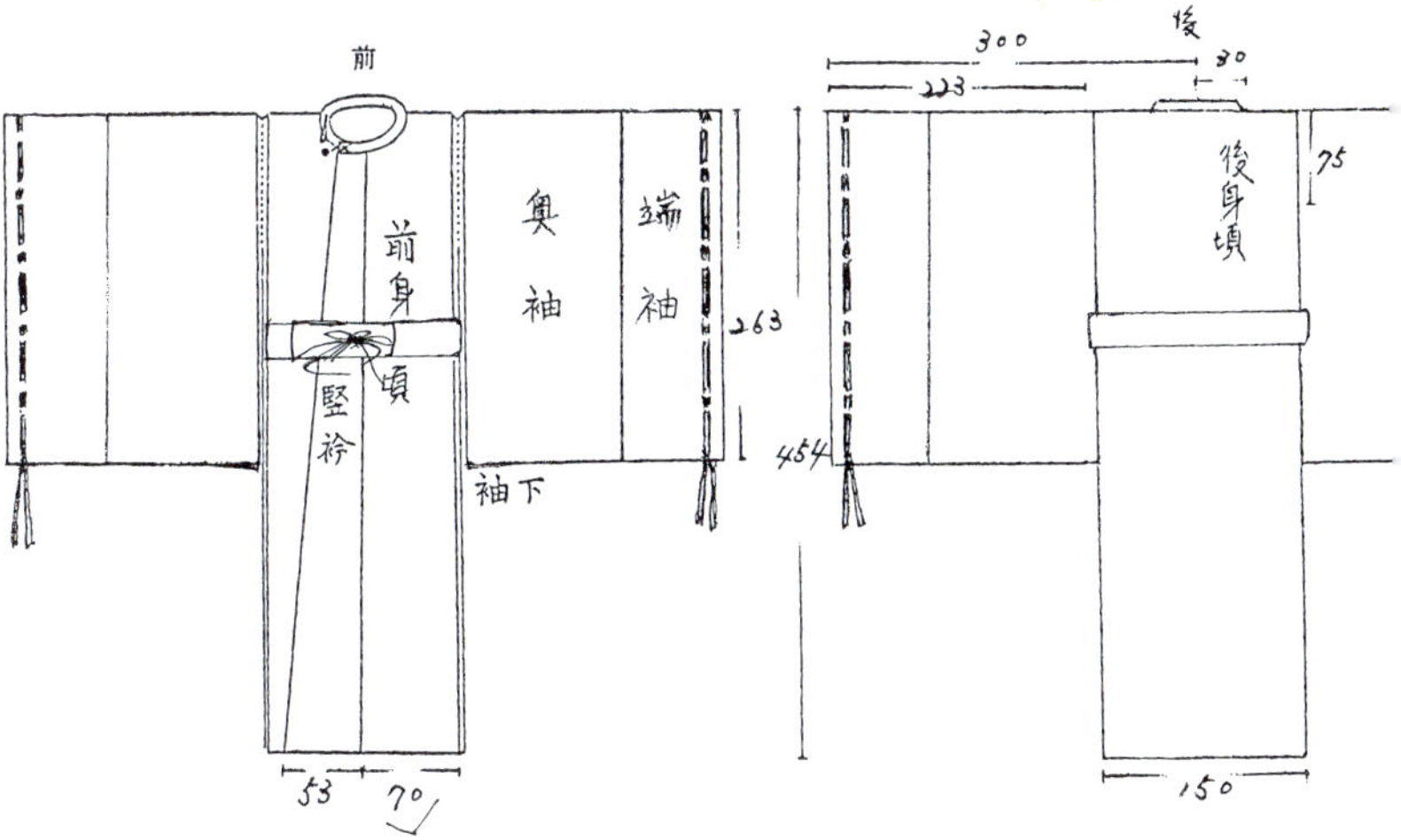

43.5 cm

刺貫袴《さしぬきばかま》

直衣《のうし》（P.226）や狩衣《かりぎぬ》（P.230）を着用する際に用いる袴。裾口《すそぐち》に通した紐を絞って足にくくりつけ、袴の裾の部分をふっくらとさせてはく。

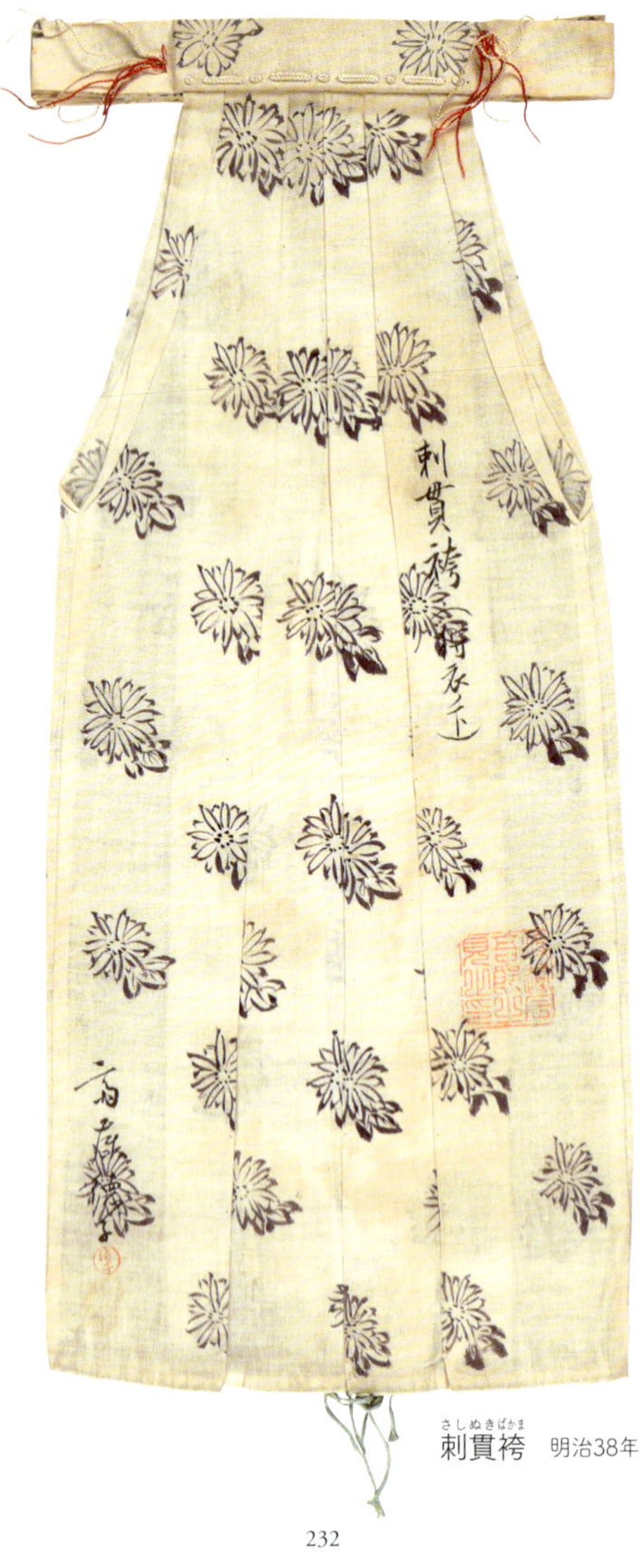

刺貫袴《さしぬきばかま》 明治38年

縊袴《くくりばかま》　明治38年

縊袴《くくりばかま》

刺貫袴《さしぬきばかま》（P.232）を簡略化した袴で、裾口に膨らみをもたせ、着用すると刺貫袴に見えるように仕立てる。『専門教育裁縫全書　高等裁縫及雑の部』（大正14年）には、関東で発祥したことから「東縊《あずまくくり》袴《ばかま》」とも呼ぶと書かれている。

57.6cm

直垂《ひたたれ》　明治38年

直垂《ひたたれ》

平安時代に地方武士や庶民が用いた着物から発展した衣服で、鎌倉・室町時代を通じて武士や公家も着用するようになり、江戸幕府の服制では上位の礼装に位置づけられた。衿は、袍《ほう》（P.206）や直衣《のうし》（P.226）等の盤領《あげくび》に対し、現在の着物のように衿の両端が前部に垂れ下がった「垂領《たりくび》」の形式である。袖括《そでくくり》の紐を付ける場合と、紐を付けずに袖の下端に垂らす「露先《つゆさき》」だけを付ける場合がある。この裁縫雛形には袖括の紐が付いている。

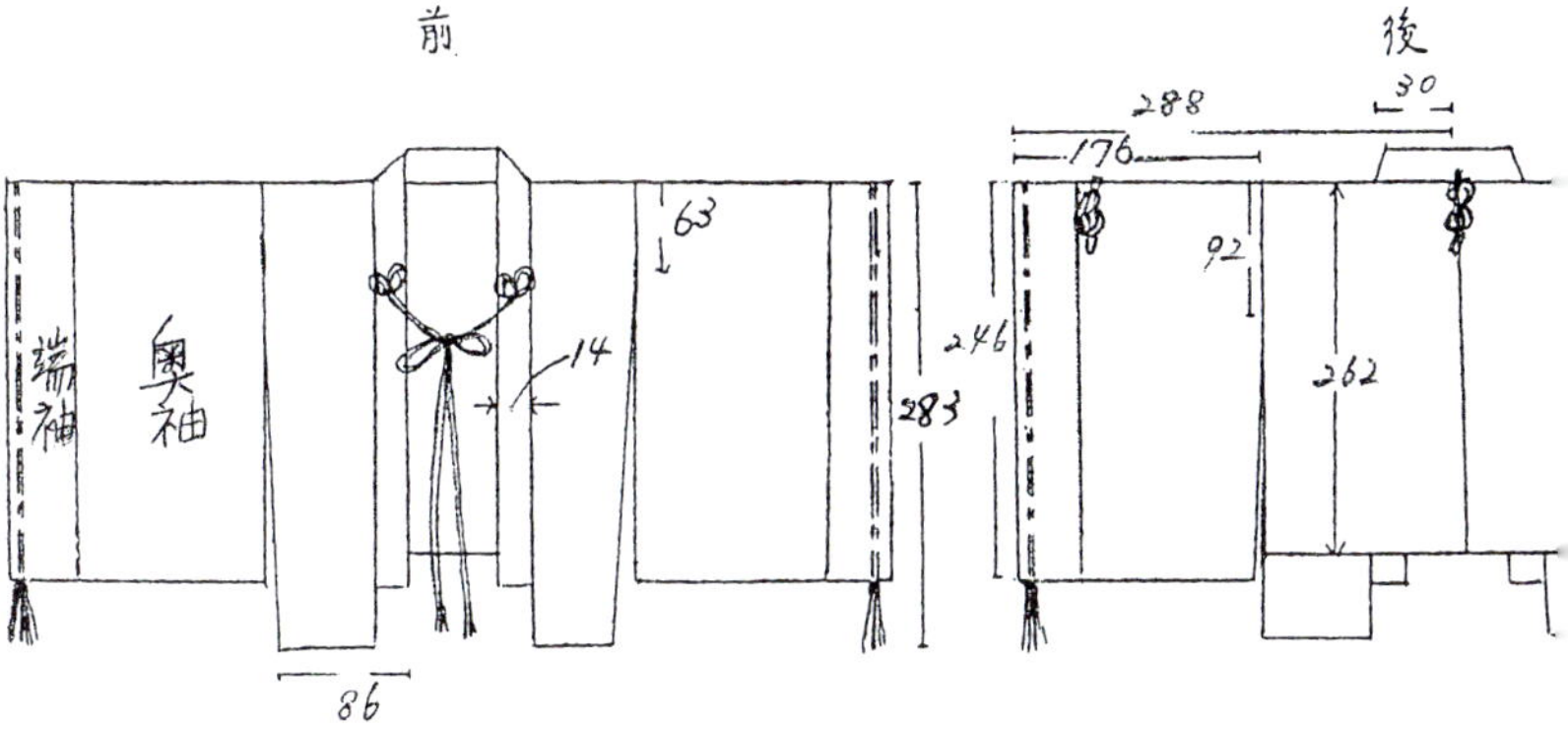

62.4cm

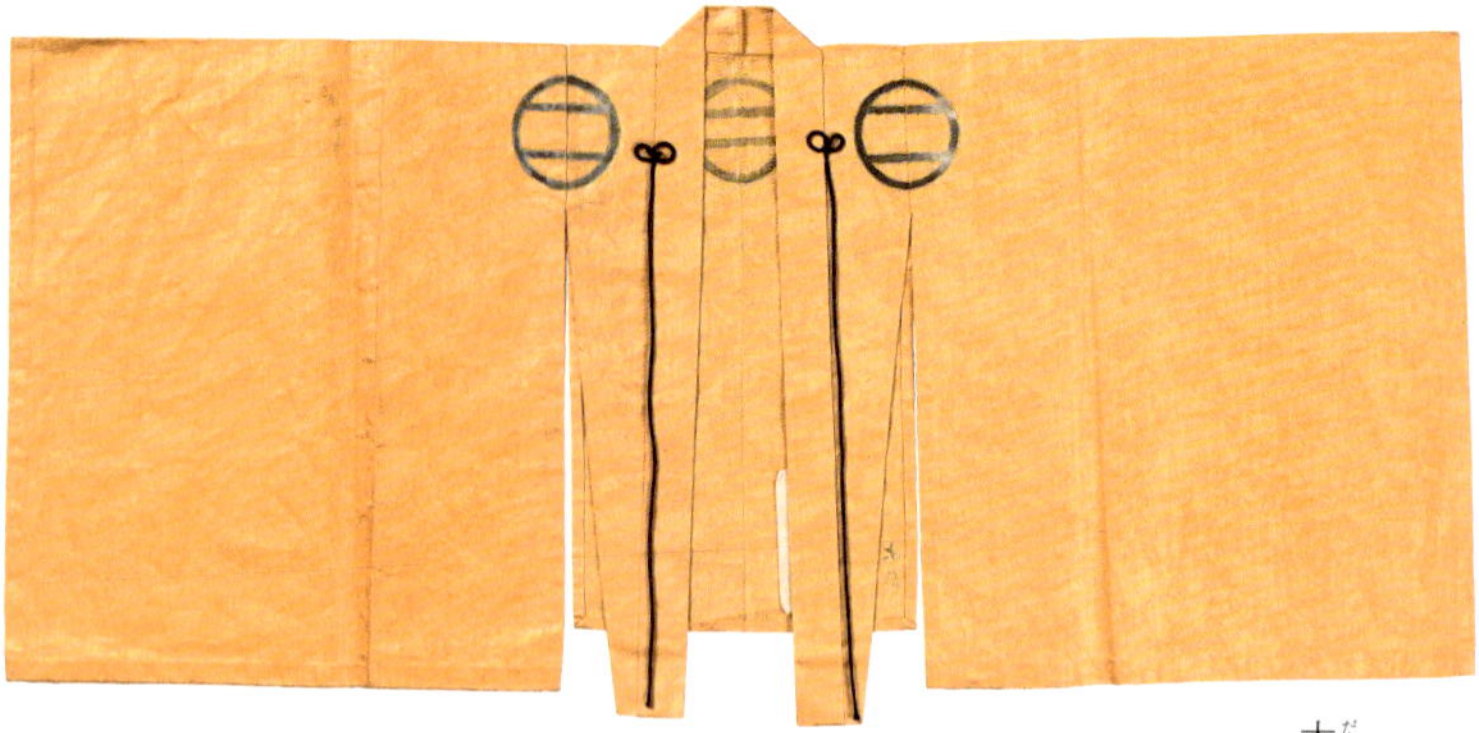

大紋《だいもん》

明治38年

42.0
cm

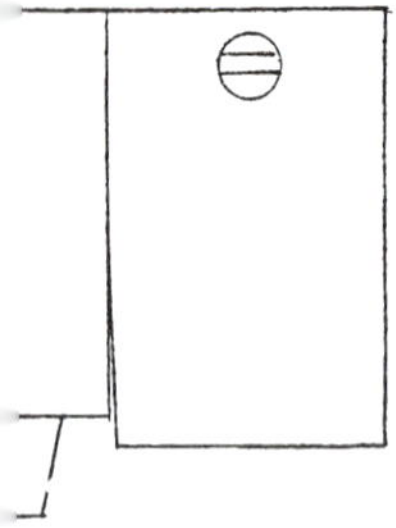

大紋《だいもん》ノ《の》袴《はかま》

明治38年

大紋《だいもん》／大紋《だいもん》ノ袴《はかま》

正しくは「大紋直垂《だいもんひたたれ》」で、外見は直垂（P.234）と同じ形式だが、裏をつけない単仕立てであること、原則として麻を用いるという違いがある。袖、背に紋が大きく染め抜かれていることからこの名がある。江戸時代に直垂、狩衣《かりぎぬ》に次ぐ武家の礼装になった。袴は長袴の形状で、両膝の上や両脇などに紋を入れるが、この袴の裁縫雛形には紋が無い。

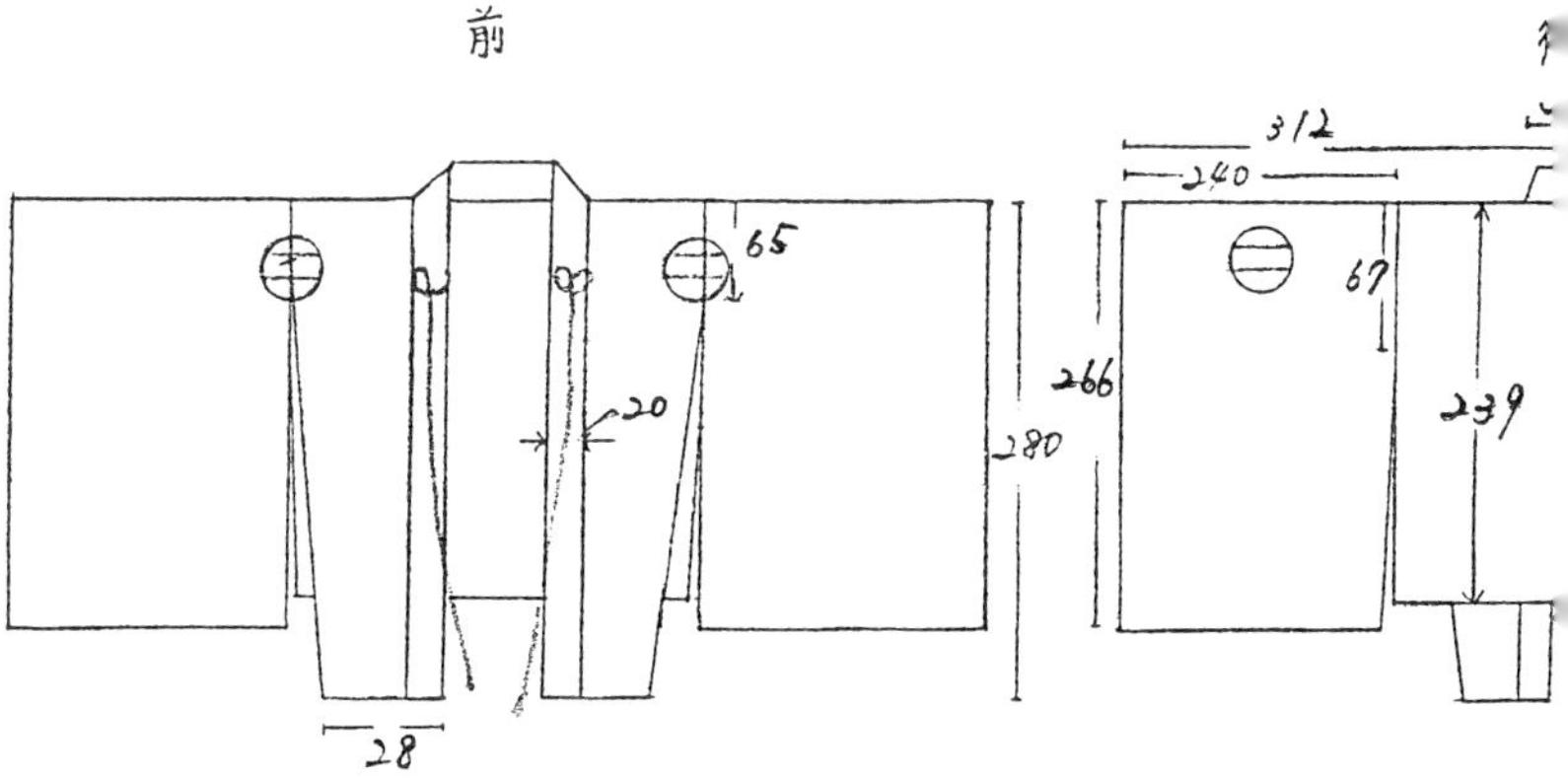

58.0cm

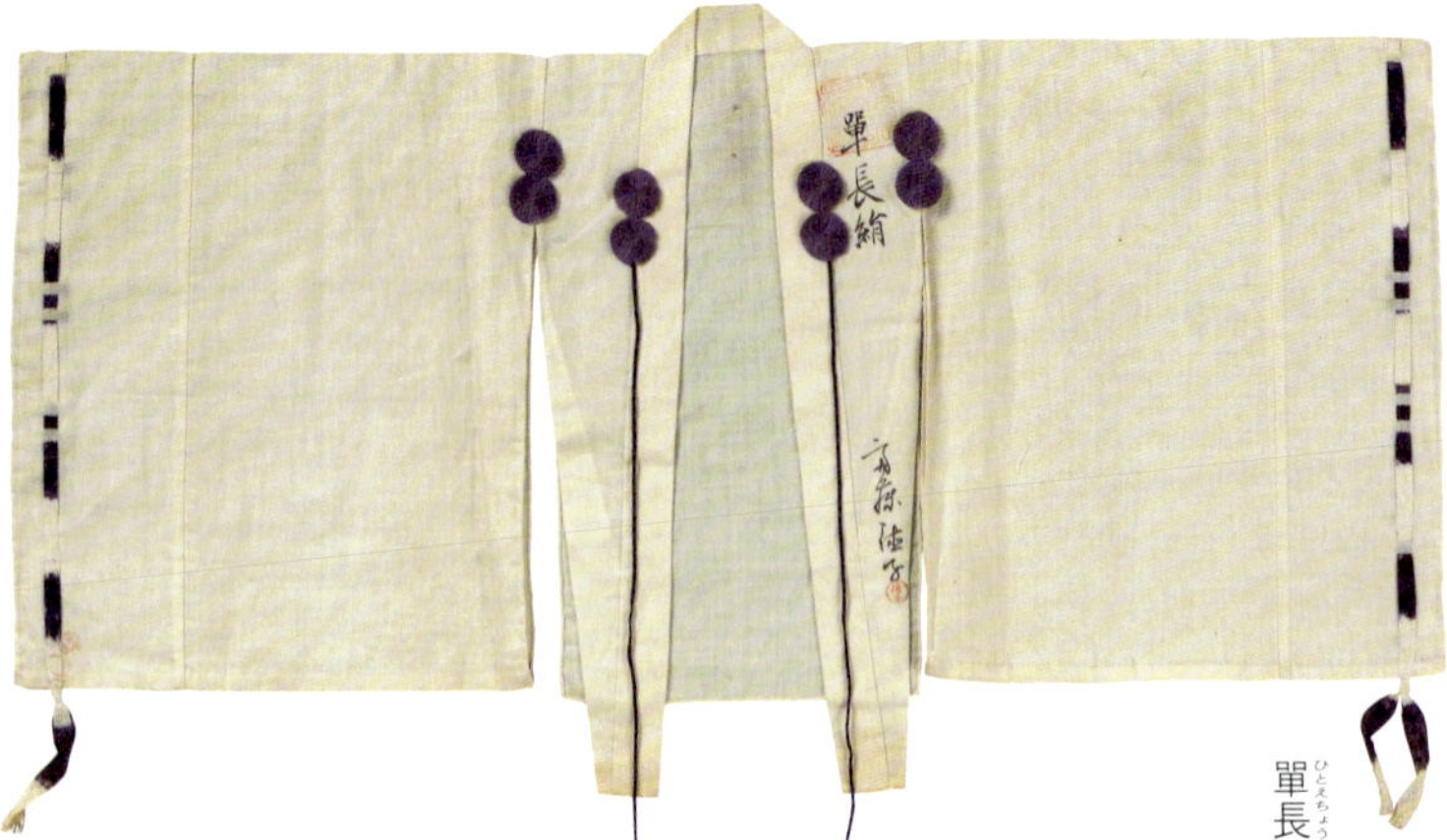

單長絹《ひとえちょうけん》 明治38年

32.0 cm

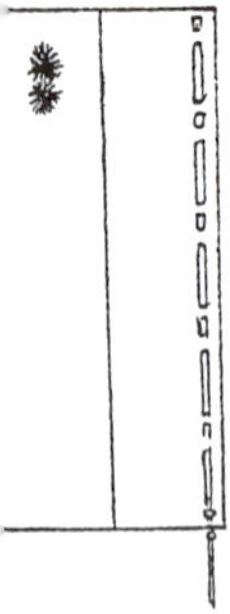

長絹《ちょうけん》ノ《の》袴《はかま》 明治38年

單長絹《ひとえちょうけん》／長絹《ちょうけん》ノ《の》袴《はかま》

長絹は絹織物の一種で、緻密に織るか、糊を引くかして張りを持たせた上質な生地。転じてこの生地で仕立てた狩衣《かりぎぬ》(P.230)、直垂《ひたたれ》(P.234)、水干《すいかん》(P.242)を指すようになった。この裁縫雛形は長絹直垂《ちょうけんひたたれ》である。胸、袖付、袴に平たい房状の「菊綴《きくとじ》」が付く。袴は切袴の形状で、相引き(袴の両脇の縫い合わせた部分)止まりに菊綴が付けられている。

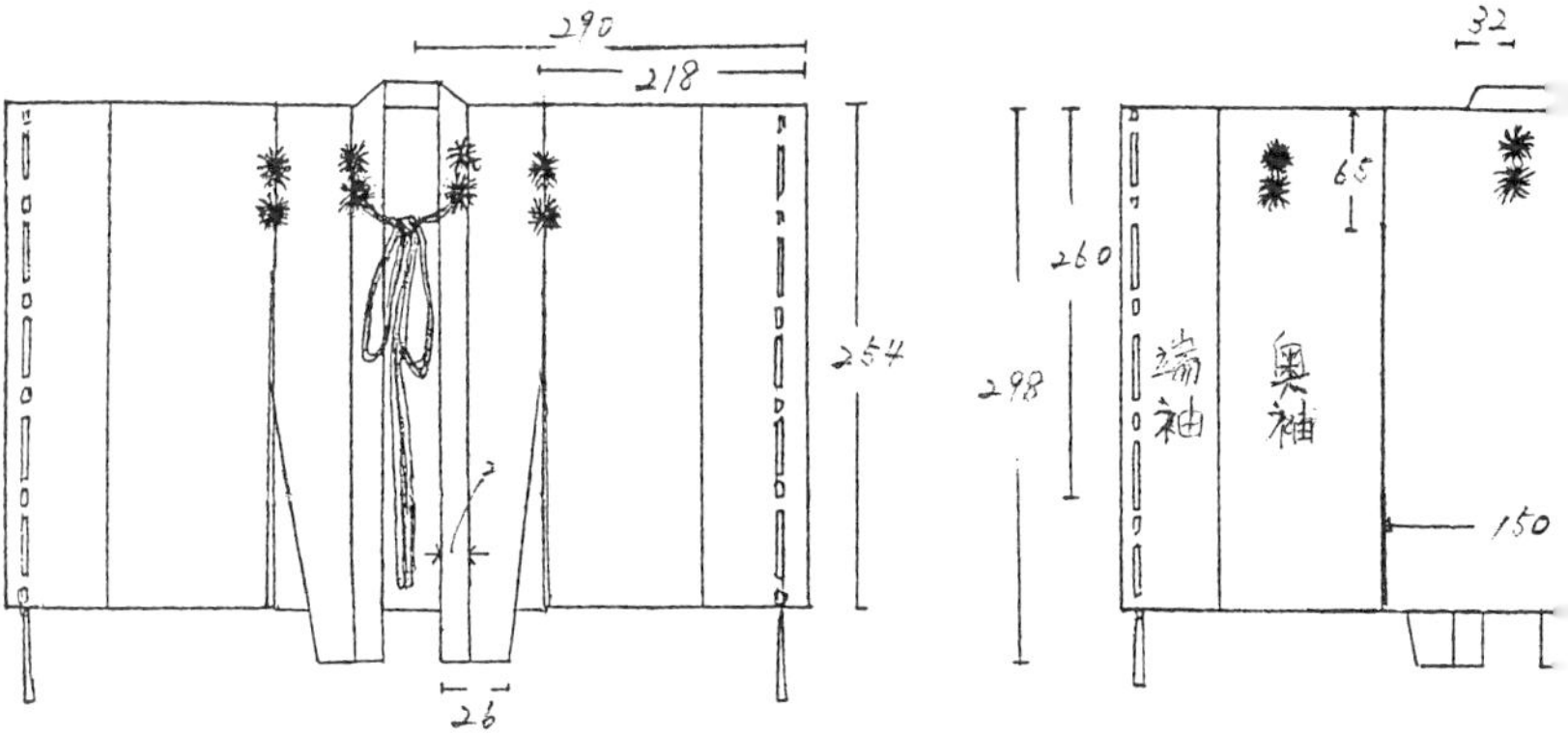

58.0cm

白張《しらはり》
明治38年

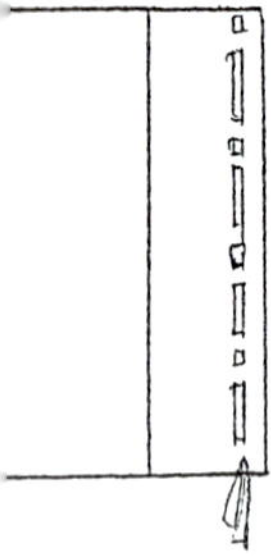

32.5 cm

白張《しらはり》ノ《の》袴《はかま》
明治38年

白張《しらはり》／白張《しらはり》ノ《の》袴《はかま》

貴族の従者が身につけた、麻製で丈の短い粗末な狩衣《かりぎぬ》(P.230)。白張を着て仕事する職種を「白丁《はくちょう》」とも呼び、傘持ち、沓《くつ》持ち、松明《たいまつ》持ち等の任務にあたった。袴は、本来裾に括《くく》り紐のある小袴(P.50)を合せるが、この裁縫雛形は裾に紐がなく切袴の形式である。

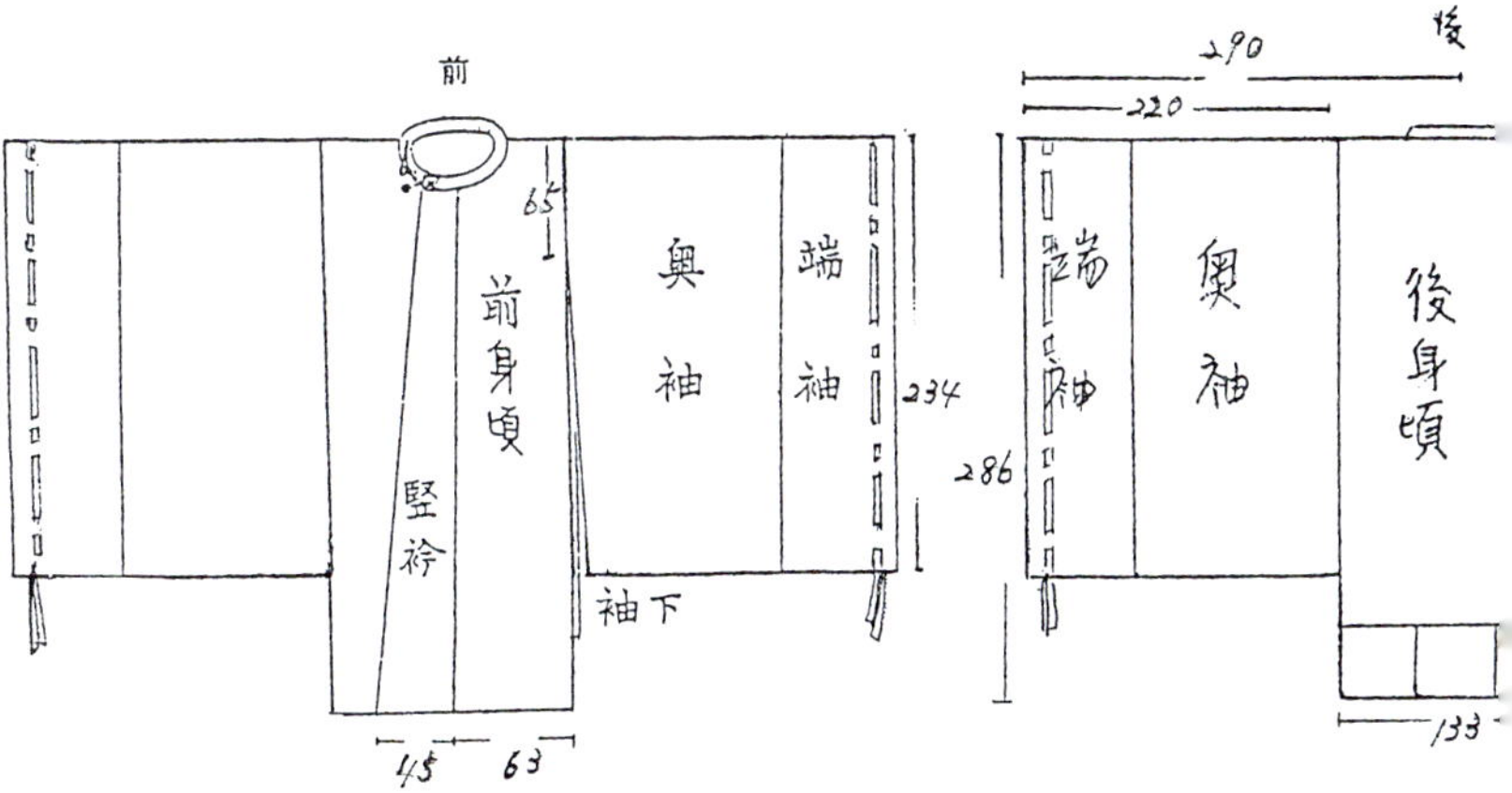

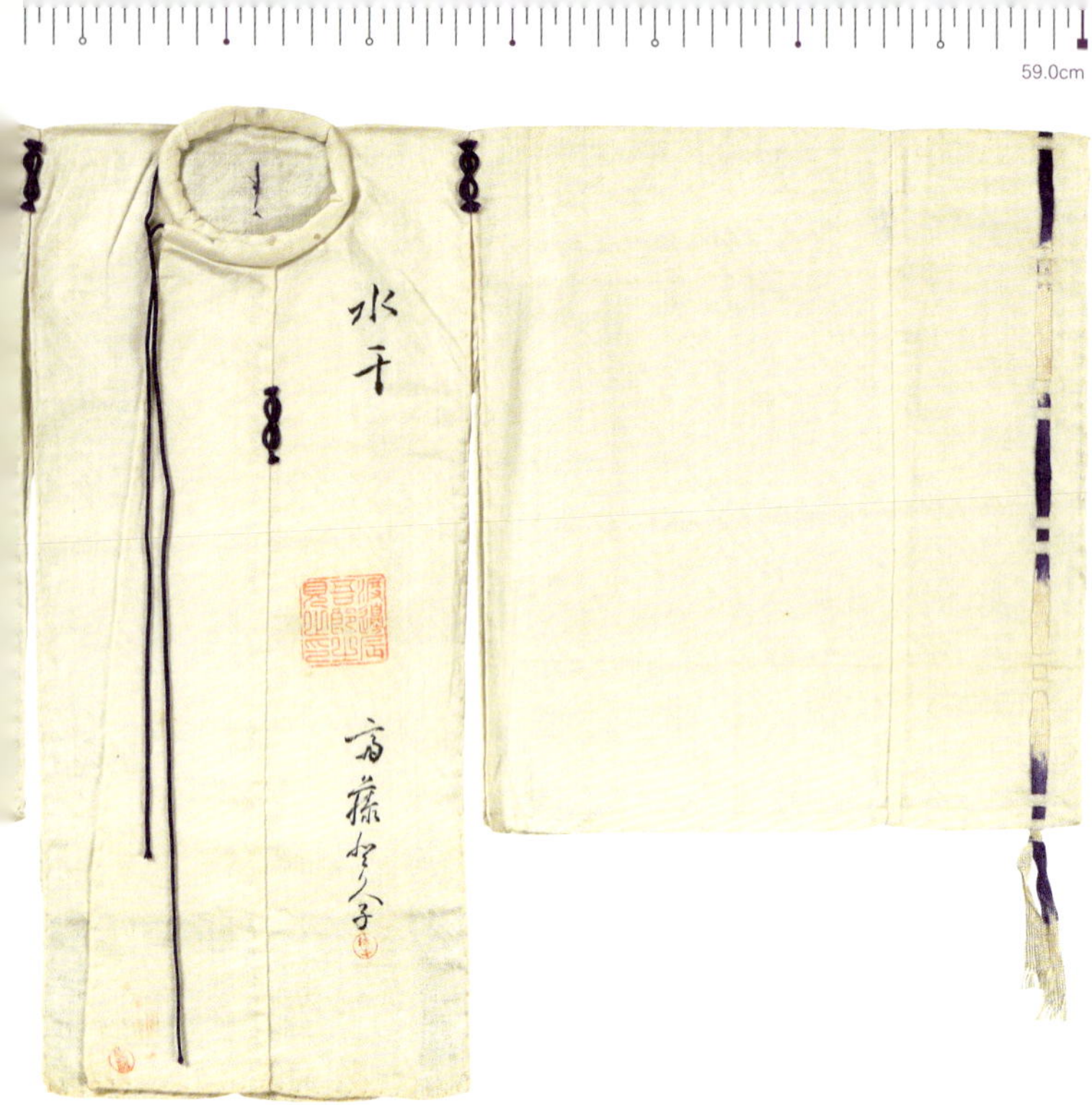

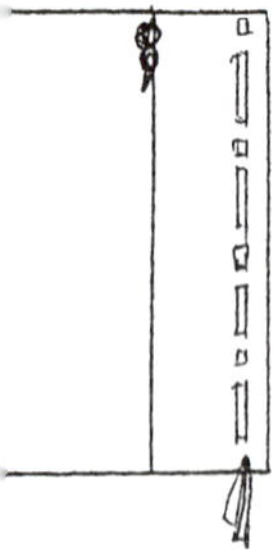

水干《すいかん》 明治38年

水干《すいかん》

糊をつけずに板に水張りして干した布を用いることからこの名がある。もとは庶民の服装だったが、その実用性から、後に子供服や公家の日常着にも用いられた。袍《ほう》(P.206)や直衣《のうし》(P.226)と同様に盤領《あげくび》だが、衿を折り込んでVネックのように見せるといったより自由な着方ができた。袴は、白張(P.240)と同様に小袴(P.50)を合せる。

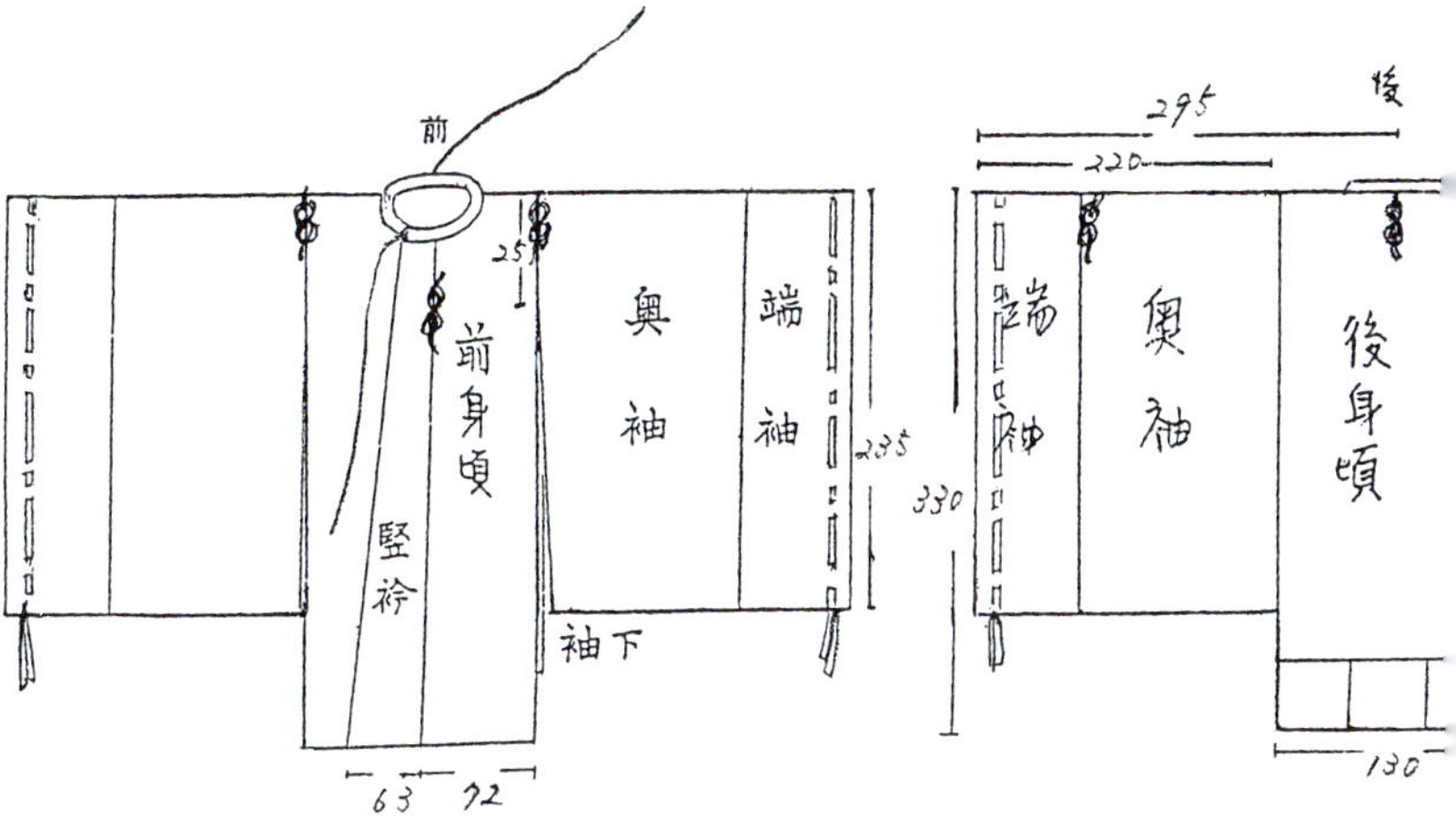

50.0cm

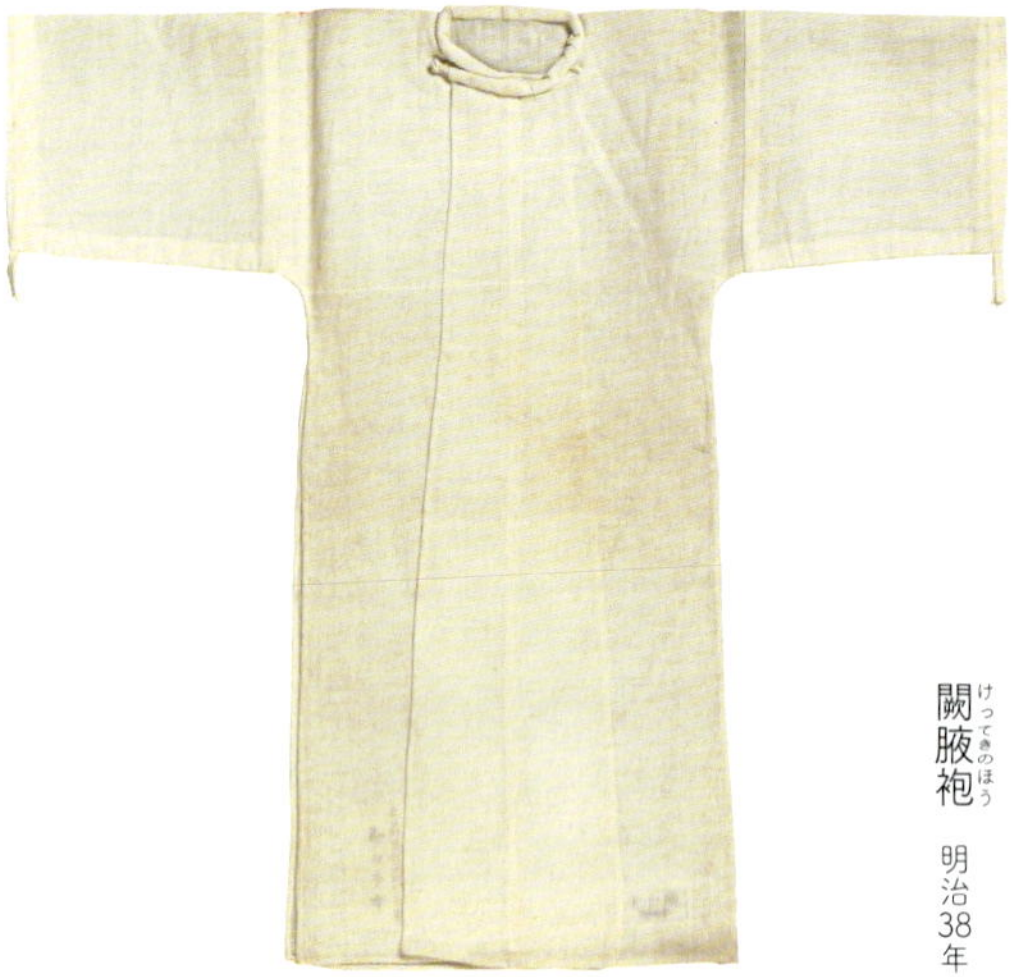

闕腋袍《けってきのほう》 明治38年

34.5 cm

闕腋袍《けってきのほう》ノ《の》袴《はかま》 明治38年

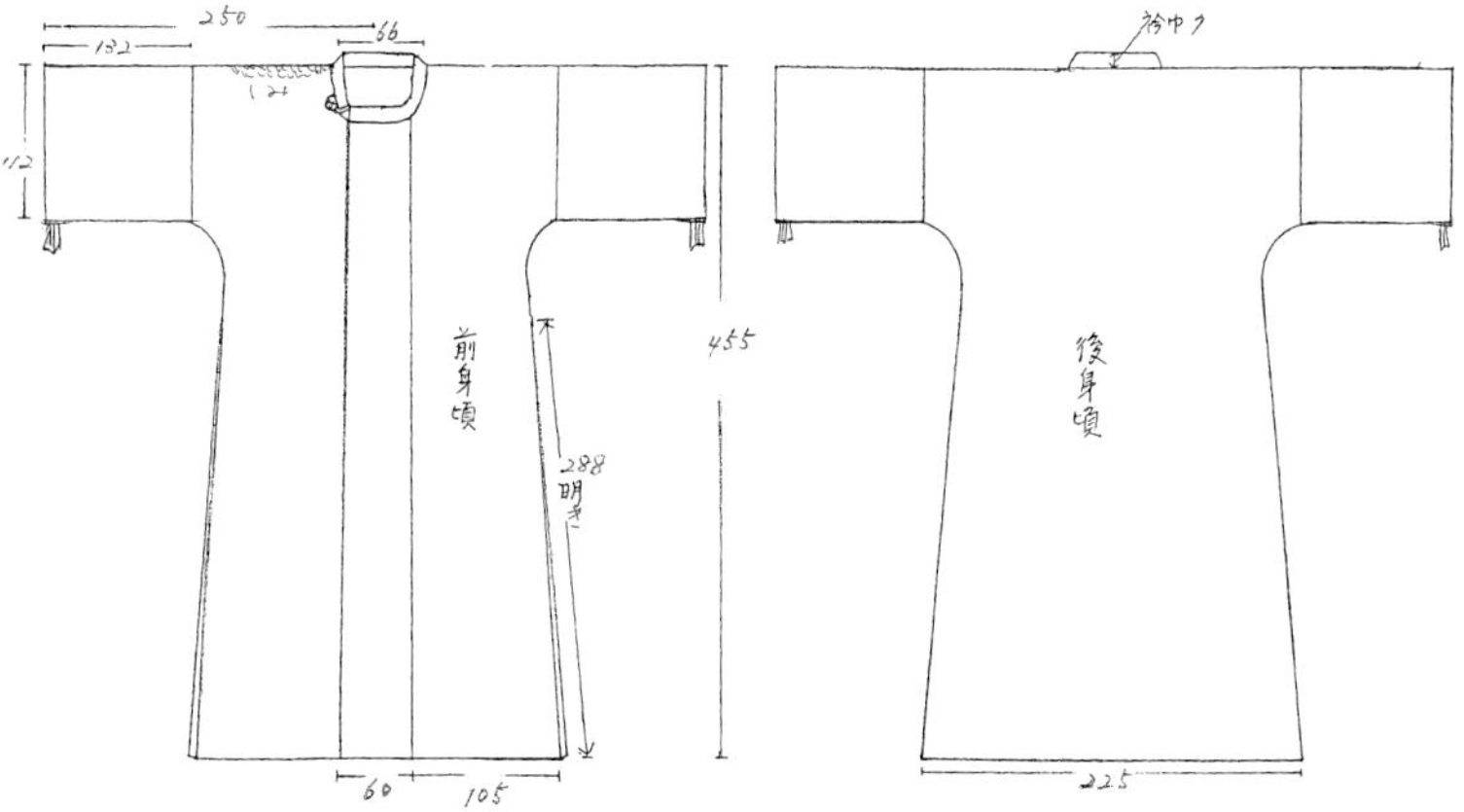

闕腋袍《けってきのほう》／闕腋袍《けってきのほう》ノ《の》袴《はかま》

腋《わき》が縫い合わされていない、襴《らん》のない袍。宮中で警護等にあたる武官が用いた。裁縫雛形では、「奈良朝聖武帝ノ時代ニ多ク用ユ」と墨書された例があり、奈良時代の官服を意識して製作されたと考えられる。袴は、裾《すそ》に括《くく》り紐が通してある。

裃《かみしも》 大正14年

裃《かみしも》

江戸時代の武家の礼服の一つで、上に肩衣《かたぎぬ》、下に袴をはく。麻製が正式とされ、模様は無地か小紋染めが多い。肩衣の両胸と背、袴の腰板の計4箇所に紋を付ける。本来は共布の肩衣と袴を合わせるが、異なる組み合わせのものを「継裃《つぎかみしも》」といい、略式とした。

明治時代以降は公の場から姿を消したが、庶民の間では祭礼等で用いられた。実生活で仕立てる機会があったためか、裁縫雛形は明治・大正・昭和時代を通じて製作されている。肩衣は「社」、袴は「衦」と表記されることがある。「衦」(裃ノ袴)として作られた袴は、平袴《ひらばかま》(P.54)と同形である。

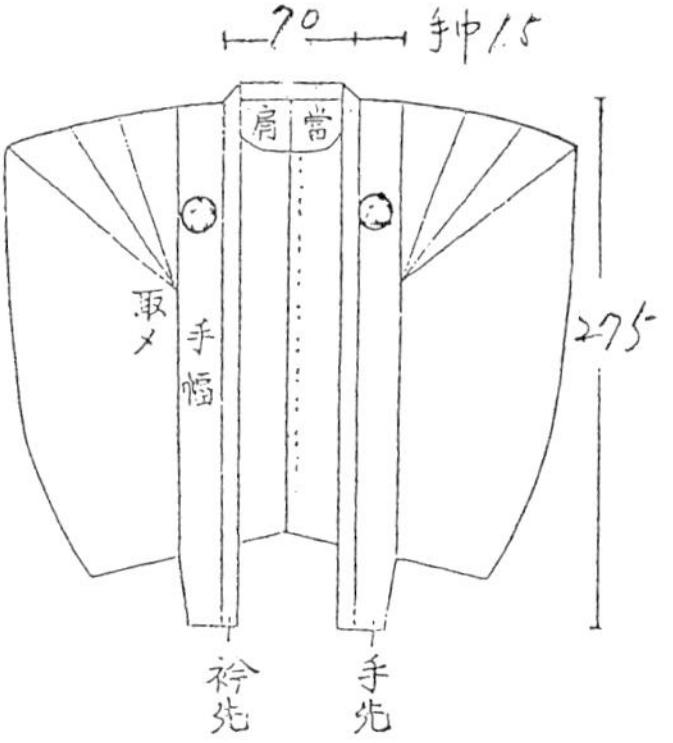

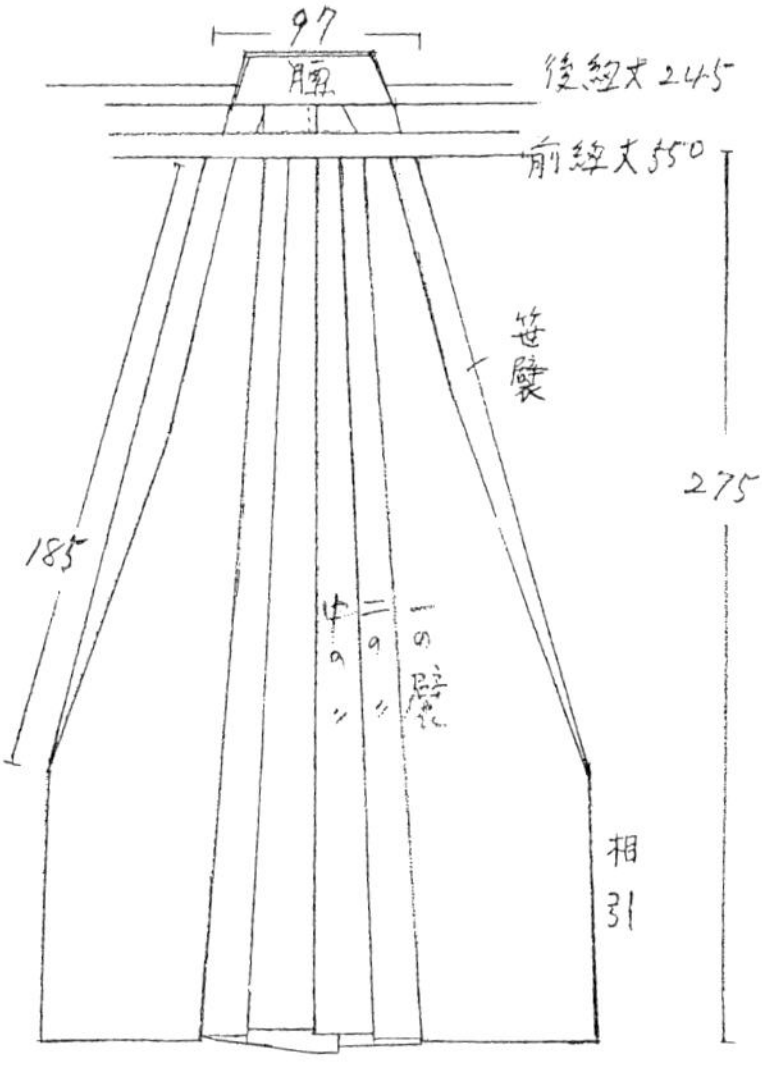

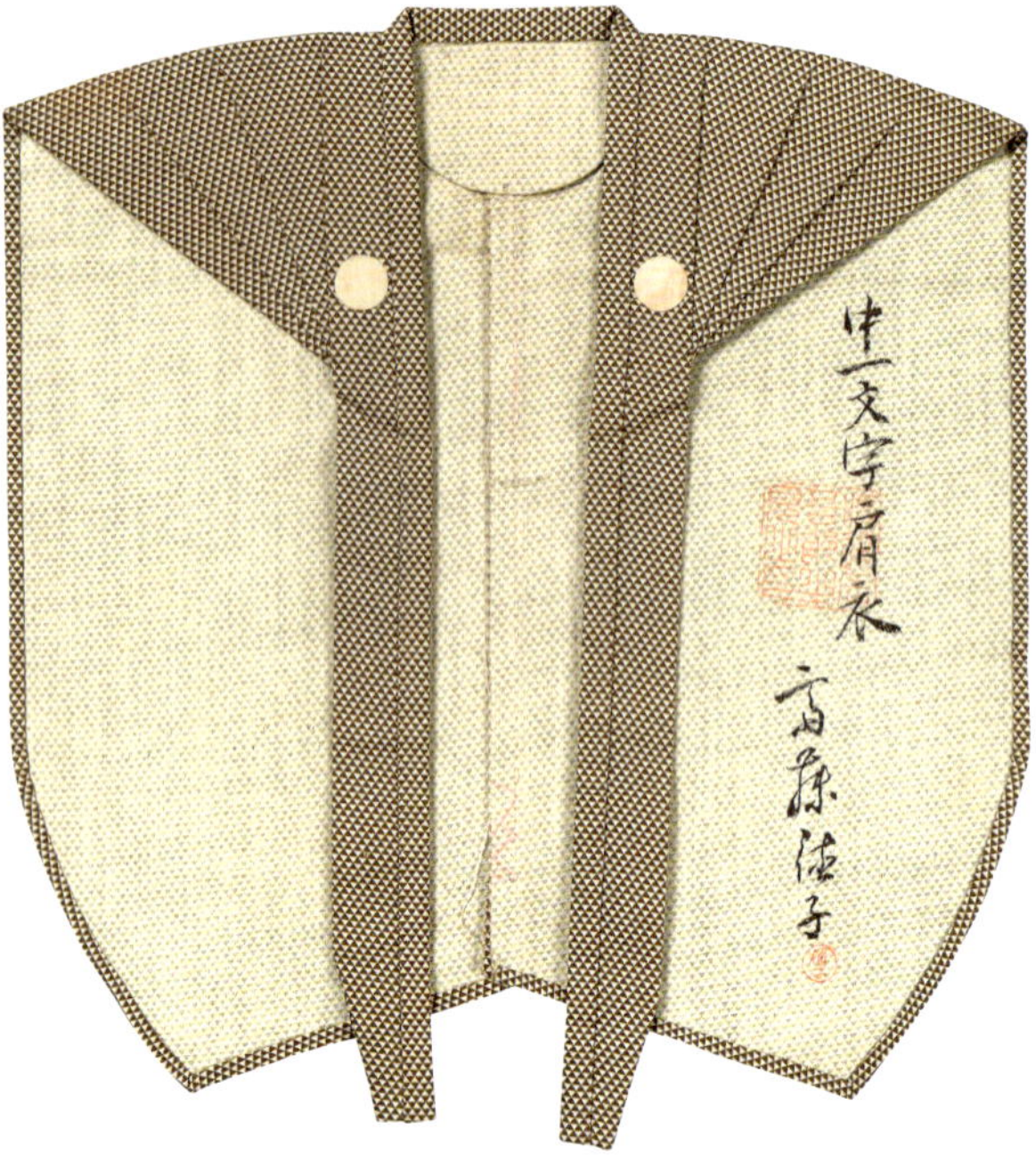

27.0 cm

中一文字《なかいちもんじ》肩衣《かたぎぬ》　明治38年

中一文字《なかいちもんじ》肩衣《かたぎぬ》

基本的に単仕立てで、袖や衽《おくみ》が無く、肩山を輪として前身頃と後身頃がひと続きになっている。裁縫雛形では、中一文字肩衣が標準的な肩衣として製作されている。襞《ひだ》が3本で、丸形肩衣に比べ肩山《かたやま》のカーブが緩やかである。

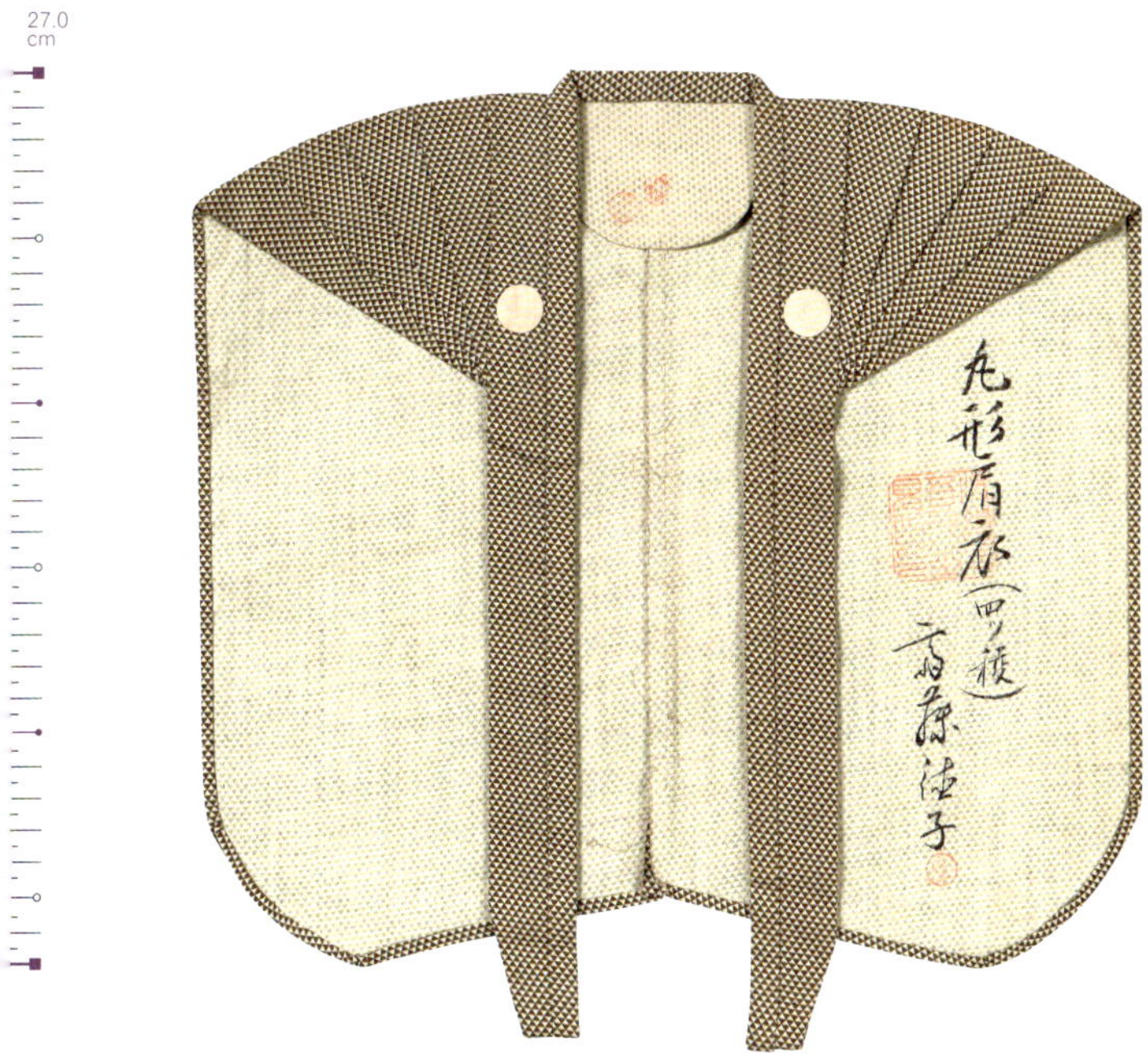

丸形肩衣《まるがたかたぎぬ》　明治38年

丸形肩衣《まるがたかたぎぬ》

襞《ひだ》が4本あり、中一文字肩衣に比べて肩山が丸みをおびている。江戸時代後期には「鷗《かもめ》仕立て」と呼ばれ流行した。

69.0 cm

本長袴《ほんながばかま》

裾《すそ》を引きずるように丈を長く仕立てた袴。肩衣とあわせ「長裃《ながかみしも》」と呼ばれる。将軍・大名など位の高い人が着用した。幕末の非常時に不適当とされ武家の服装改革（１８６２年）により廃止された。

本長袴《ほんながばかま》
明治38年

47.0 cm

半長袴《はんながばかま》

裾《すそ》が本長袴より短く、裃ノ袴(P.246)より長い袴。

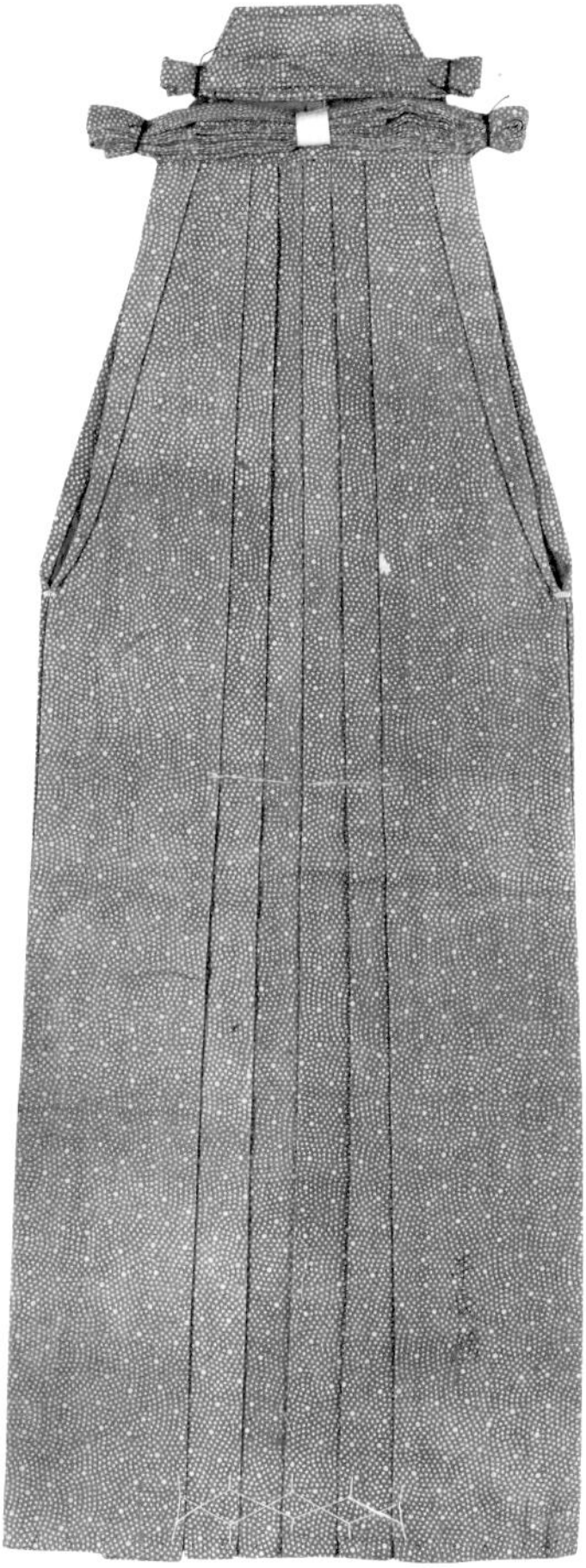

半長袴《はんながばかま》 明治36年

三才羽織《さんさいばおり》

三斎羽織《さんさいばおり》のことで、背縫いの下半分が開いた筒袖の羽織。細川忠興《ほそかわただおき》(三斎)の創案といわれる。幕末の軍装に多く用いられ、『専門教育裁縫全書　高等裁縫及雑の部』(大正14年)では、「三才羽織は、文久から慶応年間に多く用いたので、下に細袴段袋袴《ほそばかまだんぶくろばかま》などを穿《うが》つ。頭に韮山《にらやま》傘を冠《かむ》ったのである。」と解説されている。同様のものに打裂羽織《ぶっさきばおり》やレキション羽織がある。

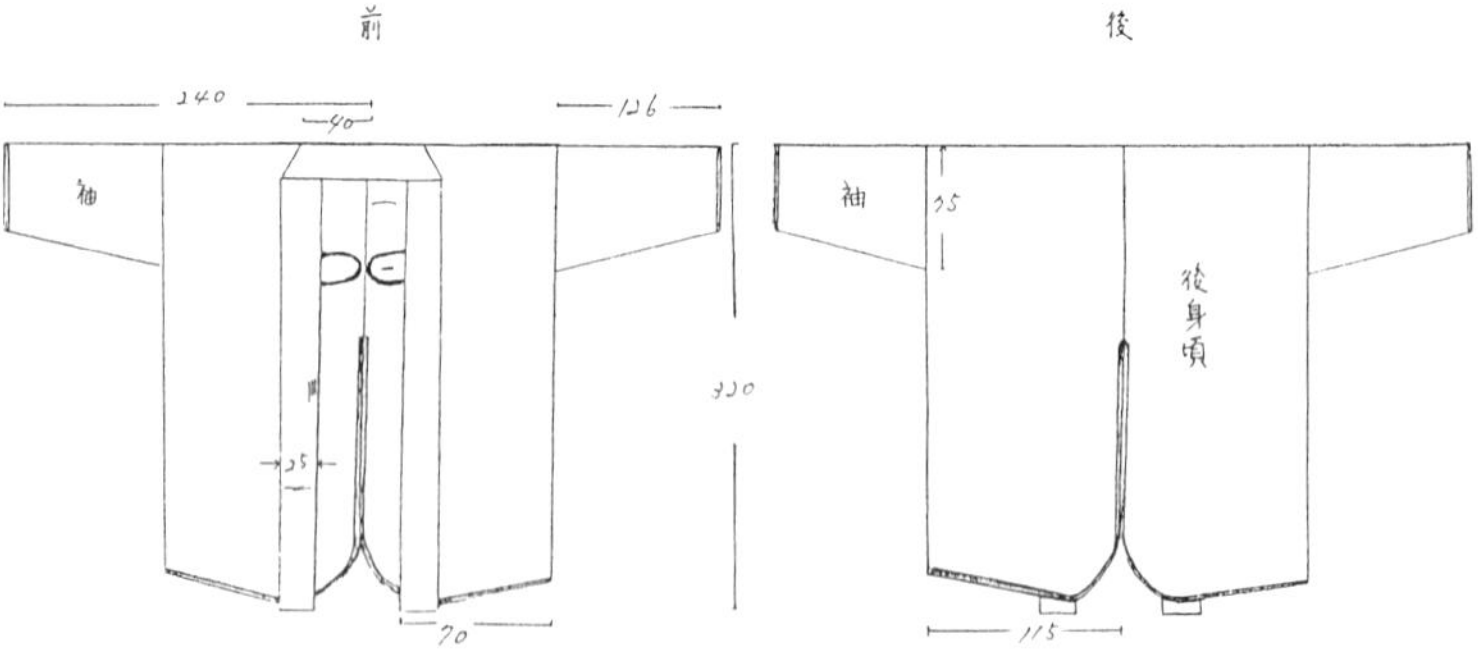

三才羽織《さんさいばおり》　明治39年

陣羽織《じんばおり》　明治38年

陣羽織《じんばおり》

武士が陣中で当世具足《とうせいぐそく》(戦国時代以降に多く用いられた鎧《よろい》の一形式)の上に着用した衣服。普通は袖無しだが、袖の付いたものもある。元は防寒用だったが、戦場で威厳を示すために派手で豪華な意匠が好まれた。ビロードや羅紗《らしゃ》といった南蛮貿易でもたらされる毛織物等、高価な生地が使われることも多かった。裁縫雛形では、毛羽《けば》のある生地や紋織物《もんおりもの》等を使い、実際の陣羽織の豪華な雰囲気に近づけている。

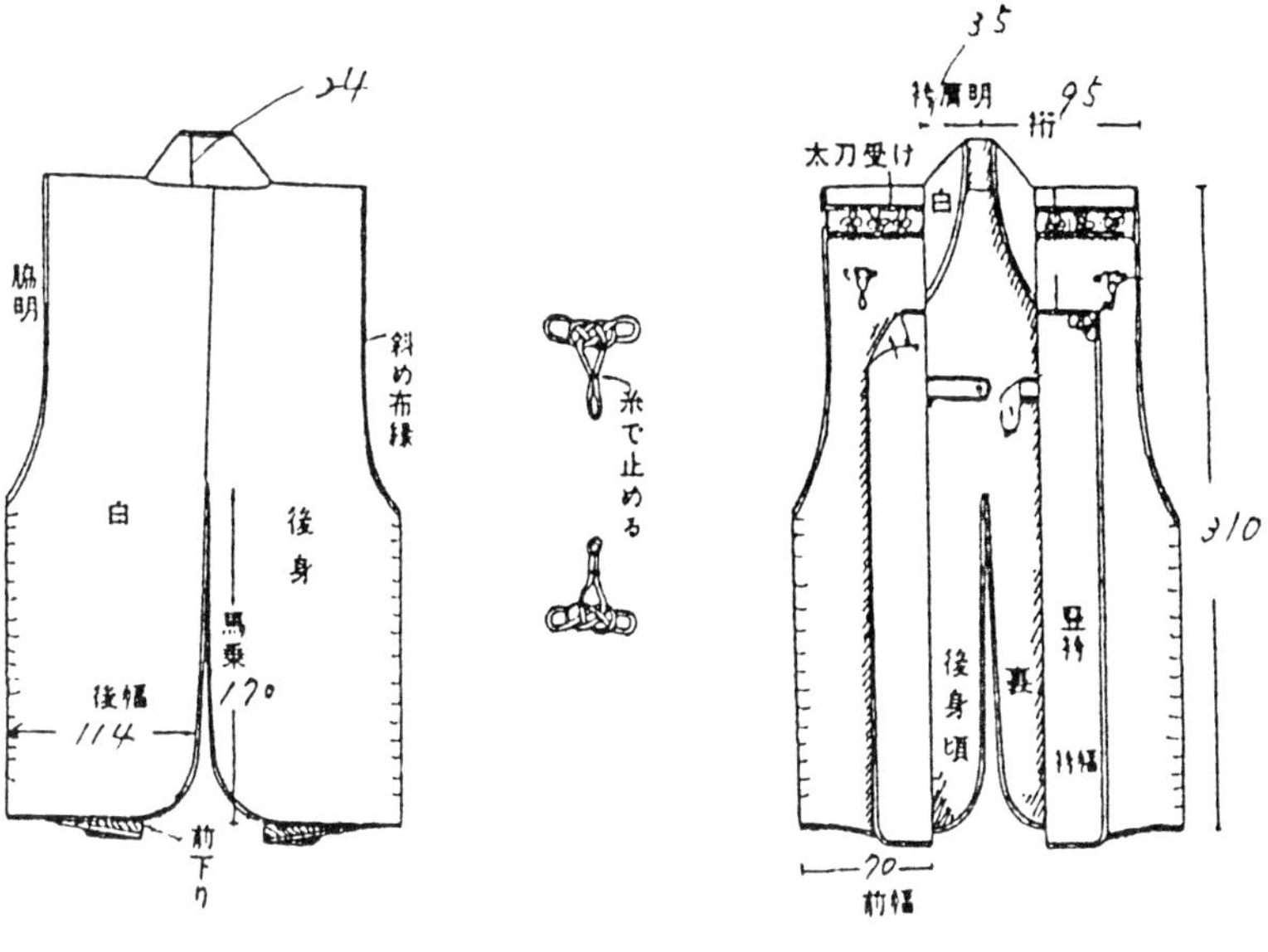

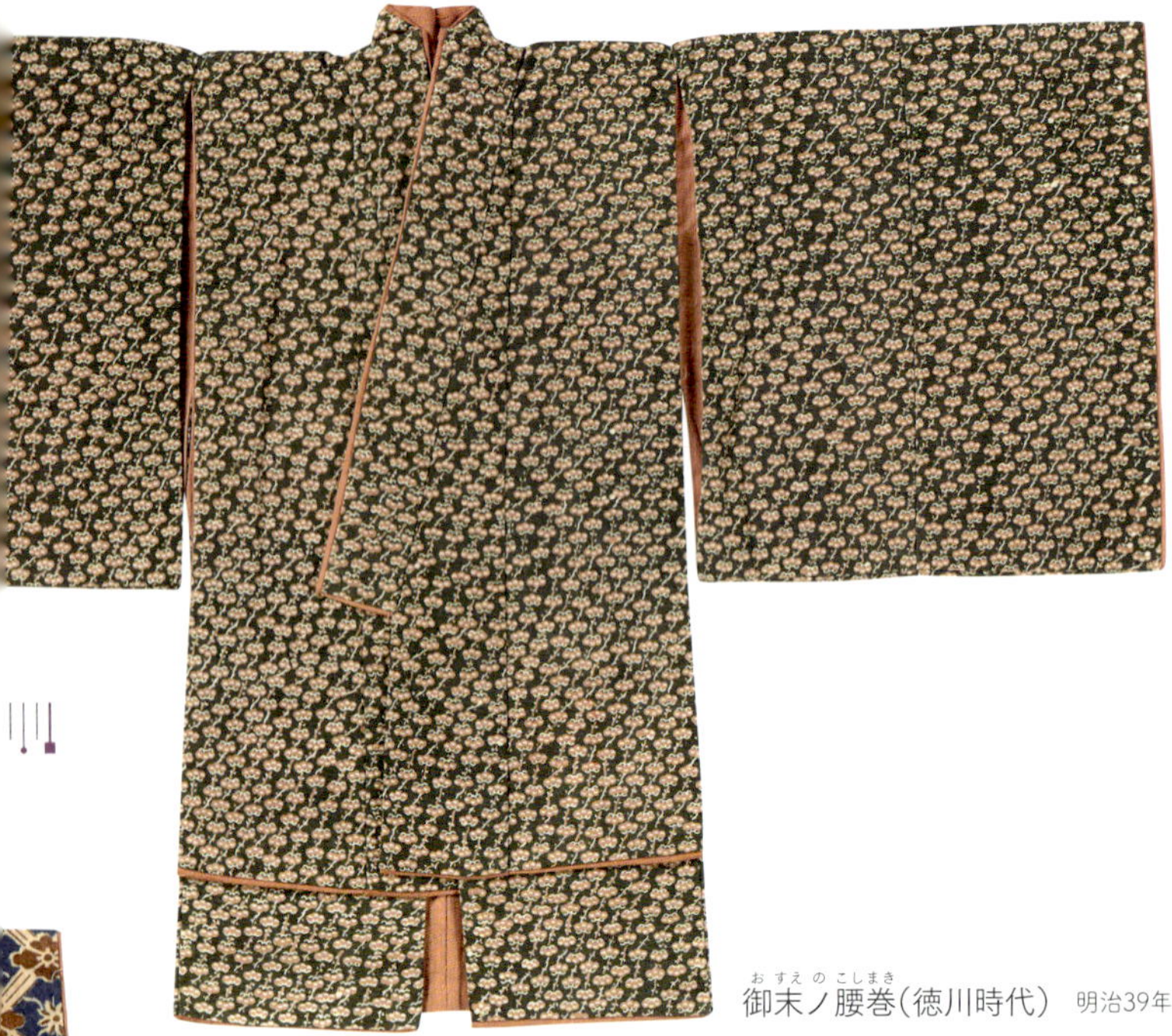

御末《おすえ》ノ腰巻《こしまき》(徳川時代) 明治39年

御末《おすえ》ノ《の》腰巻《こしまき》

公家や将軍家に仕え、雑役《ざつえき》にあたった女性「御末《おすえ》」が着用したものと考えられるが、詳細は不明。腰巻《こしまき》は、桃山時代から江戸時代に、武家女性が夏の礼装とした衣服で、基本的には小袖と同形である。御末ノ腰巻は、下仕えの女性向けに、仕事の妨げにならないよう動きやすく工夫された「腰巻」であると推察される。裁縫雛形では「徳川時代」と「御所」の2種が製作されている。

51.0cm

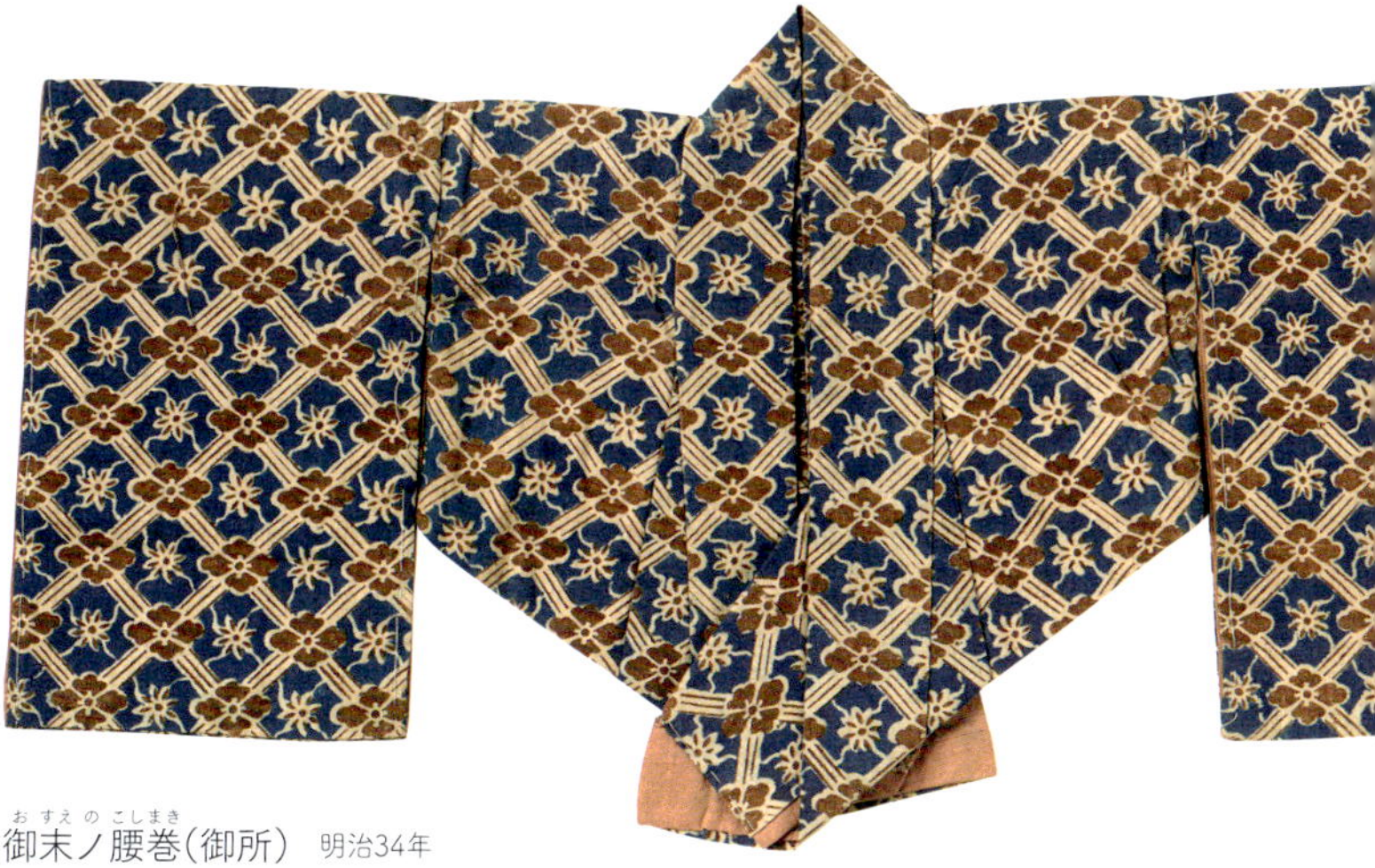

御末《おすえ》ノ《の》腰巻《こしまき》（御所） 明治34年

被衣《かつぎ》　明治38年

被衣《かつぎ》

平安時代以降、身分の高い女性が外出時に顔を隠すため頭から被《かぶ》った衣服。かずきともいう。初めは袿《うちき》のような形だったが、室町時代頃から小袖《こそで》(P.214)型へと変化した。小袖の形状をしているが、袖を通して着ることはなく、頭に被り、頭の両側付近で内側から手で持って押さえる。被りやすいように、衿肩が前に下がっている。

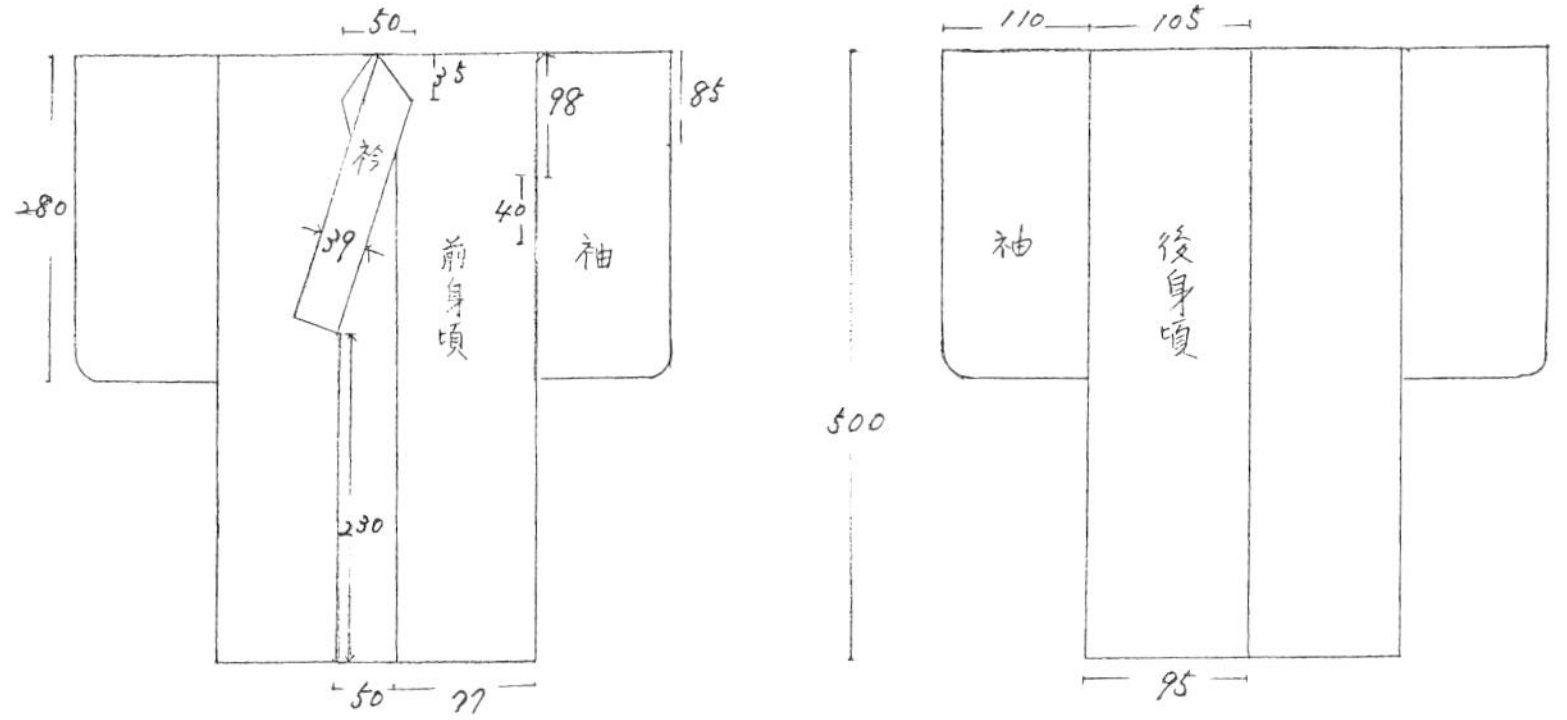

民族服の製作

裁縫雛形には、「朝鮮服」(「韓国服」ともいう)「支那服」といった民族服が含まれている。

明治37(1904)年、渡邉辰五郎の次女で裁縫科教員であった渡邉薫《かおる》が研究主任となり、朝鮮、中国等の民族服研究を開始した。東京帝国大学理学博士の人類学者坪井正五郎《つぼいしょうごろう》のもとで、週2回の研究会が行われた。明治38年からは、東京裁縫女学校の科外講義として坪井による「諸人種服飾談」が毎月2回開講され、高等科においては、朝鮮服の裁縫教授が始まる。

教授細目をたどると、「朝鮮服」の記載は明治38年以降続き、大正6年の専攻科和服部では「支那服(4時間)、朝鮮服17種(76時間)」の裁縫雛形を製作することになっている。しかしながら、現存する裁縫雛形はすべて明治30年代後半の製作品であり、民族服研究の始まった頃が最も製作が盛んだったと想像される。

民族服が製作された理由として、卒業生が台湾や韓国で教職に就く場合もあり(明治38年の報告「本校出身者の現状」では台湾1名、韓国1名)、実際に仕立てられる技術を習得する必要性があったことは大きい。さらに、教員養成に力を入れはじめたこの時期、民族服をはじめとする様々な衣服について学ぶことで、衣服の文化的な側面を教えられるだけの素養を高めることを意識していたといえる。

赤古里　明治34年

赤古里　明治40年

韓国婦人服　長衣　明治39年

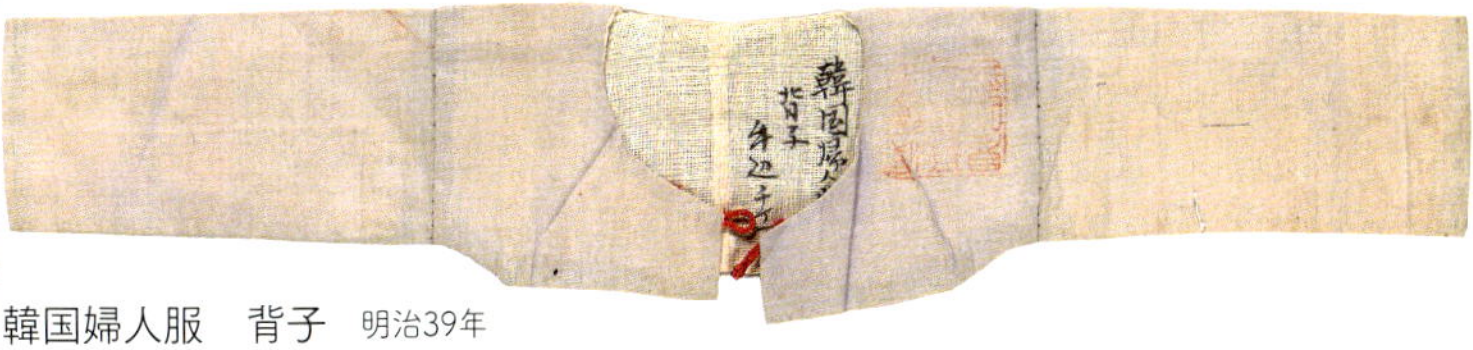

韓国婦人服　背子　明治39年

朝鮮袴　明治38年

朝鮮服大人冬着　明治38年

朝鮮男子服　袴　明治38年

朝鮮服(子供服)

明治30年代

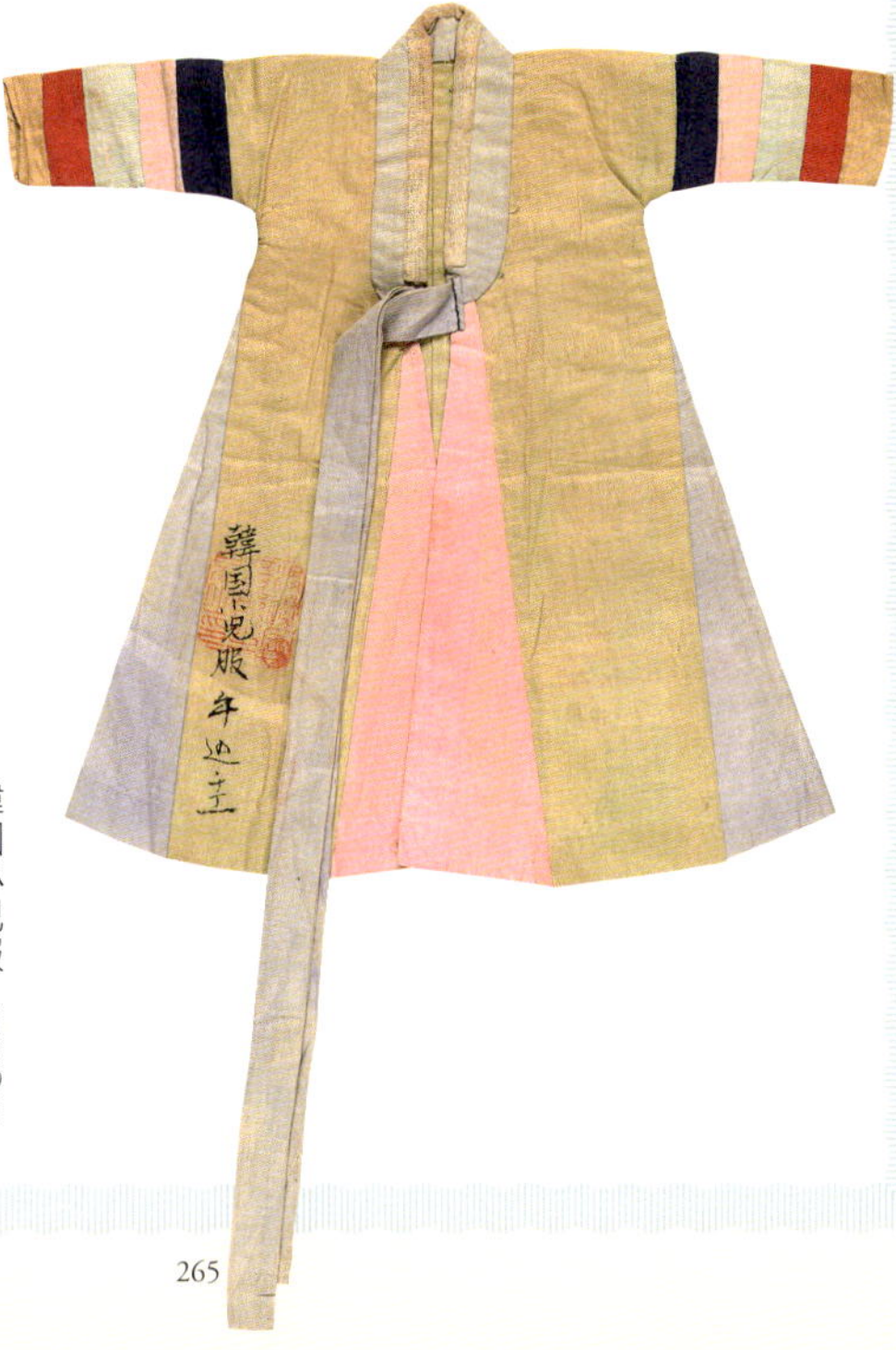

韓国小児服

明治39年

行前　明治39年

支那服　明治38年

生活用品

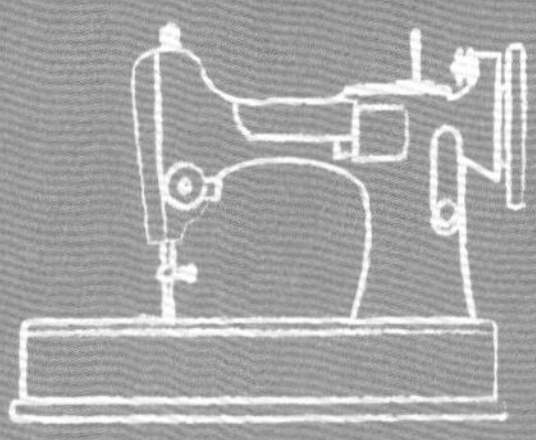

約1/6 29.5 cm

大夜着《おおよぎ》　大正12年

大夜着《おおよぎ》

着物の形をした寝具で、おもに江戸時代末期から昭和時代初期にかけて現在の掛け布団のように使われた。布団に比べ、首や肩の辺りがしっかりと覆われ、防寒性に優れている。

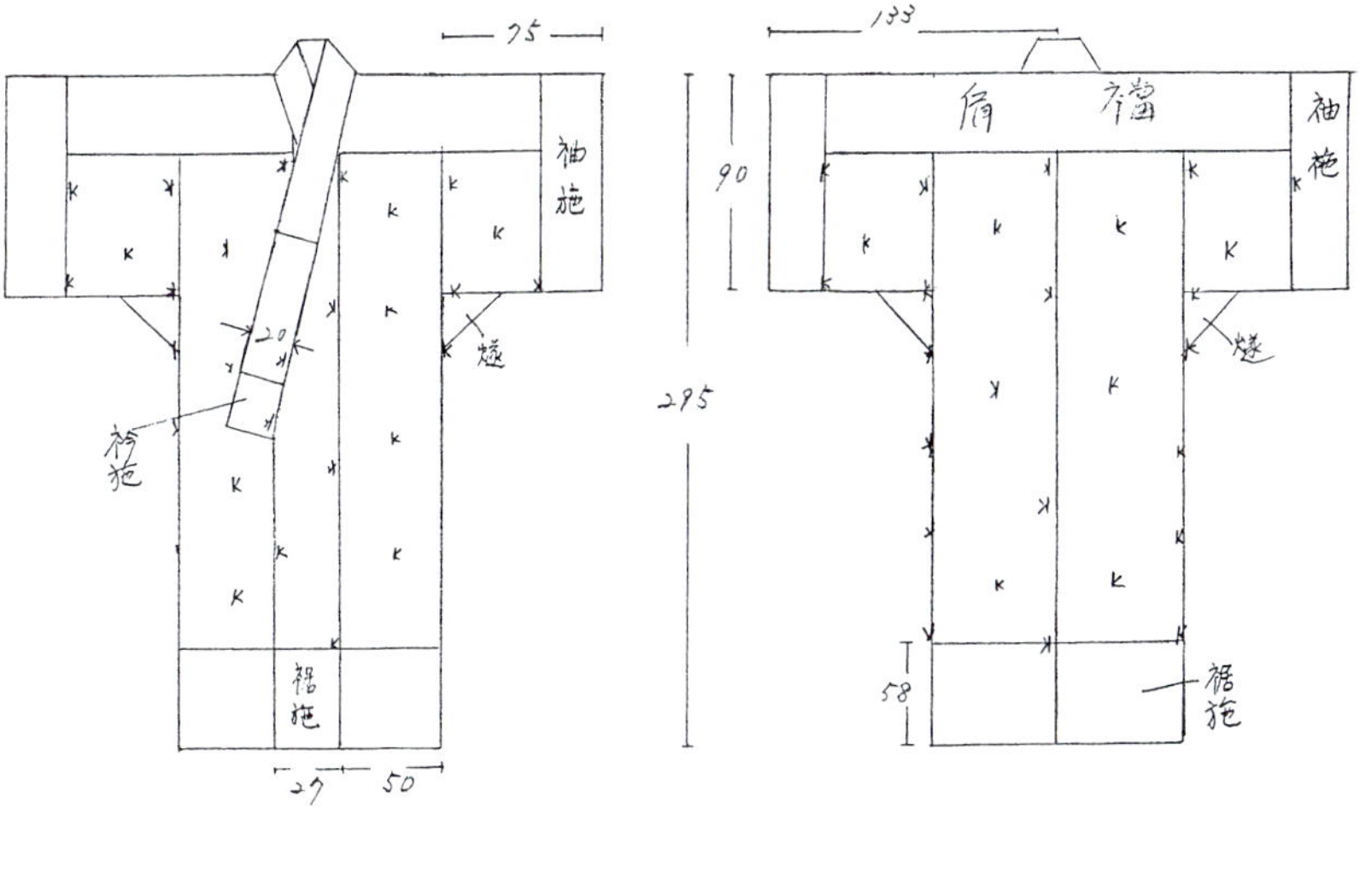

𧘱夜着《そでなしよぎ》

袖の部分を省略した夜着。渡邉辰五郎の考案とされる。『渡邊先生遺稿 新裁縫教科書 巻之三』(明治41年)には、身体に密着して着心地がよく、袖の分の材料が節約できることから「まことに一挙両得の仕立て方なり」とある。

30.5 cm 約1/6

𧘱夜着《そでなしよぎ》 大正11年

蒲團《ふとん》

29.0
cm

約1/6

蒲團《ふとん》 明治45年

油単《ゆたん》

汚れや湿気、日焼けを防ぐために道具を覆う布。もとは屋外で使われ、雨を防ぐために油を引いた紙や布を用いたことからこの名がある。室内で使う場合、普通は木綿で作られる。裁縫雛形では、簞笥《たんす》油單、長持《ながもち》油單、釣《つり》臺《だい》油單、挾箱《はさみばこ》油單が製作されている。

簞笥油單《たんすゆたん》　昭和3年

箪《たん》笥《す》油《ゆ》單《たん》

箪笥用の油単。裁縫雛形は大半が唐草模様の木綿地で仕立てられている。

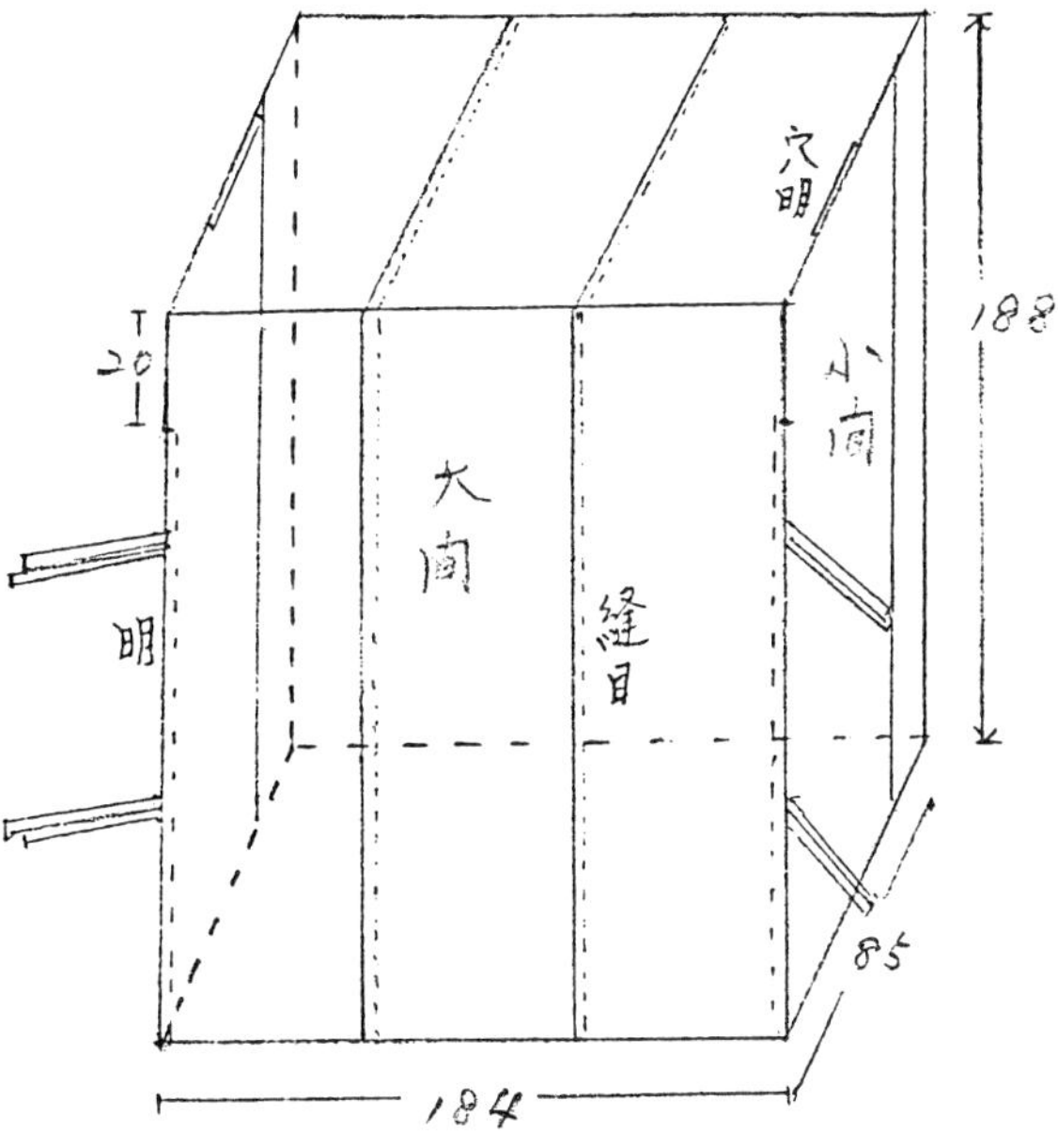

長持《ながもち》油單《ゆたん》

長持は衣装等を保管・運搬する箱。裁縫雛形は、唐草模様の木綿地で仕立てられることが多いが、無地に紋を入れたものも数点ある。

釣臺《つりだい》油單《ゆたん》

釣台は、板の両端に吊り手を付け、棒を通して前後で担ぐ道具。嫁入り道具や病人・けが人の運搬等に使われた。汚れよけや日よけとともに、目隠しとしての役割が大きい。

約1/6
30.0cm

長持《ながもち》油單《ゆたん》　大正9年

約1/6 30.5cm

釣臺油單《つりだいゆたん》　大正12年

挾箱油單《はさみばこゆたん》

挾箱は衣服等を持ち運ぶための長方形の箱で、これに長い棒をつけ、肩に担いで運ぶ。裁縫雛形では、本来の油単に使われる油を引いた生地を意識してか、艶出しした木綿布で仕立てられたものが多い。

約1/6 11.0cm

挾箱油單《はさみばこゆたん》　明治36年

32.0
cm
約1/6

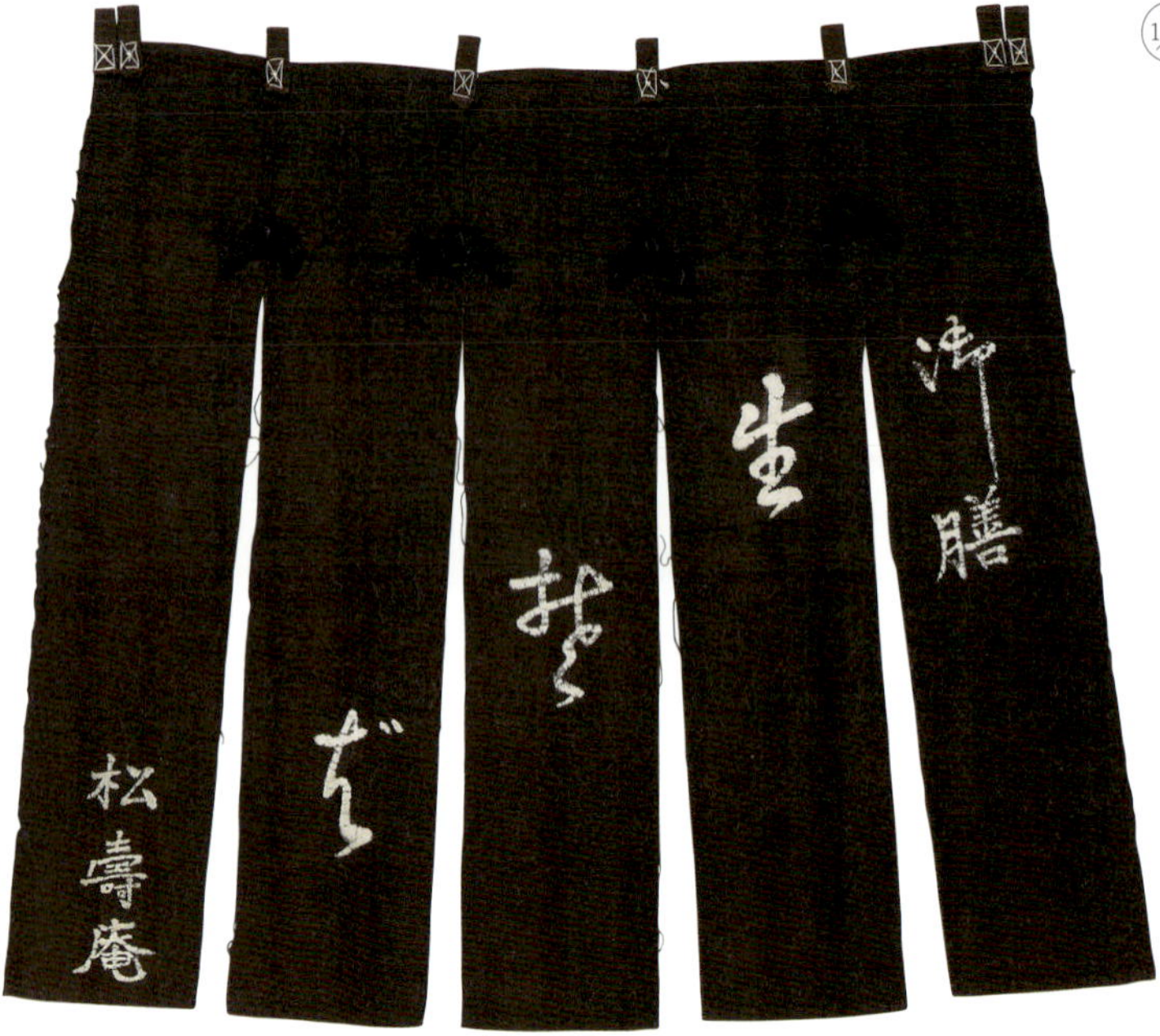

長暖簾《ながのれん》　大正7年

暖簾《のれん》

商店の軒先や入り口に、おもに日よけのために吊るす布。屋号や商号、家紋等が記される。裁縫雛形では、長《なが》暖簾《のれん》、切暖簾《きりのれん》、太鼓暖簾《たいこのれん》が製作されている。基本的に紺色の木綿地を何枚か接《つ》いでおり、白字で屋号を書き入れたものもある。乳《ち》(棒や紐を通すために輪にした小さな布)が付けられる。

長暖簾《ながのれん》

戸口の上から下までの長さがある暖簾。この裁縫雛形には「御膳　生そば　松壽庵」と書かれている。

11.5cm
約1/6

切暖簾《きりのれん》 大正9年

切暖簾《きりのれん》

短い暖簾。この裁縫雛形には、白字で屋号が書かれている。

43.0 cm
約1/6

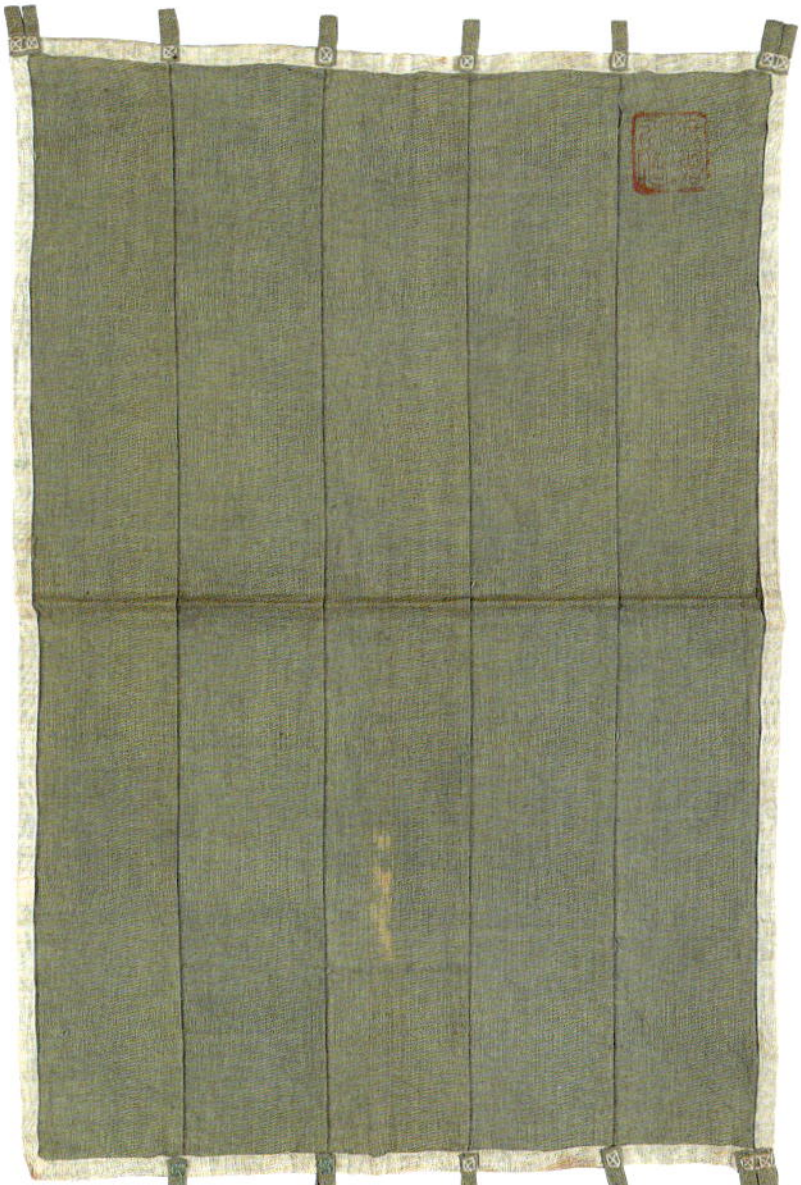

太鼓暖簾《たいこのれん》 明治38年

太鼓暖簾《たいこのれん》

「日よけ暖簾」ともいう。布を接《つ》いで、切り込みのない一枚ものに仕立て、上下に乳《ち》を付ける。上端は軒先に、下端は垂らさずに地面に固定する。日よけのほか、看板としての効果が大きかった。

全長 161.0cm
約1/6

雄幕《おまく》　大正4年

幕《まく》

幕は、元は武士が陣中に張り巡らしたものだが、江戸時代以降、儀式や祭礼の会場、花見の席などで用いるようになった。『専門教育裁縫全書　高等裁縫及雑の部』(大正14年)には、「陰陽をかたどって、必ず一対とするものである」とあり、裁縫雛形では「雄幕(男幕)」「雌幕(女幕)」が製作されている。配色や、乳《ち》、物見穴《ものみあな》の数が雌雄で異なる。乳にはまじないと補強を兼ねて「九字《くじ》・清明《せいめい》・叶《かのう》」という飾り縫いをほどこす。

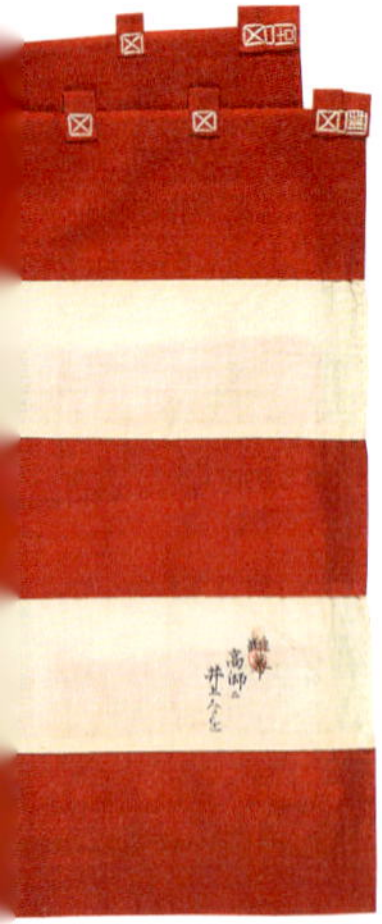

雄幕《おまく》

上から白、赤の順で、布を横長に5枚接《つ》ぐ。乳《ち》は28個、物見穴《ものみあな》は5箇所にある。

雌幕《めまく》

上から赤、白の順で、布を横長に5枚接《つ》ぐ。乳《ち》は36個、物見穴《ものみあな》は7箇所にある。

雌幕《めまく》　大正4年

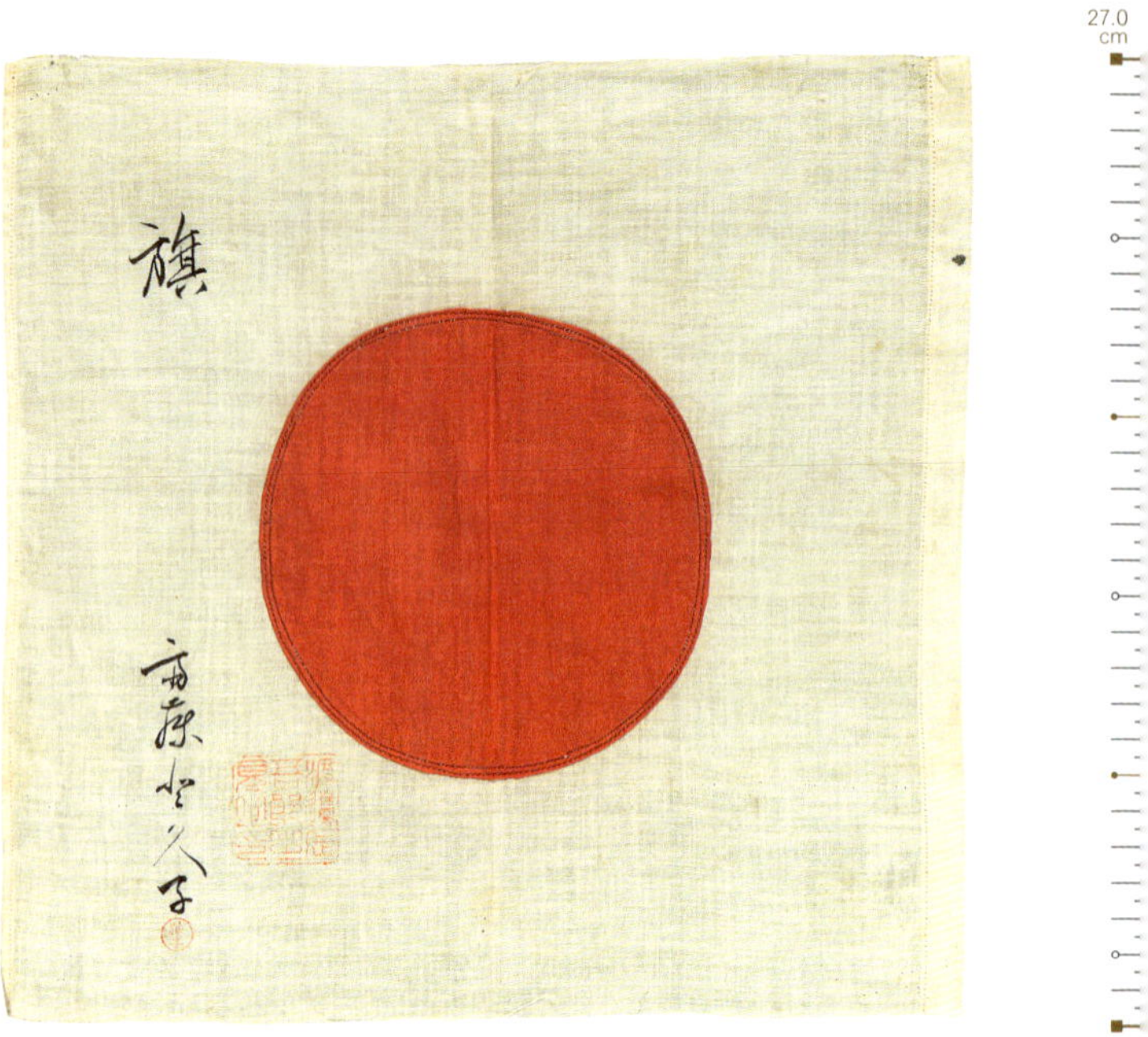

旗《はた》　明治38年

旗《はた》

白地に赤の日の丸。竿を通すために右端が筒状に縫われている。

幟《のぼり》

旗の一種で、のぼり旗の略。戦陣、祭礼、儀礼等で用いられるほか、今日でも商店や芝居の宣伝等に使われている。細長い布の上と横に乳《ち》を付け、竿《さお》に通して立てる。裁縫雛形では、乳に「九字・清明・叶」、下端に「ハタキ」という飾り縫いをほどこす。

97.5 cm

幟《のぼり》 大正8年

1/5
39.0 cm

蚊帳《かや》　昭和4年

蚊帳《かや》

就寝時に、蚊を防ぐために部屋の中に吊《つ》る道具。普通は粗い麻や木綿の生地で仕立てる。接《つ》いだ布の数によって、「五六《ごろく》の蚊帳」等と呼ぶ。裁縫雛形は、明治から昭和時代にかけて製作されており、大半が五六の蚊帳である。夏場の使用を意識して、涼しげな絵が描かれたものもある。

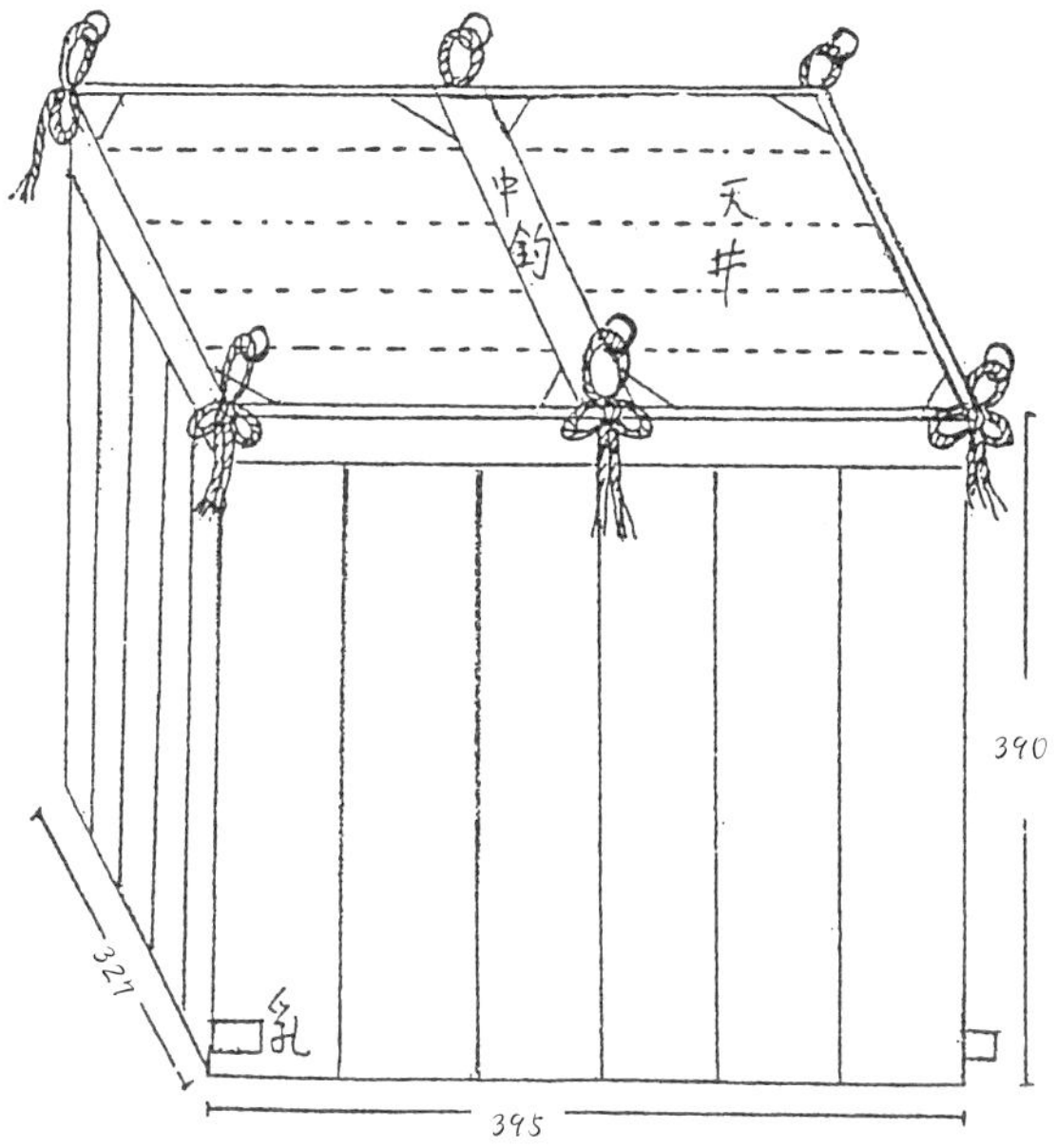

【参考文献】

・小林甚作編『渡邊辰五郎君追悼録』東京裁縫女學校出版部　1908
・新治韜堂編『渡邊辰五郎翁傳』渡邊校友會　1929
・昭和女子大学被服学研究室編『近代日本服装史』近代文化研究所　1971
・遠藤武、石山彰『写真にみる日本洋装史』文化出版局　1980
・太田臨一郎『日本服制史』文化出版局　1989
・校祖生誕150年記念誌委員会編『女子教育の先駆者 渡辺辰五郎と今日の教育 校祖生誕150周年記念』学校法人渡辺学園　1994
・小池三枝、野口ひろみ、吉村佳子編著『概説日本服飾史』光生館　2000
・東京家政大学博物館編『重要有形民俗文化財　渡辺学園裁縫雛形コレクション』上・下巻 東京家政大学博物館　2001
・東京家政大学博物館編『重要有形民俗文化財指定記念 特別展 渡辺学園裁縫雛形コレクション』東京家政大学博物館　2001
・高橋晴子『近代日本の身装文化：「身体と装い」の文化変容』三元社　2005
・三友晶子「裁縫雛形にみる子供服の洋装化の過程」東京家政大学博物館紀要 Vol.14　2009
・三友晶子、太田八重美『重要有形民俗文化財指定10周年記念 渡辺学園裁縫雛形コレクション』東京家政大学博物館　2010
・林宏一「《資料紹介》校祖 渡邉辰五郎翁の書簡」東京家政大学博物館紀要 Vol.16　2011
・山田民子、寺田恭子、柏原智恵子、富澤 亜里沙「明治時代の水着の復元を通してみた校祖・渡邉辰五郎の洋装教育」東京家政大学博物館紀要 Vol.16　2011
・三友晶子「裁縫雛形を用いた裁縫教育の実態について：大正7年卒業生の製作品比較を通して」東京家政大学博物館紀要 Vol.17　2012
・林宏一、鴻池由香里「《資料紹介》校祖 渡邉辰五郎翁の手跡」東京家政大学博物館紀要 Vol.18　2013
・山田民子、寺田恭子、富澤亜里沙、澤野文香「子供服洋装化の導入と改良服に求められた機能性との関係：改良服について」東京家政大学博物館紀要 Vol.18　2013
・林宏一、高橋佐貴子「《資料紹介》渡邉滋あて坪井正五郎書簡一覧：二代目校長渡邉滋と坪井正五郎」東京家政大学博物館紀要 Vol.19　2014
・三友晶子「標本としての裁縫雛形」東京家政大学博物館紀要 Vol.19　2014
・山田民子、寺田恭子、澤野文香、髙橋紗也佳、金子真希「子供服洋装化の導入と改良服に求められた機能性との関係：子供服の復元を通して」東京家政大学博物館紀要 Vol.19　2014
・林宏一「《資料紹介》校祖渡邉辰五郎翁の手跡：その2」東京家政大学博物館紀要 Vol.20　2015
・三友晶子「歴史服の裁縫雛形に関する一考察」東京家政大学博物館紀要 Vol.22　2017

【渡邊辰五郎・滋の主な著作】

・渡邊辰五郎『普通裁縫教授書』(全3巻) 石川治兵衛　1880
・渡邊辰五郎『普通裁縫算術書』石川治兵衛　1881
・渡邊辰五郎『たちぬひのをしへ』(全2冊) 清水卯三郎　1884,1885
・渡邊辰五郎『裁縫教科書』(全3巻) 東京裁縫女學校　1897
・渡邊辰五郎『婦人改良服裁縫指南』東京裁縫女學校同窓會　1903
・渡邊滋『洋服裁縫教科書 第貳章』東京裁縫女學校　1904-12
・渡邊滋『新裁縫教科書：渡邊先生遺稿』(全3巻) 東京裁縫女學校出版部　1908
・渡邊滋『渡邊裁縫講義：渡邊先生遺稿：普通部』東京裁縫女學校出版部　1910
・渡邊滋『渡邊裁縫講義：渡邊先生遺稿：高等部』東京裁縫女學校出版部　1910
・渡邊滋『渡邊式改良女袴製作法』東京裁縫女學校出版部　1913
・渡邊滋『十二一重の部：裁縫全書』東京裁縫女學校出版部　1913
・渡邊滋『束帯の部 改版：裁縫全書』東京裁縫女學校出版部　1916
・渡邊滋、東京裁縫女學校『兒童洋服之部 上巻 再版：裁縫全書 第三輯』東京裁縫女學校出版部　1916
・渡邊滋『洋服裁縫教科書：上着の部』東京裁縫女學校出版部　1917
・渡邊滋『洋服裁縫教科書：中着の部 再版』東京裁縫女學校出版部　1918
・渡邊滋『洋服裁縫教科書：ズボンの部 再版』東京裁縫女學校出版部　1918
・渡邊滋『單衣の部：裁縫全書』東京裁縫女學校出版部　1921
・渡邊滋『肌着の部：裁縫全書』東京裁縫女學校出版部　1922
・渡邊滋『袷綿入の部：裁縫全書』東京裁縫女學校出版部　1923
・渡邊滋、東京女子專門學校、東京裁縫女學校『羽織袴の部 改版：專門教育裁縫全書』東京裁縫女學校出版部　1925
・東京女子專門學校、東京裁縫女學校『高等裁縫及雜の部：專門教育裁縫全書』東京裁縫女學校出版部　1925

民族服　みんぞくふく……………… 260
雌幕　めまく……………… 279
裳　も……………… 217
モーニングコート……………… 130
門徒肩衣　もんとかたぎぬ……………… 112
門徒帽子　もんとぼうし……………… 112

や

山岡頭巾　やまおかずきん……………… 123
山附脚袢　やまつききゃはん……………… 97, 65
山袴　やまばかま……………… 58
湯揚　ゆあげ……………… 116
雪帽子　ゆきぼうし……………… 203
油単　ゆたん……………… 272
義經袴　よしつねばかま……………… 57
吉原頭巾　よしわらずきん……………… 123
涎掛　よだれかけ……………… 116
四ツ身袷　よつみあわせ……………… 34
四ツ身被布　よつみひふ……………… 73
四布遣馬乗袴　よぬのづかいうまのりばかま……………… 39

ら

利休流十徳　りきゅうりゅうじっとく……………… 69

わ

渡邊式改良袴　わたなべしきかいりょうばかま……………… 48

法衣(片襞)　ほうい(かたひだ) ……………… 110
法衣(両襞)　ほうい(りょうひだ) ……………… 111
帽子　ぼうし ……………… 201
細袴　ほそばかま ……………… 56
ボックスヲバーコート ……………… 174
ホワイトシャツ ……………… 134
本裁男袷道行　ほんだちおとこあわせみちゆき ……………… 82
本裁男物海水浴着　ほんだちおとこものかいすいよくぎ ……………… 184
本裁男物コート　ほんだちおとこものこーと ……………… 83
本裁女物海水浴着　ほんだちおんなものかいすいよくぎ ……………… 186
本裁女物單羽織　ほんだちおんなものひとえはおり ……………… 70
本裁女物單衣本重　ほんだちおんなものひとえほんがさね ……………… 26, 65
本裁女物被布　ほんだちおんなものひふ ……………… 72
本裁十番馬乗袴　ほんだちじゅうばんうまのりばかま ……………… 36
本裁西洋寢間着　ほんだちせいようねまき ……………… 188
本裁太鼓胴飾シャツ　ほんだちたいこどうかざりしゃつ ……………… 135
本裁大門腰女袴　ほんだちだいもんごしおんなばかま ……………… 42
本裁七ツ稜襠有女袴　ほんだちななつひだまちありおんなばかま ……………… 44
本裁單半股引　ほんだちひとえはんももひき ……………… 91
本裁紐付ズボン下　ほんだちひもつきずぼんした ……………… 196
本裁普通シャツ　ほんだちふつうしゃつ ……………… 193
本裁本比翼・附比翼　ほんだちほんびよく・つけびよく ……………… 30
本裁胯上股引仕立ズボン下　ほんだちまたがみももひきじたてずぼんした ……………… 196
本裁胸當付飾シャツ　ほんだちむねあてつきかざりしゃつ ……………… 135
本長袴　ほんながばかま ……………… 250

ま

眞一文字肩衣　まいちもんじかたぎぬ ……………… 104
幕　まく ……………… 278
丸形肩衣　まるがたかたぎぬ ……………… 249
丸胴着　まるどうぎ ……………… 75

袴　はかま……………… 36
挾箱油單　はさみばこゆたん……………… 275
旗　はた……………… 280
早通頭巾　はやみちずきん……………… 124
腹掛　はらがけ……………… 88
半合羽　はんがっぱ……………… 79
パンツ……………… 133
半長袴　はんながばかま……………… 251
日覆帽子　ひおおいぼうし……………… 204
直垂　ひたたれ……………… 234
單［男性用］　ひとえ……………… 211
單［女性用］　ひとえ……………… 221
單長絹　ひとえちょうけん……………… 238
一ツ身袖無被布　ひとつみそでなしひふ……………… 74
緋ノ本長袴　ひのほんながばかま……………… 222
日除頭巾　ひよけずきん……………… 121
平袴　ひらばかま……………… 54
布衣信　ふいしん……………… 108
婦人服　ふじんふく……………… 156
婦人用のジャケット　ふじんようのじゃけっと……………… 167
ニツ身袷　ふたつみあわせ……………… 35
蒲團　ふとん……………… 271
船底頭巾　ふなぞこずきん……………… 122
古織部流十徳　ふるおりべりゅうじっとく……………… 69
フルドレスヴェスト……………… 128
フロックコート……………… 129
ペティコート……………… 200
辯護士帽子　べんごしぼうし……………… 98
辯護士禮服　べんごしれいふく……………… 98, 65
偏綴　へんてつ……………… 66
袍　ほう……………… 206

大紋　だいもん ……………… 236
大紋ノ袴　だいもんのはかま ……………… 236
裁附　たっつけ ……………… 62
ダブルブレステッドバスク ……………… 169
ダブルブレステッドヲヴァーコート ……………… 175
簞笥油單　たんすゆたん ……………… 272
中裁三ツ稜女袴　ちゅうだちみつひだおんなばかま ……………… 46
長絹ノ袴　ちょうけんのはかま ……………… 238
釣臺油單　つりだいゆたん ……………… 275
手刺　てざし ……………… 95
手甲　てっこう ……………… 94
手甲(指附)　てっこう(ゆびつき) ……………… 95
十布遣馬乗袴　とぬのづかいうまのりばかま ……………… 39
ドロワース ……………… 200

な

中一文字肩衣　なかいちもんじかたぎぬ ……………… 248
長合羽　ながかっぱ ……………… 78
長暖簾　ながのれん ……………… 276
長持油單　ながもちゆたん ……………… 274
夏帽子　なつぼうし ……………… 204
七ツ子男袴　ななつごおとこばかま ……………… 40
二枚重　にまいがさね ……………… 28
寝冷不知紐附　ねびえしらずひもつき ……………… 117
寝冷不知釦掛　ねびえしらずぼたんかけ ……………… 117
野袴　のばかま ……………… 52
幟　のぼり ……………… 281
暖簾　のれん ……………… 276

は

ハーフサークルケープ ……………… 172

シャモ裁附　しゃもたっつけ ……………… 64
手術衣(乙)　しゅじゅつい(おつ) ……………… 182
手術衣(甲)　しゅじゅつい(こう) ……………… 180
襦袢衿腹掛　じゅばんえりはらがけ ……………… 90
消毒衣　しょうどくい ……………… 178
女子半袖シャツ　じょしはんそでしゃつ ……………… 194, 137
白張　しらはり ……………… 240
白張ノ袴　しらはりのはかま ……………… 240
シングルブレステッドヴェスト ……………… 133
シングルブレステッドサックコート ……………… 132
シングルブレステッドチャケット ……………… 168
陣羽織　じんばおり ……………… 254
水干　すいかん ……………… 242
水兵形運動シャツ　すいへいがたうんどうしゃつ ……………… 149
水兵服・ヅボン　すいへいふく・づぼん ……………… 150
頭巾　ずきん ……………… 118
スリーゴワードコステュームスカート ……………… 160, 166
スリーゴワードスカート ……………… 164
瀬川帽子　せがわぼうし ……………… 124
瀬川帽子(蝶形)　せがわぼうし(ちょうがた) ……………… 124
背広　せびろ ……………… 131
ゼレイニーデイスカート ……………… 165
宗十郎頭巾　そうじゅうろうずきん ……………… 119
束帯　そくたい ……………… 206
素絹　そけん ……………… 106
裲夜着　そでなしよぎ ……………… 270

た

大黒頭巾　だいこくずきん ……………… 120
大黒帽子　だいこくぼうし ……………… 201
太鼓暖簾　たいこのれん ……………… 277

袿袴　けいこ……………… 223
闕腋袍　けってきのほう……………… 244
闕腋袍ノ袴　けってきのほうのはかま……………… 244
小袿　こうちき……………… 224
高等學校禮服　こうとうがっこうれいふく……………… 100
五條袈裟　ごじょうけさ……………… 105
小袖　こそで……………… 214
小裁運動シャツ　こだちうんどうしゃつ……………… 149
小裁運動シャツ・ヅボン　こだちうんどうしゃつ・づぼん……………… 148
小裁西洋寢間着　こだちせいようねまき……………… 188
小裁大紋腰女袴　こだちだいもんごしおんなばかま……………… 47
小裁單衣本重　こだちひとえほんがさね……………… 32
小裁紐付ズボン下　こだちひもつきずぼんした……………… 195
小裁普通シャツ　こだちふつうしゃつ……………… 195
子供物西洋前掛(襷掛)　こどもものせいようまえかけ(たすきがけ)……………… 191
子供物西洋前掛(釦掛)　こどもものせいようまえかけ(ぼたんがけ)……………… 190
子供洋服　こどもようふく……………… 138
小直衣　このうし……………… 228
小袴　こばかま……………… 50

さ

刺貫袴　さしぬきばかま……………… 232
様々な袴　さまざまなはかま……………… 50
三才羽織　さんさいばおり……………… 252
下襲　したがさね……………… 208
下着　したぎ……………… 192
下袴　したのはかま……………… 213
十徳　じっとく……………… 68
襪　しとうず……………… 214
シミーズ……………… 200
シャートウェイスト……………… 160

雄幕　おまく……………… 278
女東コート　おんなあずまこーと……………… 80, 65
女胞衣　おんなえなぎ……………… 115
女簡単服［明治38年］　おんなかんたんふく……………… 140
女簡単服［明治41年］　おんなかんたんふく……………… 142
女簡単服［大正9年］　おんなかんたんふく……………… 145, 65
女猿股　おんなさるまた……………… 199
女袴　おんなばかま……………… 42
女モッペイ　おんなもっぺい……………… 60
女股引　おんなももひき……………… 87

か

改良袴　かいりょうばかま……………… 85
改良被布女物　かいりょうひふおんなもの……………… 87
改良服　かいりょうふく……………… 84
改良服女物　かいりょうふくおんなもの……………… 85
風合羽　かぜがっぱ……………… 77
被衣　かつぎ……………… 258
學校外套・フード　がっこうがいとう・ふーど……………… 152
學校制服　がっこうせいふく……………… 154
合羽　かっぱ……………… 76
裃　かみしも……………… 246
蚊帳　かや……………… 282
唐衣　からぎぬ……………… 216
狩衣　かりぎぬ……………… 230
看護服・帽子　かんごふく・ぼうし……………… 176
脚絆　きゃはん……………… 96
裾　きょ……………… 209
切暖簾　きりのれん……………… 277
切袴　きりばかま……………… 225
縊袴　くくりばかま……………… 233

【索　引】

あ

袙　あこめ ……………… 210
袷袴　あわせばかま ……………… 38
袷股引　あわせももひき ……………… 92
醫師改良服　いしかいりょうふく ……………… 102
五衣　いつつぎぬ ……………… 220
五衣・唐衣・裳　いつつぎぬ・からぎぬ・も ……………… 215
五ツ子男袴　いつつごおとこばかま ……………… 41
イトンヂァケット ……………… 167
インバーネス ……………… 170
表袴　うえのはかま ……………… 212
打着　うちき ……………… 219
有楽流十徳　うらくりゅうじっとく ……………… 68
表着　うわぎ ……………… 218
嬰兒帽子　えいじぼうし ……………… 202
胞衣　えなぎ ……………… 114
燕尾服　えんびふく ……………… 126
大津脚袢　おおつきゃはん ……………… 97
大直衣　おおのうし ……………… 226
大夜着　おおよぎ ……………… 268
御末ノ腰巻(御所)　おすえのこしまき(ごしょ) ……………… 257
御末ノ腰巻(徳川時代)　おすえのこしまき(とくがわじだい) ……………… 256
男胞衣　おとこえなぎ ……………… 115
男簡單服　おとこかんたんふく ……………… 144
男猿股　おとこさるまた ……………… 198
男袴　おとこばかま ……………… 36
男モッペイ　おとこもっぺい ……………… 58
大人腰廻付ズボン下(乙)　おとなこしまわりつきずぼんした(おつ) ……………… 197
大人腰廻付ズボン下(甲)　おとなこしまわりつきずぼんした(こう) ……………… 197
大人太鼓胴シャツ　おとなたいこどうしゃつ ……………… 194
大人料理前掛　おとなりょうりまえかけ ……………… 189

編集　三友晶子
太田八重美
執筆　高橋佐貴子
三友晶子
太田八重美［P.8～P.12］
（いずれも東京家政大学博物館）
撮影　猪股謙吾
井上晴一郎（エリオ写真出版株式会社）［P.206下、P.215］
東京家政大学博物館［P.223］

東京家政大学博物館所蔵

裁縫雛形

渡辺学園裁縫雛形コレクション

令和元年八月八日　初版一刷　発行

編著　東京家政大学博物館

発行　合田有作

発行所　光村推古書院株式会社
604-8257　京都市中京区堀川通三条下ル　橋浦町217-2
PHONE075-251-2888　FAX075-251-2881

印刷　ニューカラー写真印刷株式会社

デザイン　辻恵里子（ニューカラー写真印刷）
進行　山本哲弘（ニューカラー写真印刷）
編集　伊賀本結子（光村推古書院）

ISBN978-4-8381-0590-8　©2019 Tokyo Kasei University Museum Printed in Japan